中國學術思想 研究輯刊

十 編

林慶彰 主編

第 17 冊

由適性安命到達生肆情
——西、東晉士人應世思想之轉折

王岫林 著

花木蘭文化出版社

國家圖書館出版品預行編目資料

由適性安命到達生肆情——西、東晉士人應世思想之轉折／王
岫林 著 — 初版 — 台北縣永和市：花木蘭文化出版社，2010
〔民 99〕
目 2+170 面；19×26 公分
（中國學術思想研究輯刊 十編；第 17 冊）
ISBN：978-986-254-346-7（精裝）
1. 魏晉南北朝哲學　2. 玄學
123　　　　　　　　　　　　　　　　　　　　　99016456

ISBN - 978-986-2543-46-7

9 789862 543467

中國學術思想研究輯刊
十 編　第十七冊　　　　　　　ISBN：978-986-254-346-7

由適性安命到達生肆情
——西、東晉士人應世思想之轉折

作　　者　王岫林
主　　編　林慶彰
總 編 輯　杜潔祥
出　　版　花木蘭文化出版社
發 行 所　花木蘭文化出版社
發 行 人　高小娟
聯絡地址　台北縣永和市中正路五九五號七樓之三
　　　　　電話：02-2923-1455／傳眞：02-2923-1452
網　　址　http://www.huamulan.tw 信箱 sut81518@ms59.hinet.net
印　　刷　普羅文化出版廣告事業
封面設計　劉開工作室
初　　版　2010 年 9 月
定　　價　十編 40 冊（精裝）新台幣 62,000 元　　　　　　版權所有‧請勿翻印

由適性安命到達生肆情
──西、東晉士人應世思想之轉折

王岫林　著

作者簡介

王岫林，1973 年生，高雄人，國立中山大學中國文學博士。主要研究方向為魏晉思想，發表碩士論文《由「適性安命」到「達生肆情」——西、東晉士人應世思想之轉折》、博士論文《魏晉士人之身體觀》。另發表學術論文十餘篇，散文隨筆散見於報章。

提 要

　　魏晉玄學的重心在於儒玄兼融的思想，歷來學者對此也作了許多闡釋，但多以單一思想家作為研究對象，或是探討整個時代的思想取向。但在西晉過度至東晉這個時期士人心態上的轉折與思想的轉變上仍有一些可資探索的空間，故而本篇論文基於此而將時代定在西晉末年至東晉中期，欲由此呈顯出此時期不同的時代風貌，而郭象與張湛是處於西晉末與東晉中期的重要思想家，藉由他們思想上的異同之比較，可以窺見當時思想與風尚。

　　全文共分為六章：

　　第一章：緒論。此章主要是陳述本文之研究動機，說明研究方法及時代上的斷限，並界定「儒玄兼修」這個詞語之定義。

　　第二章：西、東晉時代背景解析。對於西晉末年與東晉初期的時代背景作一論述，西晉末年的政治環境是八王亂政的混亂場面，帶給士人的衝擊是為保身家而依違應世，或縱酒避世，在現實上的痛苦致使士人對命運採取天定的論調，並漸漸向宗教靠攏以尋求精神上的解脫。門閥士族的持有特權使其對維護儒家名教不遺餘力，另一方面，對哲學議題的思辯與反映當代政治紛圍，使士人投身於玄理清談，是玄儒雙修思想形成之背景。東晉時門閥士族在政治地位上的改變，使得士人的應世重心漸由國家政治轉向個人，更重視自我。

　　第三章：適性安命的融世思想——郭象玄學。本章對郭象思想由自然觀至人生觀作一理論上的呈顯，論述其逍遙義與「適性安命」的兼融思想，再由郭象思想的時代性與重要性，來論證其對時代的反映，及對西晉末期以下士人思想的影響。

　　第四章：儒玄雙修思想的流變與特色。此章首先論述儒玄雙修思想背景，由漢末的糾浮華之風談起，到王弼的貴無思想、裴頠的崇有論，郭象的調和自然與名教，是儒玄雙修思想的一再調和與修正，張湛承續了這個理路，卻走向超越的思維模式。再則列述西、東晉之交的主要代表人物，將其分為較偏向郭象的安任與偏向張湛的超脫之差異性，並各別對其思想、行為有較為詳盡的解說。

　　第五章：超脫與肆情的糾結——張湛玄學。本章首先對張湛的形上思想、貴虛的宇宙觀作一說明，由此帶出他達生肆情的命論與人生觀。文末論述他如何將超脫的形上思想與肆情的人生觀結合，反映了東晉士人在生活上追求優遊閒適，在精神上重超脫的心態。

　　第六章：結論。總結全文，將西晉末期與東晉初期的士人心態作一比較，並由郭象與張湛思想的差異性看這二個時期的不同與特性，希冀由此窺見時代風貌與士人心態的轉變。

目次

第一章　緒　論

一、研究動機

　　魏晉是一個十分豐富與多變的時代，這個時代由於特殊的時代背景，造就了一群特殊的名士，他們有著鮮明的人格特質與特殊的審美眼光，著重自我個性的發揮與覺醒，因此在這個時代，任何事物與個人都是可欣賞且不可取代的，而他們對於個性的自然抒發也與漢代對自然情性之壓抑有很大的差異。故研究魏晉在我來說，少了學術研究的枯燥性而多了另一種鑽研與欣賞的樂趣。

　　歷來對魏晉玄學的研究大多集中在對各個思想家的思想研究，而魏晉時期各個重要的思想家，也都有許多前輩對他們的思想作出精闢的分析與見解。本篇論文，主要欲探討自西晉元康時期至東晉中期士人的思想轉變。而身處富饒的江南，東晉士人的思想與西晉士人有何差異。在探討這樣的差異性時，以郭象與張湛作為當時思想的代表，郭象與張湛分別是西晉與東晉的二大思想家，其學說最能代表當時的時代思潮，總結當時士人的思想。因此我想藉由郭象與張湛之間的差異性來探討西晉到東晉之間士人思想的轉變，以及他們是受到什麼影響，以致於有這樣的改變。他們心態的呈現為何？在郭象與張湛同樣是兼綜儒道的思想之下，他們思想的差異性表達了什麼義涵？而我也藉著分析同時代士人思想的取向，呈顯西、東晉在王朝驟變下的文化現象，希望能由此看出時代轉易間的士人心態及不同的思想內涵。

二、研究方法與時代界定

　　本文在研究方法上主要先採取文獻探究法，由原典的閱讀、以此掌握作

者的思想大概、了解作者原意，再則求諸史書，用歷史分析法的史學角度來明瞭歷史的流變，切入當時時代背景，由歷史背景來探討政治等外圍因素對於當時思想的影響，由此找出一個思想形成的外緣因素，這是在探究一個思想之前所須深入了解的。

在掌握了原典之後，再由當時的一些文獻、記錄士人言行之文集，與士人的文章中去分析當時士人的思想及心態，由此看出當時時代的風尚與思潮，這是由文化史的角度去歸納分析。最後藉由系統分析法的分析歸納，分析西晉末年諸位思想家與東晉時期思想家思想內容的差別，歸結出西晉末年與東晉時期士人思想與心態上的不同，並由此比較，來突顯出士人應世思想的差異性。

本篇論文主要的研究目地是欲藉此來補一般玄學史只談形上思想的不足，一般談魏晉玄學注重其有無之辯、形神之爭、名教與自然之辯，此次藉著探討當時思想，反襯出士人的應世態度，對士人的心態及思想著墨較重。

而此篇論文另一重點在探討時代思潮的轉折，魏晉玄學的主軸在儒玄雙修的思想，由這條主軸中仔細觀查，可以發現由王弼至郭象、張湛的理論修正，甚至西晉元康時期士人的享樂主義，到西晉亡國的反思、反玄運動的興起，至東晉強調事功與玄虛並重的生活態度，由這種正、反、合的理論修正模式，可以明顯發現這個時代士人的思想轉折。在思想上雖不離儒玄雙修的主軸，但內容一直在修正變化以符合當時士人需要，故本篇論文也希望能藉此見出當時士人思潮之轉變。

再則本篇論文也欲藉由當時士人文集與《世說新語》等書的探討來反映出當時士人的生命情調，《世說新語》記載了當時士人的言行舉止，可以窺見當時的時代風貌。而士人的文集反映出其內心思想，文學也是士人內心之反射，所以由此來探討，可以得到一個較為詳實的時代風格。

而史學的角度，也是本篇論文探討的重點，一個時代的思潮離不開歷史的因素。政治等外緣因素對士人應世心態的影響尤其巨大，在探討士人應世思想時，也同時由政治、歷史背景去觀照，期望由此，能對士人思想的轉變原因有一更全面的了解。

在時代的界定上，本篇論文欲探討郭象到張湛的思想轉折，與從郭象思想過渡至張湛思想反映出的時代思潮，其時代界於惠帝元康至東晉中期，由此可以發現這二個時代的思想差異性，於此我以「應世思想」為主軸，以其

較易於掌握時代心靈。在界定時代時，就以郭象到張湛所活動的時代為限。但郭象與張湛的生卒年在史書上記載不詳，在郭象方面，《晉書》本傳中只說他「永嘉末，病卒。」連生年都未著錄，在這種生卒年都不確定的情形下，本文採取莊耀郎先生在《郭象玄學》一書中的界定，他提出現今學術界普遍所接受的說法，是將郭象的生卒年定在西元 252 年到 312 年；〔註1〕而在張湛方面，其生卒年在史籍上也沒有確切的記載，我們只能由與其同時代的、並且有關聯性的人去推測他的生存時代，在馬良懷先生所著的《張湛評傳》中，其以與張湛有關聯的三人，袁山松、桓沖與范寧來推測張湛的時代，認為張湛的時代約與范寧相差不多，應當在東晉成帝（西元 326～342）至安帝（西元 397～418）之間，而在《宋書》卷九十二〈良吏傳〉中提到張祐的「祖父湛，晉孝武世，以才學為中書侍郎、光祿勳。」所以我們可以推測，張湛在政治上活躍的時期主要是在孝武帝時期（西元 373～396）。〔註2〕

所以在時代的界定方面，主要的時代背景是西晉過渡到東晉的一百多年之間；由郭象與張湛的活動時代來界定，郭象的年代約在西元 252 至 312 之間；張湛的年代約在西元 326 至 418 之間，但由於張湛的生卒時代不清，而馬良懷先生界定的方式又幾乎橫跨了整個東晉，所以我們取張湛的大約活動時期，將這篇論文的時代，大致定在由西元 250 年至西元 390 年之間，大約一百四十年的時間，朝代由西晉武帝，包含惠帝及懷、愍二帝，至東晉安帝時期，其中歷經了元、明、成、康、穆、哀、廢、簡文、孝武等帝。論文中所提到的人物，大致上是在這個時期活動的士人。

三、語詞界定──儒玄兼修

魏晉時期是儒學與道家思想交融的時代，因此在講述這個時期時，有許多關於儒學與道學之間交融會通的語詞出現，如「儒道會通」、「儒道互補」、「儒道兼綜」、「儒道交涉」、名教與自然之會通等，在進入本論文之前，須對其中關鍵字作適當的釐析，以做為以下申論之基礎。

所謂的「儒道會通」，是指儒學與道家思想的互相影響及融合，而對儒道之間的交流會通，各學者有不同的說法，試列舉如下：

〔註1〕見莊耀郎：《郭象玄學》（臺北：里仁，1998 年 3 月），頁 2。
〔註2〕見馬良懷：《張湛評傳──兼容三教，建立二元》（南寧：廣西教育出版，1997 年 7 月），頁 25～27。

1、湯用彤在《魏晉玄學論稿》中云「會通儒道」，其云：

> 留儒家孔子聖人之位，而內容則充以老、莊之學說。學術宗尚，已趨於新意。而人物評價，則仍舊說。向秀、郭象繼承王、何之旨，發明外王內聖之論。內聖亦外王，而名教乃合於自然。外王必內聖，而老莊乃爲本，儒家爲末矣。〔註3〕

2、錢穆在《莊老通辨》中云「匯通儒道」，其云：

> 昔王弼何晏，以老子書上通儒術，今王衍之徒，乃以儒術下同老莊，推波助瀾，凡以獎借而助成之者，則向郭也。〔註4〕

3、唐長孺在《魏晉南北朝史論叢》中云「綜合儒道」，其云：

> 王弼更是在綜合儒道兩家。……他把孔子尊爲聖人，駕於老子之上，但是這個聖人卻是體無以應有的聖人，乃是道家的聖人。〔註5〕

其在《魏晉玄學之形成及其發展》一書中也提出「禮玄雙修」的說法，他認爲東晉以後的學風是「禮玄雙修」，玄學家往往都通達禮法制度，另一方面，禮學家也對玄學很有研究，注解三玄。〔註6〕

4、牟宗三在《中國哲學十九講》〈魏晉玄學的主要課題以及玄理之內容與價值〉中云「會通孔老」，其云：

> 魏晉玄學在當時也有個主要的課題，那就是「會通孔老」的問題。魏晉是弘揚道家的時代，在那時講道理是以老莊爲標準。但當時的名士儘管弘揚道家，卻也並不抹殺孔子的地位，即聖人的地位到那時已經確定了，沒有人能否認。〔註7〕

5、李澤厚在《美的歷程》一書中，提出「儒道互補」，其認爲儒道思想並非是對立，而是兩者互相補充與協調的，其云：

〔註3〕 湯用彤：《魏晉玄學論稿》，收錄於魯迅等著：《魏晉思想（乙編三種）》，（臺北：里仁，1995年），頁112。

〔註4〕 錢穆：《莊老通辨》（臺北：東大，1991年），頁363。

〔註5〕 參考自蔡忠道：《魏晉儒道互補思想之研究》（臺北：文津，2000年）緒論部份，頁2～7。

〔註6〕 唐長孺：《魏晉南北朝隋唐史三論》（武昌：武漢大學出版，1992年12月），第二節〈魏晉玄學之形成與發展〉，頁73。

〔註7〕 牟宗三：《中國哲學十九講》（臺北：臺灣學生，1993年8月5刷），第十一講〈魏晉玄學的主要課題以及玄理之內容與價值〉，頁230。

（先秦理性精神）主要表現爲以孔子爲代表的儒家思想學說，以莊子爲代表的道家，則作了它的對立和補充。儒道互補是兩千年來中國美學思想的一條基本線索。……表面看來，儒道是離異而對立的，……實際上它們剛好相互補充而協調。……莊子儘管避棄現世，卻並不否定生命，而毋寧對自然生命抱著珍貴愛惜的態度，這就……恰恰可以補充、加深儒家而與儒家一致。（頁61～67）

6、許杭生在《魏晉玄學史》中說「儒道兼綜」、「綜合儒道」，他以爲魏晉玄學是漢魏之際儒道兼綜思想發展的產物，其云：

正始年間的玄學家則把儒道關係顛倒過來，以道家思想爲本，儒家思想爲末。……正始玄學表現出的儒道兼綜的傾向，不是個別的、偶然的現象，而有其歷史必然性。〔註8〕

7、在馬良懷的《崩潰與重建中的困惑——魏晉風度研究》一書中，他則將儒道之間的交流說明爲「道本儒末」、「內聖外王」的理論模式，其云：

顧名思義，所謂「道本儒末」，就是在重建新的權威思想中，以強調個體的道家學說爲主幹，以注重社會功能的儒家學術爲枝葉。道家所崇尚的「無」在新的建構中被奉爲本、母、體，而儒家所強調的「有」則成了末、子、用。〔註9〕

所謂「內聖外王之道」，就是將強調個體精神追求的道家學說（內聖）與強調社會規範秩序的儒家學說（外王）不分彼此地揉和在一起，組成一個新的理論體系；就是將個體與社會、自然與名教、內在精神的超越與外在功名的追求協調起來，有機地融爲一體而消除相互之間的矛盾。〔註10〕

這些學者對於魏晉時期的思想，多採取「儒」、「道」交流的說法，但是我們檢索古籍，在魏晉南北朝時期的典籍之中，「儒玄」這二個字詞連用並不陌生，在《晉書》中提到江惇：

……高節邁俗。性好學，儒玄並綜。每以爲君子立行，應依禮而動，

〔註8〕許杭生：《魏晉玄學史》（西安：陝西師大，1989年7月），頁18～27。
〔註9〕馬良懷：《崩潰與重建中的困惑——魏晉風度研究》（北京：中國社會科學，1993年4月），頁96。
〔註10〕同註9，頁125～126。

雖隱顯殊途，未有不傍禮教者也。……〔註11〕

在南北朝時期的《梁書·武帝紀》中也記載著：

高祖……少而篤學，洞達儒玄，雖萬機多務，猶卷不輟手。……

〔註12〕

《梁書·伏挺傳》中記載：

……無人相樂，偃臥墳籍，遊浪儒玄，物我兼忘，……〔註13〕

在《弘明集》中亦提到：

……若使顏冉宰賜尹喜莊周，外讚儒玄之跡，以導世情所極。……

〔註14〕

故而在魏晉時期的典籍之中，「儒玄」兩字連用已見先例，而「儒玄兼修」，指的是儒學與玄學的交流會通，「儒玄兼修」比「儒道會通」來講，包含了更多的層面，魏晉時期主要的思想爭論包含了：「自然與名教之爭」、「情禮之爭」、「言意之辯」、「方內與方外之爭」等，而魏晉時期的學術思想，主要是要將這些看似不相容的兩端取得一個完美的協調，能夠兼顧兩者而不偏廢之，使其兩得其中。魏晉時期的道家思想，較之先秦老莊時期的道家有著不同的義涵，如「自然」一詞，在郭象的理解中，自然還包含了「性分」，或「命限」的意思，因此光是用「道」這個詞語是無法完整地表達出魏晉時期思想的實質義涵，只有用「玄」才能表達出受到當時各個層面影響而不同於先秦時期的獨特思想文化，而玄學所造成的社會現象，也較原始的道家思想對魏晉時期士人的影響更大，這是本文所以採取「儒玄兼修」這個語詞的緣由，採用「儒玄兼修」這個說法，更能表現出魏晉士人在傳統的儒家思想與多變的玄學思潮中所受的衝擊。

〔註11〕楊家駱：《新校本晉書并附編六種》（臺北：鼎文書局，1995 年 6 月 8 版），冊2，卷 56，〈列傳第二十六·江統傳附子惇傳〉，頁 1539。

〔註12〕姚思廉撰：《梁書》（北京：中華書局，1992 年 11 月 4 刷），卷 3，〈本紀第三·武帝下〉，頁 96。

〔註13〕姚思廉撰：《梁書》，卷 50，〈列傳第四十四·文學下·伏挺傳〉，頁 722。

〔註14〕《弘明集》（上海商務印書館縮印明刊本），卷二，〈宗炳·明佛論〉，頁 28。

第二章 西、東晉時代背景解析

　　一個時代的思潮除了思想本身的延續與傳承外，受到時代因素的影響至鉅，社會、政治等外緣因素對於一個思想的形成有時具有決定性的因素，因此在探討郭象、張湛，與當時士人思想之前，實有必要對於當時之時代背景作一分析。本章由西晉末年八王的亂政開始，闡述時代的動亂與亡國後士人在渡江至江東之後心態上的呈現。東晉特殊的門閥掌權，士族與王室共掌天下的政治生態使他們的心態有所轉變，重心由國家轉向營家門，以門第為重。第一節主要是以時代背景的論述為主，第二節則重在文化與士人心境、思想層面的探討，由浮華隱逸之風興盛、儒玄雙修思想之形成，及此時期士人對於力與命的爭論，至宗教思想的興盛，層層轉入當時時代心靈，由大方向的思想行為之探索，期對此時期有一個概括性的了解。

第一節　不安與殺伐的歲月──由混戰到和靖

一、西晉末年──八王之亂的血腥奪權

　　西晉第二個皇帝惠帝司馬衷在位期間，司馬氏宗族發生了許多次大規模的衝突及禍亂，先後參與這些戰亂的司馬氏宗族有八個諸候王，即汝南王司馬亮、楚王司馬瑋、齊王司馬冏、長沙王司馬乂、成都王司馬穎、河間王司馬顒、東海王司馬越。這些司馬氏宗族於惠帝在位的十幾年間，發動了大小不等的奪權戰亂，動搖了西晉王朝的根基，使西晉王朝在幾年間迅速走向滅亡的命運，這些諸王之間的混戰，史稱「八王之亂」。

　　禍亂之出，必有其因，八王之亂的產生，導因於晉武帝司馬炎立愚庸的司馬衷爲太子，並寵信楊氏、賈氏后黨。司馬衷繼位後，皇后賈南風凶險多權詐，在公元二九一年三月，與楚王司馬瑋合謀，誣陷楊駿爲亂，楊太后同逆，遂滅殺楊氏后黨，在此次政變中，殺楊駿、楊珧、楊濟兄弟，楊駿親族和黨羽均被誅夷三族，處死者數千人，皇太后被廢爲庶人，被迫絕食而死，至此楊氏后黨全被誅滅。

　　六月，賈后又誣陷司馬亮、衛瓘二人有「廢立之謀」、「欲危社稷」，使惠帝下詔於司馬瑋，令其率領北軍殺司馬亮、衛瓘。司馬亮在哀嘆「如何無道，枉殺不辜」之後被害，衛瓘及其子孫九人也被殺。在司馬瑋殺了司馬亮等人之後，賈后又宣布司馬瑋矯詔，扣以殺害「二公父子，又欲誅滅朝臣，謀圖不軌」等罪名，將之處死。

　　賈后在專政時，殺害太子遹，「太子既廢非其罪，眾情憤怨」。而賈后的殘暴專政，又導致了三○○年四月的亂事，這一年，趙王倫發動政變，與梁王司馬肜、齊王司馬冏等打著爲太子報仇的口號，起兵殺了賈后和張華、裴頠等人，次年正月，司馬倫又廢晉惠帝，自立爲帝。司馬倫爲帝之後，眾心怨望，出鎮許昌的齊王司馬冏出兵，鎮守鄴城的成都王司馬穎和鎮守長安的河南王司馬顒也分別從北方、西方起兵響應。三王之兵馬與司馬倫之兵在洛陽附近激戰六十多天，雙方死傷十餘萬人。司馬倫的部將造反，廢司馬倫，擁惠帝復位。司馬冏帶領數十萬兵入洛，以大司馬之名輔政。司馬倫父子及其黨羽，皆被處死。

　　在司馬冏輔政期間，諸王之間的爭戰並沒有因此而平息，如公元三○二年十二月，司馬顒宣稱司馬冏「有無君之心」，出兵進攻洛陽，司馬乂在城內響應，雙方軍隊展開了激戰，洛陽城陷入一片混戰，之後司馬冏兵敗被斬，黨羽二千餘人均被誅滅。此時司馬乂都督中外諸軍事，掌握了中央大權，但其餘諸王又藉口司馬乂論功不平，於三○三年八月又發動戰爭，河間王司馬顒、成都王司馬穎聯兵討司馬乂，三方集結的軍隊，人數在三十多萬人以上，這是八王之亂之中軍隊集結人數最多，規模最大的一次。雙方連戰三個多月，死傷八、九萬人，洛陽「戰久糧乏，城中大饑」，司馬乂最後被燒死，司馬穎接管中外軍事，但他僭侈日甚，有無君之心，是以在公元三○四年七月，洛陽禁軍在東海王司馬越的統率之下，北征司馬穎，司馬越爲大都督，組織十萬兵力進軍安陽，但卻敗北，皇帝被俘，河間王司馬顒命部將張方乘機率兵佔

領洛陽，而司馬顒控制了皇權，都督中外軍事。

司馬顒的控制皇權，又導致了公元三○五年七月，東海王司馬越在山東起兵，西向進攻關中。後司馬顒戰敗逃亡山中，次年六月，司馬越迎惠帝回洛陽，司馬穎、司馬顒先後被殺，惠帝也被毒死，大權落入司馬越手中，司馬越從此專擅威權，八王之亂結束。

自公元二九一年賈后殺楊駿，至公元三○六年惠帝回洛陽，前後十六年間，朝野之間的動亂不斷，戰禍連連。而八王之戰事，正確地說，應是在公元三○○年開始有大的爭伐之事，在公元二九一年到二九九年的幾年之間，由於賈后在政治上除了依靠族兄賈模、內姪賈謐、母舅郭彰這些親黨外，還起用了當時名士張華、裴頠、裴楷、王戎等並掌機要，這些人有一定的政治經驗，並與賈模他們同心輔政，因此在這一段時間內，維持著一個穩定的局面，「雖闇主在上，而朝野安靜」。〔註1〕真正八王之間的混戰，乃發生在公元三○○年至三○六年之間，在這短短的幾年之間，發生了這麼多的戰事，使得西晉王朝的國基受到嚴重的動搖，不但民不聊生，而且人民被殺害的，動輒以萬計。更嚴重的，是八王在爭戰時，為了加強自己的兵力，引入少數民族參加內戰，成都王司馬穎引匈奴劉淵為外援，使得匈奴得以長驅入鄴；東瀛公司馬騰引烏桓羯朱襲司馬穎，於是烏桓遂長驅入塞；幽州刺史王浚召遼西鮮卑攻鄴，使得「鮮卑大掠婦女」。這些外族人得以利用中土爭戰的時機進入中原，而許多少數民族，也利用這個時機建立政權，後趙的石虎自立為「大趙天王」，即云：「司馬氏父子兄弟自相殘滅，故使得朕得至此。」

由於西晉諸王亂政，戰禍不斷，廣大田產荒廢，使人民流離失所，成千上萬的人民被迫離鄉背景，流亡異地，成為流民。自惠帝永熙元年（公元二九○年），由於水利失修，無年不旱，造成了嚴重的饑饉，史載元康七年（公元二九七年）之後，秦、雍二州大旱疾疫，發生了大饑荒，使得「米斛萬錢」，在《晉書‧五行志》中記載著「饑疫薦臻，戎晉並困」。而至永嘉時期（公元三○七～三一二年），《晉書‧食貨志》記載：

> 至於永嘉，喪亂彌甚。雍州以東，人多飢乏，更相鬻賣，奔迸流移，
> 不可勝數。幽、并、司、冀、秦、雍六州大蝗，草木及牛馬毛皆盡。
> 又大疾疫，兼以饑饉，百姓又為寇賊所殺，流尸滿河，白骨蔽野。

〔註1〕司馬光撰，楊家駱編：《新校資治通鑑注》（臺北：世界書局，1993年9月），冊5，卷82，〈晉紀四‧惠帝元康元年〉，頁2612。

〔註2〕

在這種大饑荒的情形之下，人民各處流徙，西晉末年，各族人民不斷流亡，形成了一股流民潮，在公元二九八年之後的十年間，流亡人民多達百萬人以上，這些人民在家鄉無法生存，流徙各地，有的流落荒野，既受到地主的欺壓，又受到官僚的壓迫勒索，西晉政府也多次強行勒令其返回家鄉。這些流民各個走投無路，人人愁怨，於是發生了多起的武裝起義，最早有李特的起義，後有張昌、石冰等人的起義，之後又有王如、杜弢的起義。

公元三一一年，匈奴貴族劉曜與王彌、石勒等聯軍攻陷了洛陽城，晉懷帝被害，劉曜進洛陽燒掠全城，官殿與官府皆被燒盡，王公士族被殺者數萬人。自東漢末被董卓焚毀的洛陽城，雖經魏、晉將之修復，但不到一百多年，重又化為灰燼。之後劉曜進掠長安，當時關中「百姓饑饉，白骨蔽野，百無一存」，晉臣擊敗劉曜，使得臨時政府維持了四年，公元三一六年，劉曜再度進攻關中，長安城中糧食盡絕，史稱「京師饑甚，米斗金二兩，人相食，死者太半。」〔註3〕十一月長安城被攻破，愍帝被俘，西晉以亡。

二、東晉渡江 —— 動亂之後的苟安

（一）和靖政策 —— 王、庾、桓、謝的主政

西晉王朝滅亡之後，原本鎮守建康的琅邪王司馬睿在江南重建政權，公元三一八年三月，司馬睿正式稱帝，是為東晉。東晉王朝共經歷了十一個皇帝（即元、明、成、康、穆、哀、廢、簡文、孝武、安、恭），歷時一〇四年。在元、明、成三帝在位時，主要是由王導輔政，王氏的勢力十分顯赫，子弟均布列顯要。成、康二帝是明帝庾皇后所生，在此時期外戚庾亮、庾冰兄弟掌權，王氏勢力漸衰，庾氏勢力轉盛。而穆帝繼位後，他起用徐州刺史桓溫為荊州刺史，從而取代了庾氏在荊州的勢力，桓溫掌權歷經穆、哀、廢、簡文四帝，勢力顯赫。孝武帝時，由謝安執掌朝政，亦是權重一時。因此綜觀來說，在東晉王朝的一〇四年間，由王、庾、桓、謝四大士族掌握了東晉王朝的政治走向，其對東晉政局的影響力，不可不謂大矣。

東晉立國之初，有所謂「王與馬，共天下」之說，東晉的建立，北方世家大族王導、王敦等人起了很大的助力，從初時司馬睿的移鎮建鄴到逐步穩

〔註2〕 楊家駱：《新校本晉書并附編六種》，冊1，卷26，〈志第十六・食貨〉，頁791。
〔註3〕 楊家駱：《新校本晉書并附編六種》，冊1，卷5，〈帝紀第五・孝愍帝〉，頁130。

定在江南的政權，都靠著王導的建議與輔佐。王導在少年時代就「識量清遠」，
被人目為「將相之器」，其在司馬睿建立政權之後，一方面要爭取原來南方士
族的支持；一方面也要安撫新來的北方士族，為做到「撫綏新舊」，於是司馬
睿一方面拉攏南方士族，對其多方禮遇，「由是吳、會風靡，……漸相崇奉，
君臣之禮始定」；一方面選用了北方一百多位名士擔任官職，當時人稱之為「百
六掾」，即是一百零六個官員。這些在當時，均是具有一定社會地位的名士，
如此南北兼予以安撫，逐步穩定了初至江南的東晉政權。因此在方業光的〈論
南北士族的協調與東晉王朝的建立〉一文中云：

> 司馬睿對北方士族「收其賢俊，與之共事」；對江東士族「虛己傾心」，
> 「以結人心」的籠絡政策，使南北士族從對立走向了和協，進而在
> 「克服神州」的旗幟下，聯手為司馬睿「戮力」，從而使東晉迅速在
> 江東得以建立。〔註4〕

東晉的立國宰相王導，其為政方針是以寬縱為主，在為政上務求清靜，認為
「鎮之以靜，群情自安」。在司馬睿剛登上皇座時，他就下詔要求各級官吏「同
心戮力，深思所以寬眾息役，惠益百姓。」欲減輕對民眾的賦稅剝削和徭役
負擔。而另一方面，對於江南的地主，及北方南下的世家大族，也寬容他們
的封山占澤，讓他們各自劃分勢力範圍，在互相牽制又不妨礙彼此利益的前
提之下發展。〔註5〕這種求清靜簡易，並以國家大體為重、不拘小目的政策之
下，對於豪強大族，也是以寬縱的措施為主，儘量不加以干涉和抑制，這種
憒憒之政的施政措施，十分有利於門閥地主的發展與擴張勢力。影響東晉初
期政權甚巨的是南方的世族地主，這些世族地主，如吳郡顧氏、陸氏、義興
周氏等，自東吳以來就是「僮僕成軍，閉門為市，牛羊掩原隰，田池布千里」，
擁有眾多的土地及部曲，且在江南有一定的勢力。而東晉渡江，對於這些江
南地主的利益，不但不能侵犯，且必須藉重其在江南的影響力以鞏固政權。

〔註4〕 方業光：〈論南北士族的協調與東晉王朝的建立〉，載於江蘇省六朝史研究會
編：《六朝史論集》（合肥：黃山書社，1993 年 9 月），頁 37。

〔註5〕 王仲犖提到：「為了避免南北兩大地主集團間的經濟衝突，北方流播南下的世
家大族著重向東土發展經濟勢力，不要儘在太湖流域一帶求田問舍，……從
此，南北兩大地主集團之間，便從地域上劃分開各自的經濟勢力範圍。……
這樣，兩大地主集團此後在利益一致的基礎上，共同維持了江左偏安之局，
有二百七八十年之久。」見氏著：《魏晉南北朝史》（上海：上海人民出版，
2003 年），頁 306～307。

王導爲政的一個重點，就是爭取南方地主對東晉政權的支持，他不僅通過拉攏南土之秀的顧榮、賀循、紀瞻等人，而且他的爲政務求清靜，目的也在於力圖圓合南北二派世族在掠奪土地及爭奪經濟利益中所產生的爭端。

在王導之後，潁川庾氏登上政壇，庾亮在成帝時以帝舅的身份與王導共同輔政，爲了避免與王導的勢力相衝突，他出鎮武昌，都督上游江、荊、豫、益、梁、雍六州諸軍事，領江、荊、豫三州刺史，統領了上游的軍事行政大權。同時其弟庾冰也出任梁州刺史，鎮魏興，家族勢力十分龐大。庾氏執政的特點是以地方牽制中央，當時「亮雖居外鎮，而執朝廷之權，既據上流，擁強兵，趣向者多歸之。導內不能平，常遇西風塵起，舉扇自蔽，徐曰：『元規塵污人。』」〔註6〕，在王導死後，庾冰爲中書監、揚州刺史，參錄尚書事，中央大權由庾氏家族掌控。

庾氏家族之後，譙國桓氏代之而起，桓溫繼庾翼爲都督荊梁四州諸軍事、荊州刺史，於是上游軍政大權，遂集於桓溫之手。而後桓沖爲揚、豫二州刺史、侍中，與謝安共主朝廷大政，桓氏家族在地方上勢力極大，家族勢力幾乎遍及上游，並且門生故吏遍于荊土。

陳郡謝氏是過江第一高門，早在庾、桓執政期間，謝氏家族成員已在中央及地方擔任要職。簡文帝死時，謝安、桓溫、王坦之共同受命輔政，後桓溫死，坦之出任徐州刺史，朝中大權盡歸謝安，集中央、軍政大權於一身。

這四個家族的主政，掌握了東晉政權的走向，而在東晉崇尚名士風範的風氣之下，這四大家族的言行舉止，也成爲一般士人模仿效尤之對象。這四大家族，在政治上都有很大的事功，從而爲其家族帶來權勢與地位，但另一方面，他們又有著玄思與名士風流之姿，在日常行止或是在朝爲官時均不廢風流雅韻，也參與當時的清談論辯，在孔毅的《魏晉名士》一書中即云：

> 王導、庾亮、桓溫、謝安這四位左右東晉的權臣，不僅是政治上的成功者，同時亦不廢名士風流。魏晉名士經過了「清談誤國」的慘痛教訓後，既不失名士風流的情趣，又不誤朝廷軍政，「名教即自然」的理論在他們身上得到現實的體現，所謂「身在廟堂之上，心在山林之中」正是他們的立身準則。〔註7〕

〔註6〕 見楊家駱編：《新校本晉書并附編六種》，冊3，卷65，〈列傳第三十五·王導傳〉，頁1753。
〔註7〕 孔毅：《魏晉名士》（成都：巴蜀書社，1994年），頁142〜143。

而王導與謝安的執政，都是以為政務在清靜為原則，在《謝安傳》中云其：「德政既行，文武用命，不存小察，弘以大綱。」這和王導「務存大綱，不拘細目」的觀念相一致，而這些政策的實施，是因為東晉大批士族南下，對於江南已有的世家豪族造成衝突，對其既得利益造成傷害，為使南北二大士族和平共存，王導與謝安均以和靜的政策試圖消弭士族間的矛盾衝突。對豪強士族採取寬縱的態度，以「去煩細」之為政方針，在保持司馬氏皇權的前提下，平衡大族利益，以維持穩定局面的苦心在焉。

（二）保江東的政策 —— 偏安心態的呈現

永嘉之亂後，司馬睿在江左建立東晉王朝，偏安江南，這時主政者的一切作為，都是為了要保有江東，欲在江東建立穩固的地位，在這段期間有一些力主北伐，欲克復中原的進取之士，都遭到朝臣的反對，或因得不到有力的支持而失敗。因此，主政者在偏安江南時，所盡力的，不是北伐中原，恢復國土，而是盡力籠絡江左大族及南下江左的僑姓世族，鞏固在江左的王業。這也是王導在輔佐司馬睿時所著力之點。司馬睿初到江東時，江南大族都看不起他，沒有一個江南士族來拜見他，王導認為東晉王朝須要靠這些江南大族的輔佐與幫助才能建立，所以便在江南修禊〔註8〕之時，讓司馬睿以觀看官民修禊為名，進行了一次聲勢浩大的巡遊，這些江南大族看到司馬睿威嚴的儀仗隊伍，都心生誠服，於是「相率拜于道左」。之後王導還親自登門拜訪顧榮、賀循等江南名士，征辟他們出來為官，從此「吳會風靡，百姓歸心」，爭取到江南大族的認同及支持，為他們的過江偏安，奠定了初步的基礎。

王導在取得江南世族的認可後，又爭取從北方渡江的士族支持，因此無論在江南士族方面，還是北方南下的士族方面，王導都取得他們的支持，而獲得初步的共識。在王導執政的幾十年裏，他都沒有認真考慮過北伐的事，而是著眼在如何維持既成的局面，平衡各方勢力的衝突。為了保持這種平衡，他對各方面都採取一種兼融、調和的策略，實行「憒憒」的簡易之政。王導是東晉渡江之後的輔國重臣，影響著整個東晉政局，史稱「王與馬，共天下」，因此他的施政措施，代表了整個東晉的走向，他以寬和為施政措施，事實上他也是明白當時東晉並沒有收復中原的能力，唯有盡力保全江東，鞏固在江南的政權，才是實際的辦法，〔註9〕因此東晉不思北伐，士人在這種風氣之下，

〔註8〕每年三月三日，官民到水邊洗濯，象徵著被除災害。
〔註9〕陳洪提到：「王導呵罵眾人作『楚囚相對』，固然有激勵大家振奮精神的意思，

也習於苟安，只求性命的自全，而不思進取。而王導的憒憒之政，使得東晉政局得以在江東傳了十一世，証明了王導的施政方針，是正確的。

此時士人大都習於偏安，雖有一些情緒上的失落或不安感，但隨著東晉政局在江東日趨穩固，這種情緒很快地便平復了。東晉繼王導之後的另一個風流宰相是謝安，他承繼著王導的施政方針，為政去其煩細，不存小察，甚於不許搜索被豪強窩藏的流民，其云：「若不容置此輩，何以為京都？」東晉士人大多主張偏安江南，對北伐採取反對的態度，如庾亮要北伐時，蔡謨就上疏以為不可，其見解得到大多數人的附和。殷浩北伐時，王羲之也提出反對的意見，以為「政以道勝寬和為本」，力勸殷浩只須固守長江，放棄淮水流域，其看法也反映了當時大部份朝臣的心態。而桓溫北伐時，孫綽也上疏論其非，力陳應以保住中原為上策，亦說出了當時江左人士反北伐，保中原為主的普遍心理。

但從王導開始的這種保江東的措施，雖使東晉得以偏安江左，但此種不存小察的憒憒之政及寬縱豪強的措施卻也造成了世族勢力的坐大及恣意任行，范弘之云：

> 晉自中興以來，號令威權多出強臣，中宗、肅祖斂衽於王敦，先皇受屈於桓氏。今主上親覽萬機，明公光讚百揆，政出王室，人無異望。〔註10〕

東晉政權基本上是一個皇權加上士族的政府，皇帝與世家大族休戚與共，而執政的士族，其政治權力事實上是比皇帝還大的，東晉由王、庾、桓、謝四大家族主政，其權力與影響力遠遠大於皇帝，因此東晉一開始便存在著強臣的問題，以後屢屢的禍患，亦都因此而起，而王、謝等人由於偏安的需求而對士族的寬縱政策，也造成了士族的更加肆無忌憚，恣意搶奪土地，占奪流民為部曲、佃客和奴婢，加深了他們的種種特權。

（三）門第把持 —— 世族之利益世襲

整個東晉的政治，可以用「舉賢不出世族，用法不及權貴」來形容，東

不過主要的意圖是讓眾人共同努力，輔佐新建的江南小朝廷，并非真的要去收復中原大片疆土。」見氏著《醒醉人生—魏晉士風散論》（北京：東方出版，1996年），頁176。

〔註10〕楊家駱編：《新校本晉書并附編六種》，冊3，卷91，〈列傳第六十一·儒林附范弘之傳〉，頁2365。

晉是靠著世族地主的擁護而建立起來的王朝，故而東晉王朝的執政方針就是
在維護世族地主的利益，一切以不侵害世族的利益，並且和平共存為最高原
則，這就是王導與謝安以和為貴、無為的施政方針。在這種政策之下，無論
是原本江南的地主或是北方南下的士族，都能享有種種特權。東晉的士族分
為僑姓和吳姓，僑姓是從北方遷居而來，吳姓則是南方的世家，這些世家大
族，在政治方面享有特權，士族可以獨占清流美職，所謂的清流美職，就是
職閒祿重的職位。而所謂的「舉賢不出世族」，是指士族地主他們本身不僅掌
握著地方到中央的各種重要職位。並且他們的子弟也享有世襲官位的特權，
高門貴族的子弟年滿二十歲，不經選舉，直接可以作秘書郎、著作郎、員外
散騎等有發展前途的官位，並且官職清閒。在秘書郎這個職位照例居職數十
日至百日便可以升遷，因此這些官位只是他們的晉升之階。因而身為士族子
弟，無論有無才學，將來定可以為官從政，並且有很好的官位及晉升門路，
故而在當時有句諺語：「上車不落為著作，體中何如則秘書」，即說明士族子
弟的優越地位，即使仍在懷抱中的嬰孩，也注定了以後可以身為秘書郎、著
作郎。

　　而對於世族地主的特權享受，還不止在政治地位方面，在經濟的利益方
面，他們也享受了特殊的待遇，在章義和等著的《六朝史稿》中云：

> 魏晉之際，以土地國有制為基礎的屯田制破壞，西晉頒行占田制。
> 到了東晉，對大地產的限制更加放寬，一是擴大官吏占田，二是對
> 世族、豪強兼并土地采取寬弛的態度。宗孝武帝頒行「占山格」，進
> 一步確認了非法圈占山澤的事實。東晉南朝田莊經濟的大發展，可
> 以說是土地政策放寬的結果。〔註11〕

東晉的士族在江南任意占山略澤，搶奪土地，政府對於這些行為，均採取寬
和的態度，甚至還頒布「占山格」，認許他們圈占山澤的行為，當時江南地區
的江湖河泊，也被豪強霸占殆盡，百姓在江、湖捕捉魚蟹，釣竿和網罟還會
被地主劫去，「不輸十匹，則不得放」。在士族的權利方面，官品占田法和蔭
親屬制〔註12〕的實施，使得貴族享盡各種利益，就所謂的官品占田而言，一

〔註11〕章義和等著：《六朝史稿》（上海：華東師範，1994 年），頁 16。

〔註12〕《晉書・食貨志》中記載：「又各以品之高卑蔭其親屬，多者及九族，少者
　　　　三世。宗室、國賓、先賢之後及士人子孫亦如之。而又得蔭人以為衣食客
　　　　及佃客，品第六已上得衣食客三人，第七第八品二人，第九品……一人，

般農民可以占田七十畝，而一個九品小吏卻可以占到十頃，〔註13〕相當於一千畝的土地。在法令上既然規定了九品官可以占田千畝，那麼只要當上九品官職，便可以放手去搶占土地。在占田之外，官吏無論占田多少，根據蔭親屬制的規定，所有的官吏和他的親屬都可以免除一切的課、役，這種蔭親屬制，多者及九族，少者三世。而且可以擴及宗族中所奴役的全部佃戶，都可以免除課役，在《隋書‧食貨志》中就提到：

> 都下人多爲諸王公貴人左右佃客、典計、衣食客之類，皆無課役。

因此只要有一品級，就可以享受官品佔田法和蔭親屬法的優待，取得免課、免役的特權，而只要是貴族，縱然是庶族，無法進身高位，做大官，〔註14〕但是庶族縱使不做官，因爲西晉的合田賦、戶賦爲一，通行戶稅，雖然是九品相通，但這也是有利於百室合戶的大地主。所以基本上，晉朝政權對於士族是十分優待的。我們將西晉的官品占田制與蔭親屬制和九品中正制聯繫起來看，可以知道西晉在選舉上「征其人居及父、祖官名」，「計官資以定品格」，在這樣的制度之下，不僅保證了世族可以享有世代作大官的政治權利，並且也保證了世族世代可以享有官品占田法和蔭親屬制的權利，另外在他們的親屬，九族方面包括族中的全部衣食客、典計、佃客，都可以免除課役，所以在這種特權之下所帶來的世族經濟與政治利益的急速膨脹，又使得九品中正制度益形重要。

　　而士族們對權力緊捉不放，他們控制權力的方式有：「控制皇位的更替」、「控制議政與政治決策」、「對行政權的控制」，〔註15〕藉由這些政治權力的掌握，使門閥的地位維持不墜。在東晉王、庾、桓、謝四大家族主政期間，國家重要職位如錄尚書事、中事監令、尚書令、尚書僕射等職位中，世族所佔

其應有佃客者，官品第一第二者佃客無過五十戶，第三品十戶，第四品七戶，第五品五戶，第六品三戶，第七品二戶，第八品第九品一戶。」，見楊家駱編：《新校本晉書并附編六種》，冊1，卷26，〈志第十六‧食貨〉，頁790～791。

〔註13〕「其官品第一至于第九，各以貴賤占田，品第一者占五十頃，第二品四十五頃，第三品四十頃，第四品三十五頃，第五品三十頃，第六品二十五頃，第七品二十頃，第八品十五頃，第九品十頃。」同註12，頁790。

〔註14〕在西晉的九品中正制度之下，庶族一般較難居高位，高官大多由世族壟斷，庶族只能做小官，西晉官場的情形是：「世胄躡高位，英俊沉下僚」。

〔註15〕參考自陳長琦：《兩晉南朝政治史稿》（開封：河南大學，1992年1月），第二節〈世族對權力中心作用的方式〉，頁130～144。

的比例高達百分之九十一以上，〔註16〕所有國家的重要機關、重要職位，幾乎都由世族掌控。在上位者專舉用世族為官，即使是十分平庸甚至品格低劣的人，因為他是門第世族，也得以獲得重用。〔註17〕

而「用法不及權貴」，是指在刑法的免責權上，士族也有著特權，士族即使觸犯法律，也可免於刑罰，逍遙法外。因此整個東晉王朝，法禁寬弛，綱紀不立，豪強大族在享受特權之際，也都挾藏人口，作為私人的蔭客。東晉對士族如此的放縱，給予各方面的特權，且這些特權得以世襲子孫，世代享用不盡。在這種官位與權力、經濟利益世襲的情況下，貴族們都欲保持現狀而不願更動，因為保持現狀意味著他們的政經利益能繼續保持，故世家大族普遍於思想上存在著宜靜而不宜動的主張。

在陳寅恪的《魏晉南北朝史講演錄》中即提到：

> 西晉政權的出現，表明儒家貴族最終戰勝了非儒家的寒族。西晉政權是儒家豪族的政權，政治社會道德思想與曹操時期不一樣了，……西晉統治者標榜儒家名教，中正以「品」取人，品指「行性」，即指儒家用來維繫名教秩序的道德標準。而豪族與儒門是同義詞，因此選舉變成「門選」。門選起著鞏固豪族統治的作用。〔註18〕

儒家的名教成為維繫門閥制度的工具，在西晉時延續曹魏的九品中正制，以其為取士用人的標準，而中正制的實行，與以往曹魏時期用人唯才的作法有所不同，〔註19〕晉朝的用人，是以人的品行與家世為標準，作為衡量取士與

〔註16〕參見陳長琦：《兩晉南朝政治史稿》中對東晉時期世族在權力中心人數的統計。頁107。

〔註17〕孔愉時任尚書左僕射，掌管官吏任命事宜，對於王導的用人提出建議，但王導仍一意孤行，以己意為重，「導將以趙胤為護軍，愉謂導曰：『中興以來，處此官者，周伯仁、應思遠耳。今誠乏才，豈宜以趙胤居之邪！』導不從。」。見楊家駱編：《新校本晉書并附編六種》，冊3，卷78，〈列傳第四十八·孔愉傳〉，頁2053。

〔註18〕見萬繩楠整理：《陳寅恪魏晉南北朝史講演錄》（臺北：雲龍出版，1995年2月），頁24～25。

〔註19〕在萬繩楠整理《陳寅恪魏晉南北朝史講演錄》中提到：「西晉的選舉法——九品官人法和職官制度，較之曹魏，有所不同。二者產生了更有利於鞏固世族政治地位的變化。九品官人法在曹魏，已由『先舉性行而後言才』，向但問『倫輩』演進。但當時還不太可能完全排斥曹操的重才，在重性行和倫輩還是重才能上，從理論到現狀，都有過激烈的爭論，優勢在重性行、重倫輩方面。這是因為以司馬氏為代表的世族已在政治上佔據了統治地

否的指標。這種指標，就是儒家的綱常名教，用儒家的道德標準與規範來取士，這使得取士的範圍，自然地縮小到那些貴族豪門身上，因為在當時，只有豪門貴族能受到完整的儒家教育，因此選士無異於只在貴族中挑選人才，選舉成為了門選。正因為儒家的名教禮制對於貴族有著這樣的作用，能鞏固其地位，防止其既得利益的流失，並保障其利益與權力的世襲，所以儒家思想被這些門閥士族緊捉不放，並被主政者所強調。儒家的思想鞏固了門閥制度，而西晉的門閥制度與九品中正制度，都使世族的貴戚子弟作官與享受權利得到保證。這正是在玄學清談與老莊學說盛行之時，儒家思想得以保其地位，且屹立不搖的原因。不止如此，思想家們為了使門閥的地位不致動搖，無不處心積慮，用各種學說與思想，企圖通過融合儒學與道家思想，使得在清談盛行之際，儒家思想也有存在的價值與地位。門閥世族對於儒家思想的維護，可說是不遺餘力，但在維護儒家名教之餘，他們也為自己的享樂與放縱找尋藉口，以道家的思想作為行為放曠的根據，畢竟，努力維持門第，作官出仕，只是為了獲取經濟利益，「情匿奔於貨欲之途」。因此他們的提倡儒家名教，只是為了維持本身既得利益，而在獲取利益之後，他們又要一個可以享樂逍遙的藉口，就是玄學。

（四）身家為重 ── 政治形態的轉變

東晉的政治，基本上是由門閥士族所掌控的，東晉特殊的門閥政治，表現在門閥士族的掌握政治大權，卻又互相牽制，皇權極度衰弱，皇帝幾乎沒有實權，但門閥士族間的維持勢力均衡又使皇室有存在的必要，作為平衡士族間權力的緩衝點。〔註20〕在西晉時期確立的士族特權在東晉進一步制度化，在《宋書》中記載：「凡厥衣冠，莫非二品，自此以還，遂成卑庶。」門閥世族在政經地位上的坐大，並九品官人法的實施，使這些高門貴族長期操控政權。在西晉時期，是由宗室諸王出鎮地方，諸王手握強兵，皇室諸王還有一些實質上的權勢與地位，並且兵權還掌握在皇室之中；到了東晉，重要的州鎮重權幾乎全控制在門閥士族的手中，握有執政權力的世家大族往往讓家族宗親分居內外各

位。……在九品中正制下，選舉依據『品狀』。品即盧毓所謂『性行』，分為九等。狀是『狀才能』，亦即盧毓所謂『才』。原則是『先舉性行而後言才』。……」，頁118。

〔註20〕陳長琦於《兩晉南朝政治史稿》中提到漢魏時期的政治結構是所謂「權力中心的雙重結構」，其云：「一方面利用皇統的號召力和影響力，穩定統治階層的情緒和社會秩序；一方面操縱實際上的國家權力營造自己的基礎。」，頁54。

個要職，彼此呼應，讓家族勢力保持不墜，〔註21〕在這種長期壟斷與門閥勢力保持的形勢下，東晉的士族較西晉士族多了一份政治上的保障與受到家族勢力保護的穩定感，而為了保持這種穩定的狀態，門閥士族們的心態傾向於保守，以保守與鎮靜的態度來保護著他們的世界。

東晉時，士族有所謂「營家門」的習尚，對於自身的身家財產及門第地位的維持十分重視，對於保有他們既有的權力更是不遺餘力。他們為了要保有他們的地位，對自身的門第和利益百般維護，甚而只重自身門第，對外在的朝代更易、國君替換不加留意，只是盡力維持門第優越與傳承，在趙翼的《二十二史劄記》中就提到此時期門閥世族的心態是：「雖市朝革易，而我之門第如故。」〔註22〕。而世族維持門第不墜的方式，是用教育與知識來維持與確保其貴於庶民的地位，許多世家大族十分重視自身的門第教育，有些更維持「經術傳家」的傳統，用這些私傳的門第教育來作為「自保其家世」的手段。〔註23〕而這些門閥世族，在經濟上有強大的優勢足以供給其家門優良的教育以及多樣的學術文化活動，在東晉著名的四大家族中，琅邪王氏的子弟個個位居高官，同時也富有文學素養，著名的有：王導、王曠、王廙、王恬、王洽、王劭、王玄之、王凝之、王徽之、王操之、王獻之、王珣、王羲之等，之後王氏家族的人才亦不斷，故而沈約云：

> 吾少好百家之言，身為四代之史，自開闢已來，未有爵位蟬聯，文才相繼，如王氏之盛者也。〔註24〕

而與王導齊名的謝安，出自陳郡謝氏家族，謝氏家族也是家門鼎盛，注重門第教育，家族中人才輩出，有名的有謝韶、謝朗、謝玄、謝川，南朝時有謝靈運、謝晦、謝惠連、謝瞻等均以文學名世，可見得這些世家大族對於門第教育的重視與門風的維持。東晉時期，對於家族門第的重視更甚以往，世族們關心的焦點放在對於家門的維持上與保身家，對於政治的重視反而不若以往，因而他們的重心，是由家國的重視，轉而為自身與門第的維護。

〔註21〕詳見何德章：《中國魏晉南北朝政治史》（北京：人民出版社，1994年1月），頁113～114。

〔註22〕趙翼：《二十二史劄記》（臺北：樂天出版，1973年2月再版），卷12，〈江左世族無功臣〉，頁158。

〔註23〕參考自章義和等著：《六朝史稿》，頁376。

〔註24〕姚思廉撰：《梁書》（北京：中華書局，1992年11月4刷），卷33，〈列傳第二十七・王筠傳〉，頁487。

第二節　西東晉士人風尚

一、浮華放浪之風

在正始、竹林時期，最著名的放達之士便是竹林七賢，其以任性自為，不遵禮法的曠達作風聞名於當時，而竹林七賢的蔑視禮教，有其政治上的因素，正因為當時政權上的傾奪，司馬氏與曹氏的權力爭奪，引發了一連串的殺戮行為。史料上記載，正始十年，司馬懿發動政變，殺曹爽、何晏、鄧颺等八族，控制了曹魏政權，之後司馬氏政權相繼以謀反的罪名誅除名士，先後殺掉了夏侯玄、李豐、張緝等人，而後又有毋丘儉的起兵反對司馬氏政權，但隨即為司馬師所滅。司馬氏集團與曹氏集團之間的權力鬥爭加劇，其由暫時的合作走向分裂，政治局勢開始走向動蕩不安，而此時最為難的，莫過於夾在二大集團之間的士人，他們無可選擇，動輒得咎。

在一連串的政治鬥爭中，司馬氏對於反對派的鎮壓是極其嚴厲和殘酷的，殺人如麻，士人處在這種政治環境下，無不人人自危，朝不保夕，在這段政治的紛爭中，名士為求自保，往往退居幕後，不問政事，例如夏侯玄在司馬懿的政變之後，即「不交人事，不畜筆研」，〔註25〕可見得當時政治氣氛之恐怖與士人求避禍保身之思想。

在這種政治背景下，士人均以遠禍保身為主要原則，嵇康與阮籍，即以「至慎」的態度來面對隨時可能引致殺身之禍的政治環境，或數十年喜怒不形於色，愛惡不表於形。其慎言謹行，避免讓當權者捉到把柄，《世說新語》中提及：

> 康性含垢藏瑕，愛惡不爭於懷，喜怒不寄於顏。所知王濬沖在襄城，面數百，未嘗見其疾聲朱顏。此亦方中之美範，人倫之勝業也。〔註26〕

〈德行篇〉中記載：「王戎云：與嵇康居二十年，未嘗見其喜慍之色。」，而嵇康在《家誡》中告誡兒子：「宏行寡言，君子之機，機動物應，則是非之形著矣，故不可不慎。」，故時以「慎」為最高之德行修養。

山濤在正始中也有一段隱身不交世務的時期，在《晉書·山濤傳》中云：

〔註25〕余嘉錫：《世說新語箋疏》（臺北：華正，1993 年 10 月），〈方正 6〉注引《魏氏春秋》，頁 285。

〔註26〕余嘉錫：《世說新語箋疏》，〈德性 16〉注引《嵇康別傳》，頁 18。

濤年四十，始爲郡主簿、功曹、上計掾。舉孝廉，州辟部河南從事。
與石鑒共宿，濤夜起蹴鑒曰：「今爲何等時而眠邪！知太傅臥何意？」
鑒曰：「宰相三不朝，與尺一令歸第，卿何慮也！」濤曰：「咄！石
生無事馬蹄間邪！」投傳而去。未二年，果有曹爽之事，遂隱身不
交世務。〔註27〕

而阮籍更是至愼的代表，因當時的政治迫害，使他十分地謹言行，司馬昭云
其：「阮嗣宗至愼。」（《世說‧德行》）嵇康在〈與山巨源絕交書〉中云：「阮
嗣宗口不論人過，吾每師之而未能及。至性過人，與物無傷。」，甚至他在詩
文中，都不輕易表露內心眞實情感，而有「阮旨遙深」之說。嵇康與阮籍，
原本均有濟世之志，〔註28〕深受儒家思想的影響，這種儒家濟世主義的傾向
與志願，在其早期詩文中可以見到，但由於後來的政治環境使然，司馬氏的
誅殺名士，使得名士少有全者，在欲保身家的苦衷下，嵇阮只有隱藏自己的
政治理念，以一種反禮教的方式來表達對司馬氏濫用禮教的不滿。故竹林七
賢的放曠、不遵禮教，實是當時政治環境逼迫下所產生的結果。

司馬氏發動高平陵事變，奪篡曹魏政權，這種不忠的行爲，在司馬氏上
台後，卻仍高樹禮教大旗，宣揚以名教治國，對於反對他們的人，統統扣上
反叛禮教的罪名而予以誅除。在當時，司馬氏殺戮異黨，從司馬懿的殺王凌
而夷其三族，到司馬炎的殺張弘而夷其三族，二十二年間夷三族的就有六起，
但司馬氏一向標榜以孝治天下，在外行名教之名，內裏卻完全不遵名教之實，
這種虛僞且殘酷的作風，使當時名士既不願服從，卻也無法明確地作出反對，
只得用反抗禮教的行爲來反抗。在《世說新語‧任誕》篇中記載了當時士人
任誕不羈的行爲：

劉伶恒縱酒放達，或脫衣裸形在屋中，人見譏之。伶曰：「我以天地
爲棟宇，屋室爲褌衣，諸君何爲入我褌中？

阮籍遭母喪，在晉文王坐進酒肉。司隸何曾亦在坐，曰：「明公方以
孝治天下，而阮籍以重喪，顯於公坐飲酒食肉，宜流之海外，以正

〔註27〕楊家駱編：《新校本晉書并附編六種》，冊2，卷43，〈列傳第十三‧山濤傳〉，
　　　　頁1223。

〔註28〕「籍本有濟世志，屬魏晉之際，天下多故，名士少有全者，籍由是不與世事，
　　　　遂酣飲爲常。」見楊家駱編：《新校本晉書并附編六種》，冊2，卷49，〈列傳
　　　　第十九‧阮籍傳〉，頁1360。

> 風教。」文王曰：「嗣宗毀頓如此，君不能共憂之，何謂？且有疾而
> 飲酒食肉，固喪禮也！」籍飲噉不輟，神色自若。〔註29〕

竹林七賢中的劉伶與阮籍，以放縱著稱，其餘諸人或隱居山林，酣飲爲樂，無視禮法名教。而他們的盛名，影響了當時的社會風氣，士人爭相模仿這些名士的言行，造成一股放蕩之風。

而與嵇、阮同爲竹林七賢的山濤，也是因爲政治因素而隱居山林，過著縱放的生活，他之所以隱居是因爲司馬氏與曹氏爭權，而鹿死誰手，大勢未定，於是他先退隱山林，待司馬氏政權大勢已定，便出而爲官，其心態表現在他勸石鑒「勿事馬蹄間」之語。而其他諸賢，也大多存著一種避世亂的心態，隱居山間，飲酒放縱。他們的縱放，都是與當時的政治高壓有關，故唐翼明的《魏晉清談》一書中即云：

> 他們的結合點則是在老莊哲學的外衣下，以一種不問世事，放浪形
> 骸的姿態來迴避當時的政局。

> 竹林傳說標誌的這種清談與放蕩合流之風，是當時政治狀況對知識
> 份子的壓迫所導致的結果。〔註30〕

可見得士人們的放曠行爲，很大部分來自政治動蕩所引發的苦痛與不安，並非純粹的放浪形骸，尤其是嵇、阮的深刻苦痛，處在強壓之下的人格扭曲，是令人同情的。

到了西晉末年的八達，他們的放曠，與竹林七賢有著本質上的不同，在《晉書・孝愍帝紀》中，干寶提及豪族儒門統治下，西晉政治與社會風氣的敗壞情形：

> 加以朝寡純德之人，鄉乏不貳之老，風俗淫僻，恥尚失所，學者
> 以老莊爲宗而黜六經，談者以虛蕩爲辨而賤名檢，行身者以放濁
> 爲通而狹節信，進仕者以苟得爲貴而鄙居正，當官者以望空爲高
> 而笑勤恪。是以劉頌屢言治道，傅咸每糾邪正，皆謂之俗吏；其
> 倚杖虛曠，依阿無心者皆名重海內。若夫文王日昃不暇食，仲山
> 甫夙夜匪懈者，蓋共嗤點以爲灰塵矣。由是毀譽亂于善惡之實，
> 情慝奔於貨欲之塗。選者爲人擇官，官者爲身擇利，而執鈞當軸

〔註29〕以上見余嘉錫：《世說新語箋疏》，〈任誕2〉，頁728；〈任誕6〉，頁731。
〔註30〕唐翼明：《魏晉清談》（臺北：東大出版，1992），頁216。

之士，身兼官以十數。大極其尊，小錄其要，而世族貴戚之子弟，
陵邁超越，不拘資次。悠悠風塵，皆奔競之士，列官千百，無讓
賢之舉。〔註31〕

中朝之時〔註32〕，名士間的縱放虛誕，較之前的士人有過之而無不及，干寶
即對當時的奢靡風氣十分痛心，著文以批評。在其文章中我們可以看出當時
的風氣為何，干寶指出當時士人崇尚老莊思想，貶斥儒家六經，而以老莊虛
玄思想為重，在這種情形下，很容易流於虛蕩不實，而當時士人，多以名士
行為舉止為仿效對象，效仿名士們的放達不羈而輕賤儒家名教之治，對於德
行、儒家教化抱持著輕鄙的態度。所以在當時，當官者皆不務正業，空談虛
言，不以事務自嬰，朝隱的思想十分盛行，為仕者雖當官在位，卻不勤於政
事，一味口言玄虛，其視清高風流的人為真正的體玄之人，若是勤於政務，
反被恥笑為不合名士風流之姿。因此，當時傅咸因不滿朝官的不務正事，每
進言力諫，但卻被譏嘲為俗吏，而那些依阿無心以應世，苟且於政務之人，
反而名重於海內，享有很高的聲望。在這種風氣之下，朝中之士，均是一些
空談不務實之士，真正有心於世的人反而不被重視，而朝中充斥著這些放縱
之士，使國家的政治也日趨衰微。干寶對於這種情形十分的憂心，但是這種
放縱奢靡的情形，已是積習很深，難以改易。在士人的放曠行止方面，以飲
酒為最普遍的情形，《世說新語》中記載：

> 魏末阮籍嗜酒荒放，露頭散髮，裸袒箕踞。其後貴游子弟阮瞻、王
> 澄、謝鯤、胡母輔之之徒，皆祖述於籍，謂得大道之本。故去巾幘，
> 脫衣服，露醜惡，同禽獸。甚者名之為通，次者名之為達也。〔註33〕

《晉書·王戎傳》亦記載：

> 時王敦、謝鯤、庾敳、阮修皆為衍所親善，號為四友，而亦與澄狎，
> 又有光逸、胡母輔之等亦豫焉。酣謔縱誕，窮歡極娛。〔註34〕

〔註31〕同註3，頁135～136。
〔註32〕所謂的中朝名士，指的是活躍在西晉元康時期到永嘉時期的玄學之士，據袁
　　　　宏《名士傳》記載，有裴楷、樂廣、王衍、庾敳、王承、阮瞻、衛玠、謝鯤
　　　　八位，但是這種提法帶有世家門選的意味，這本是謝安在閒談中的戲言，實
　　　　際上，中朝的重要人物不止這八位。
〔註33〕余嘉錫：《世說新語箋疏》，〈德行23〉注引王隱《晉書》，頁24。
〔註34〕楊家駱：《新校本晉書并附編六種》，冊2，卷43，〈列傳第十三·王戎傳附王
　　　　澄傳〉，頁1239。

《晉書‧畢卓傳》記載：

> 卓少希放達，爲胡母輔之所知。太興末，爲吏部郎，常飲酒廢職。
> 比舍郎釀熟，卓因醉夜至其甕間盜飲之，爲掌酒者所縛，明旦視之，
> 乃畢吏部也，遽釋其縛。卓遂引主人宴於甕側，致醉而去。卓嘗謂
> 人曰：「得酒滿數百斛船，四時甘味置兩頭，右手持酒杯，左手持蟹
> 螯，拍浮酒船中，便足了一生矣。」〔註35〕

《晉書‧光逸傳》記載：

> 初至，屬輔之與謝鯤、阮放、畢卓、羊曼、桓彝、阮孚散髮裸裎，
> 閉室酣飲已累日。逸將排戶入，守者不聽，逸便於戶外脫衣露頭於
> 狗竇中窺之而大叫。輔之驚曰：「他人決不能爾，必我孟祖也。」遽
> 呼入，遂與飲，不捨晝夜。時人謂之八達。〔註36〕

《晉書‧周顗傳》記載：

> 顗以雅望獲海內盛名，後頗以酒失，爲僕射，略無醒日，時人號爲
> 「三日僕射」。庾亮曰：「周侯末年，所謂鳳德之衰也。」顗在中朝
> 時，能飲酒一石，及過江，雖日醉，每稱無對。偶有舊對從北來，
> 顗遇之欣然，乃出酒二石共飲，各大醉。及顗醒，使視客，已腐脅
> 而死。〔註37〕

由這些記載中可知，當時名士間彼此交遊結黨，以浮華奢靡、飲酒放曠爲樂。
士人們聚眾飲酒，窮極歡樂，畢卓因嗜酒荒廢職務，其愛好杯中物的程度，以
爲只要能畢生浮沈在酒池肉林中就能足了一生的心願。而周顗更是日日醉酒，
以致有三日僕射之稱，他常與朋友對飲，有舊友從北方來，周顗欣然與之對飲，
大醉之後，顗醒來發現客人已酒醉而死，其縱酒荒放的程度至此，可謂至極矣。
而在奢侈之風上，以石崇、王愷的爭富最爲有名，在《晉書》中記載：

> 崇資產累巨萬金，宅室輿馬，僭擬王者。庖膳必窮水陸之珍。後房
> 百數，皆曳紈繡，珥金翠，而絲竹之藝，盡一世之選。築榭開沼，

〔註35〕楊家駱：《新校本晉書并附編六種》，冊 2，卷 49，〈列傳第十九‧畢卓傳〉，
　　　　頁 1381。

〔註36〕楊家駱：《新校本晉書并附編六種》，冊 2，卷 49，〈列傳第十九‧光逸傳〉，
　　　　頁 1385。

〔註37〕楊家駱：《新校本晉書并附編六種》，冊 3，卷 69，〈列傳第三十九‧周顗傳〉，
　　　　頁 1851。

殫極人巧。與貴戚羊琇、王愷之徒，競相高以侈靡，而崇爲居最之
首，琇等每愧羨，以爲不及也。〔註38〕

石崇之富，其資產千萬，宅第車輿之豪富，可比帝王，其衣著飲食，必定是
十分珍奇者，在飲食上窮盡海陸之珍貴奇物，後房的妻妾童僕數百人，均衣
著華麗，穿著錦繡華貴之服飾，戴著寶石金玉之飾物，其奢靡實無人能及。
在食物上已窮盡山海之奇珍，食日萬錢，卻仍嘆無下箸處，甚至以人乳飲豚。
享樂的歌伎樂舞，絲竹音樂，都是一時之選。在宅第的豪華上，庭院臺榭，
築山開池，館宇之富麗，甚至廁所，都有絳紗帳大床，茵蓐甚麗，兩婢持錦
香囊在側〔註39〕，廁所的婢女麗服藻飾，置甲煎粉〔註40〕，令人不知身在
廁所。在當時，還有許多奢靡至極的人，如在《晉書·陶侃傳》中記載其：
「媵妾數十，家僮千餘，珍奇寶貨，富於天府。」；在《紀瞻傳》中記載其：
「厚自奉養，立宅於烏衣巷，館宇崇麗，園池竹木，有足賞玩。」；在《桓
玄傳》中云其：「入京師，大築城府，臺館山池莫不壯麗，豪奢縱欲，朝野
失望。」；在《賈謐傳》中云其：「負其驕寵，奢侈踰度，室宇崇僭，器服珍
麗，歌僮舞女，選極一時，開閤延賓，海內輻湊，貴游豪戚及浮競之徒，莫
不盡禮事之。」〔註41〕，這種享樂、侈汰之風的盛行，使得士人只以欲望
的滿足爲重，追求外在的聲色享樂。但是士人在追求感官上的滿足佚樂，追
求酒色的享受之餘，他們又不願以俗士自居，又要追求清高風流的名士風
姿，在這方面他們以隱逸與清談玄虛來表現他們的清高行止〔註42〕。他們

〔註38〕 余嘉錫：《世說新語箋疏》，〈汰侈8〉注引《續文章志》，頁882。
〔註39〕 余嘉錫：《世說新語箋疏》，〈汰侈2〉「石崇廁，常有十餘婢侍列，皆麗服藻飾，
　　　　置甲煎粉、沈香汁之屬，無不畢備。又與新衣著令出，客多羞不能如廁。……」，
　　　　頁877。
〔註40〕 余嘉錫：《世說新語箋疏》，〈汰侈2〉注引《語林》「劉寔詣石崇，如廁，見有
　　　　絳紗帳大床，茵蓐甚麗，兩婢持錦香囊，寔遽反走，即謂崇曰：『向誤入卿室
　　　　內。』崇曰：『是廁耳。』」，頁878。
〔註41〕 楊家駱：《新校本晉書并附編六種》，冊2，卷40，〈列傳第十·賈充傳附謐傳〉，
　　　　頁1173。
〔註42〕 江師建俊：〈魏晉朝隱風氣盛行的原因及其理論根據〉一文中提到兩晉朝隱之
　　　　風興盛的四點原因：「一、以老莊思想爲主導的時代，『隱』才是第一義，『仕』
　　　　終是下乘，因老莊基本精神是超俗出世的，就是反仕，其生命態度，本與隱
　　　　者同，皆求逍遙自適，不以外物累心。故追步許由，企慕松喬。二、以隱逸
　　　　爲最得玄學意趣。三、求於道術，高蹈遊仙，絕棄流俗喧囂，以樂其志。當
　　　　時重養生，採藥煉丹風熾，或養形或養神，形神兼養，高隱乃得實現養生的
　　　　願望，故爲求道慕道者所崇。四、高門貴族享盡榮華富貴，其生活奢靡，相

這種行爲，造成了一股朝隱的風氣，士人一方面要享樂，出仕爲官以獲取高名利益；一方面又要清談隱居以表現他們的風流不羈之風度，所以造成了居官無官官之事的朝隱之風。

二、力與命的論辯

力與命的問題早在戰國時代便被哲學家們提出討論，在張仲謀著的《兼濟與獨善：古代士大夫處世心理剖析》一書中提到：

> 天命觀由原始的宗教意識而滲透于士大夫的人生哲學，在春秋戰國時期，這一時期的社會背景是「社稷無常奉，君臣無常位」(《左傳》昭公三十二年)，圍繞歷史興衰的思考，產生了歷史哲學的「天人之辨」；圍繞人生命運的思考，產生了人生哲學的「力命之爭」。「天人之辨」爭論的焦點是，決定宗國社稷之興衰存亡的，是上天的意志還是君臣的主觀作爲；「力命之爭」的焦點是，人的禍福升沉，是命中注定的，還是個人的主觀努力有以致之的。〔註43〕

在力與命的定義上，馮友蘭認爲：

> 力代表普通所謂人力；命代表所謂天命。事物之變化，皆自己進行；人力與天命，皆不能控制轉移之。事物之變化，又是不得不然者。

〔註44〕

漢代的董仲舒、王充均對力與命的問題提出看法，此時普遍有三命的觀點，即將命分爲三，有「正命」、「隨命」、「遭命」，認爲命有生即已然決定的成份，與人的行爲操守無關的，是所謂的「正命」；而「隨命」是指行善得善報、行惡得惡報的果報之命，隨著人自身的行爲來改易自己的命運；「遭命」是指行善得惡，這種福德不一致的命運。三命說的提出，是爲了符應現實上對於命運不公，行善卻無善報的現實所提出的，使理論與現實能夠相符應，不致於造成太大的差異性。王充在《論衡·命義》中云：

形之下，隱者不驚寵辱，具拔俗之韻，於是棲遲蓬蓽者，乃如鶴立雞群般，成爲被企慕的對象。」收錄於成功大學中文系編：《尉素秋教授八秩榮慶論文集》(臺北：文史哲，1988 年)，頁 460。

〔註43〕張仲謀：《兼濟與獨善：古代士大夫處世心理剖析》(北京：東方出版，1998 年)，頁 92。

〔註44〕馮友蘭：《中國哲學史》(臺北：藍燈文化，1989 年 10 月)，第二篇第五章，〈南北朝之玄學·上〉，頁 620。

> 傳曰：說命有三，一曰正命，二曰隨命，三曰遭命。正命，謂本稟
> 之自得吉也。性然骨善，故不假操行以求福而吉自至，故曰正命。
> 隨命者，戮力操行而吉福至，縱情施欲而凶禍到，故曰隨命。遭命
> 者，行善得惡，非所冀望，逢遭于外，而得凶禍，故曰遭命。

這種三命說的觀點，在東漢後期頗為流行，在班固的《白虎通・壽命》
中也提到了這個觀點：

> 命有三科，以記驗：有受命以保度，有遭命以遇暴，有隨命以應行。

在《太平御覽》卷三百六十引緯書《元命苞》中云：

> 壽命，正命也，起九九八十一。有隨命，隨命者，隨行為命也。有
> 遭命，遭命者，行正不誤，逢世殘賊，君上逆亂，辜咎下流，……

東漢末趙歧《孟子章句・盡心章》注曰：

> 命有三名，行善得善曰受命，行善得惡曰遭命，行惡得惡曰隨命。

而王充則提出二品說，將三命說濃縮為二品，其在《論衡・氣壽》篇中
云：

> 凡人稟命有二品，一曰所當觸值之命，二曰強弱壽夭之命。所當觸
> 值，謂兵燒壓溺也；強弱壽夭，謂稟氣渥薄也。

漢代的力命觀裏，雖有二品與三命的說法，但大致上是相同，王充的二品說，
其實是將隨命并入正命之中，他認為人有已然決定的正命，與行善得惡報的
遭命。而行善得善報的隨命，他並不單列出為一命。無論是那種說法，在漢
代基本上還是有著人力能掌控命運的思想，有著行善得善報，行惡得惡果的
想法。且在漢人的觀念裏，命運並非不可改變、全然註定的，他們將正命與
隨命分而為二，即是表示除了上天註定的正命之外，還有隨命與遭命等各種
改變的可能，人為的努力也能改易自己的命運，上天能左右的只是命運的某
個部份。這種思想的產生，部份原因是因為漢代有著長久統一的政治背景，
士人大部份能藉著自身的進修與努力達致自己的目標。雖然並非人人皆能達
到進仕的理想，但在這種時代背景下，有才學或有品性修養的人，求得一官
半職與進仕並非難事，人的前途與未來，有一部份是可以靠著自身的修為與
努力來達成的，因此對於命運的觀點，他們肯定人為努力的部份，認為人為
的努力可以在某一程度上改變自身的命運。

而到了魏晉時期，長期的政治爭奪與無情的戰爭殺戮，導致士人有著普遍的不安與無奈感。在這長期的政治鬥爭之中，由於事態的發展不可預料，且關係到士人的前途與命運，因此士人在這場政治漩渦中感受到強大的心理壓力，普遍感到生死存亡難卜。例如何晏在當時是曹爽集團的重要人物，但也常心存畏懼而云：「常畏大網羅，憂禍一旦并。豈若集五湖，從流唼浮萍，承寧曠中懷，何為怵惕驚。」〔註45〕，企圖以退隱為保全性命的方法。當時士人無不對政治心存恐懼，阮籍也對政治深感憂慮，採取了迴避隱退的態度。在《晉書・阮籍傳》中記載，阮籍在正始時期曾作過為時不久的尚書郎，而後曹爽徵辟他為官，阮籍又婉言拒絕之〔註46〕。阮籍之所以以病自求免職，也與當時的政治環境日趨險惡有關。在《晉書》中記載，嘉平三年，王凌被夷三族，楚王曹彪遭殺害。嘉平六年，李豐、夏侯玄等八族被夷滅。甘露五年，高貴鄉公謀誅司馬昭，事敗被殺。在一連串的政治鬥爭中，司馬氏對於反對派的鎮壓是極其嚴厲和殘酷的，殺人如麻，士人處在這種政治環境下，無不人人自危，朝不慮夕，在這種不安與無法改變政治與社會情勢的情形下，士人反思己力的微渺與外力的不可抗拒，於是命定論的思想日益加深。

雖然在曹魏時期仍有著人力可改易命運的積極思想，如嵇康在〈難宅無吉凶攝生論〉中云：「壽夭之來，生于用身；性命之遂，得于善求。」肯定了人力對自然的抗爭作用，他認為只要能善求，善於養生、惜身，便可改變自然所賦予的命運，而能達到自己所希求的命運與年壽。但到了晉朝，這種思想逐漸地改易為強烈的命定論思想。在丁懷軫的〈張湛與魏晉玄學的終結〉一文中提到：

> 從王弼的「天命無妄」、「聖人有情」的天人關係論到嵇康的「善求」、「崇力」和「尚志」的系統學說，都體現了一種不違自然而又積極進取的思想傾向。但到了元康時期，郭象在《莊子注》中一反這一傳統，大談「安命」、「逍遙」，主張「泯然以所遇為命」(《人間世注》)，

〔註45〕余嘉錫：《世說新語箋疏》，〈規箴6〉注引《名士傳》，頁553。

〔註46〕初時，阮籍藉口自己「違由鄙鈍，學行固野，進無和俗崇譽之高，退無靜默恬沖之操。」，拒絕赴太尉蔣濟之徵辟。後又以疾辭曹爽之徵召，在《晉書本傳》中云：「及曹爽輔政，召為參軍。籍因以疾辭，屏于田里。」引文見嚴可均：《全三國文》(北京：商務印書館，1999年)，下冊，卷45，〈阮籍・詣蔣公奏記辭辟命〉，頁473。楊家駱：《新校本晉書并附編六種》，冊2，卷49，〈列傳第十九・阮籍傳〉，頁1360。

把天人觀推到了宿命論的邊緣。張湛繼郭象之後，不僅完全拋棄了
玄學發展前期富有積極因素的天人觀，而且將郭象的「安命論」進
一步發展為「宿命論」。〔註47〕

魏晉時期的天命觀，與漢人的天命思想又有著很大的不同，雖然兩者皆是上
天決定人的禍福，但漢人所謂的天命，是一種有意識的神靈，可以判斷，可
以決定人的災禍與福報，就是所謂的天志。而人可以通過自身的修為與去改
變自己的命運，換言之，上天是透過視察個人的德行與行為去決定一個人的
禍福貴賤，行善者得福報，行惡者得惡果，人可以透過自己的道德修養去修
正命運，並且在某一程度上，命運是可以被人掌握的。而魏晉時期的天命觀，
卻是十足的命定論，上天賦予人的命運，是從出生即已然決定，從此不論是
行善或行惡，或是後天的教育培養，都無法改變這個人的命運。這是由於漢
代是一個大致上昇平且一統的盛世，在這種環境下，士人普遍都有著進取與
樂觀向上的心境，並且儒學在這個時期十分興盛，儒家禮樂教化的正面思想
進入到天命論中，指出人的道德修為影響己身的命運，這種正面的教化作用，
在治世是可行的，一旦世道淪喪，到了魏晉時期昏暗的戰爭殺伐與無常的政
治環境，士人朝不保夕，這種有德便有福的理論便站不住腳了，士人即使有
著高尚的品性與滿腔的熱忱，仍難逃被抄家滅族的命運，或是空有德性卻抑
鬱以終。在這種亂世裏，德行與福報無法等同，士人在無奈與不安感的日增
下，深感命運的不可掌握與人力的微渺，遂有命定論的出現，認為命運的操
控權不在自己手上，人的命運無法預料也無法由自己決定，是生而如此，後
天的努力與學習完全無法改變命運。由於政治情勢的變動快速與士人對前
途、命運的不可知，遂使這種悲觀的命定思想快速地在士人間流傳，並且愈
加根深柢固。郭象的玄學思想裏就有著強烈的命定思想，他認為性與命都是
天賦且不可改易的。此點於第三章中會有更詳細的解釋。

魏晉南北朝時期的李康和劉孝標，也都提出了對力與命的看法，李康在
〈運命論〉開頭便提到：「夫治亂，運也；窮達，命也；貴賤，時也。」，他
認為治與亂、窮與達、貴與賤，均取決於命運，不但個人的窮達貴賤取決於
命運，連國家的治亂興衰都是命運的安排。在他的觀點裏，時、命、與運都
是命運的意思，國之興亡，由命決定，其云：「運之將隆，必生聖明之君；聖

〔註47〕見丁懷軫、丁懷超：〈張湛與魏晉玄學的終結〉，《蘇州大學學報》，1987年第
　　　 2期，頁16。

明之君，必有忠賢之臣。」，因此明君賢相都是天所安排的，非人力所能干涉，且這種安排是必然的，沒有任何理由，天生註定如此，故而其結論是：「然則聖人之所以爲聖者，蓋在乎樂天知命矣。」。對於這種自然而然的，天命的安排，人只有樂天知命，樂於接受一切的命運，這樣才是知命之人。時代稍後的劉孝標也著有〈辯命論〉，其以爲「士之窮通，無非命也。」，所以他以爲人所能做的，就是「居正體道，樂天知命，明其無可奈何，識其不由智力；逝而不召，來而不拒；生而不喜，死而不慽。」，他亦以命運無法由人力改變與左右，故而人所能做的，就是順應命運而不去違抗，生不以喜，死不以憂，明白命運對人的侷限性，而順應之。在陶淵明的〈神釋詩〉中亦云：

> ……三皇大聖人，今復在何處？彭祖愛永年，欲留不得住，老少同一死，賢遇無復數，日醉或能忘，將非促齡具，立善常所欣，誰當爲汝譽，甚念傷吾生，生宜委運去，縱浪大化中，不喜亦不懼，應盡便須盡，無復獨多慮。〔註48〕

其也說明了壽夭富貴均非人力所能掌控，即使是古代的大賢、聖人，對自身的修爲已達致很好的境界，但對自己的命運仍是無法掌握。無論賢愚貴賤，都是上天的安排，無法由人改變，若不能對此有所體會，計較或不平的結果只是對自己的傷害。所以陶淵明認爲人對於生命的態度應是委順命運的安排，順著造化的大浪去行走，得之不喜，失之不懼，生命到了盡頭便欣然接受，不須憂慮。人生於天地之中，對生死禍福，應當不喜不懼，聽任自然的安排，這正是〈力命〉篇中所說的：「當死不懼，在窮不慽。」，因此陶淵明對於生死已然看破，這種超脫的境界，可以說是「聊乘化以歸盡，樂夫天命復奚疑。」。

這種天命決定一切的想法在《列子》的思想中也時常可見，張湛〔註49〕

〔註48〕逯欽立輯校：《先秦魏晉南北朝詩》（北京：中華書局，1983 年），中冊，〈晉詩卷十七〉，〈陶淵明·神釋詩〉，頁 990。

〔註49〕本處只取張湛之說法，並不以《列子》原書之說法爲重，主要是因《列子》原書可能爲後人所僞作（在季羨林著的《中印文化關係史論叢》一書中云：「列子是一部僞書，自來學者少有異議。」，頁 75），且成書年代難定，關於這方面可以參考：季羨林著《中印文化關係史論叢》（臺北縣：彌勒，1984 年），頁 75～86、馬良懷《張湛評傳》，頁 36～49 中對《列子》真僞及成書年代的考辯。而取張湛的說法，主要是他爲東晉時人，思想具有代表性，能反映出當時思想，故而在力命的論點上，取張湛注文之說法而不取《列子》原書之說法。

可以說是較爲深刻地體驗到了人生的悲劇性與命運的不可抗拒性，其在〈楊朱〉注中云：

> 夫一生之經歷如此而已，或好或惡，或安或危，如循環之無窮。若以爲樂邪？則重來之物無所復欣。若以爲苦邪？則切己之患不可再經。故生彌久而憂彌積也。〔註50〕

他以爲人之在世，就是苦難的一再重覆，活的愈久，只是苦難的累積愈加深刻而已，因此生命是一種痛苦的延續與累積。他的這種說法，頗切合屢遭戰亂與黨爭摧殘之魏晉士人的心聲，而由於在這個時期，人對於命運無法掌握，大環境的強勢與人力的微弱形成強烈的對比，個人的努力無法決定自身的命運，力與命的關係在此時有著巨大的差距，所以張湛說明了力之不能改變命運與命運對人的強勢作用，而提出了命定論的說法，其云：

> 若其非命，則仁智者必壽，凶愚者必夭，而未必然也。若其非時，則勤儉者必富，而奢惰者必貧，亦未必然。此皆不識自然之理。任智之所知也。自全者，非用心之所能；自敗者，非行失之所致也。
> 〔註51〕

他以爲若是沒有所謂的命運，那麼有德行之人與有智慧之人必然能有福報與長壽，而凶頑與愚昧者必定導致早夭與悲慘的命運，勤勞節儉的人能夠致富，懶惰奢華的人必定導致貧窮的命運，但事實上並非如此，常常是有德之人無壽而凶愚之人得享天年，而奢惰者得享富貴，可見得自身的作爲與得到的結果並不等同。

　　這些禍福報應之事，與個人的修爲無關，這就是所謂的自然，張湛認爲這些天理報應之事，都是自然界的一種行爲，是自然而然的，是天然的一部份，故而他認爲能明白這個道理的人，就會明白對應這些禍福之事最正確的方法是順任自然，任其自行自運，而不加以人力的干涉，並且福至不喜，禍至不懼，因爲這是自然的一部份，應以平常心看待之。其云：

> 禍福豈有內外，皆理之玄定者也。見其卒起，因謂外至；見其漸著，因謂內成也。動止非我，則非智所識也。無喜懼之情也。此明用智

〔註50〕楊伯峻撰：《列子集釋》（北京：中華書局，1997年10月5刷），卷7，〈楊朱篇〉，「百年猶厭其多，況久生之苦也乎？」句張湛注，頁229～230。

〔註51〕楊伯峻撰：《列子集釋》，卷6，〈力命篇〉，「故曰：死生自命也，……自喪也」句張湛注，頁212。

計之不如任自然也。〔註52〕

其又云：

> 或積德履仁，或遇時而通，得當年之歡，騁於一己之志，似由報應，若出智力也。自然生耳，自然泰耳，未必由仁德與智力，然交履信順之行，得騁一己之志，終年而無憂虞，非天福如之何也？或積惡行暴，或飢寒窮困，故不顧刑戮，不賴生存，而威之於死，似由身招，若應事而至也。自然死耳，自然窮耳，未必由凶虐與愚弱。……生死之理既不可測，則死不由物，生不在我，豈智之所如？無際無分，是自然之極，自會自運，豈有役之哉？〔註53〕

在張湛的〈力命〉注序文中，又云：

> 命者，必然之期，素定之分也。雖此事未驗，而此理已然，若以壽夭存於御養，窮達係於智力，此惑於天理也。〔註54〕

他以為命運是先天決定的，是生而如此的，命是自然的一部分，也是天理的一部分，上天決定你的命運如何，便是如此，沒有任何道理可言。後天的任何修養、教育都無法改變它，所以張湛認為若是以為生命的夭壽與窮達貴賤均可由個人的修為去改易，那是不明天理，不明白這些都是已定之數，非由個人的作為所能決定的。所以他說：「此皆冥中自相驅使，非人理所制也。」，命運是冥冥中自有安排的，就猶如自然的運行一般，人的任何作為皆不能影響它。

張湛在〈力命〉注中提到，人的生死禍福，非由自身行為所導致的報應而來，而是自然生成，自然如此，仁德與智力無法使之轉移，也無法改變它，故世上有許多行善而不得善終，行惡卻安享天年的不平之事，由於這些事件無法以平常的果報論來解釋，且在喪失常理的這個時代，這種不公的事件隨處可見，所以這種命定的思想可說是深植人心，在阮籍的〈詠懷詩〉中提到：「貴賤在天命，窮達自有時。」，嵇康在〈幽憤詩〉中也說：「窮達有命，亦又何求。」，鮑照在〈擬行路難〉中云：「窮途運命委皇天。」，戴逵在〈釋疑

〔註52〕楊伯峻撰：《列子集釋》，卷6，〈力命篇〉，「不喜內福，……背坂面隍亦不墜仆也。」句張湛注，頁211。

〔註53〕楊伯峻撰：《列子集釋》，卷6，〈力命篇〉，「可以生而生，……天道自運」句張湛注，頁202～203。

〔註54〕楊伯峻撰：《列子集釋》，卷6，〈力命篇〉序文張湛注，頁192。

論〉中提到：

> 史遷有言，天之報施善人，何如哉？荀悦亦云：「飾變詐而為奸詭者，
> 自足乎一世之間，守道順理者，不免飢寒之患，……夫人資二儀之
> 性以生，稟五常之氣以育。性有修短之期，故有彭殤之殊；氣有精
> 粗之異，亦有賢愚之別。此自然之定理，不可移者也。……故知賢
> 愚善惡，修短窮達，各有分命，非積行之所致也。……〔註55〕

在其〈答周居士難釋疑論〉中亦云：

> ……斯乃所以明善惡之有定，不由于積行也，若夫仁者為善之嘉行，
> 安于懷而受福，僭者反理之邪事，臧會為之而獲後，良由分應沒身，
> 非履仁之所移，命當為後，非行僭之能罰，豈異比干忠正，而嬰割
> 心之戮，張湯酷吏，而獲七世之祐哉，苟斯理之不殊，則知分命之
> 先定矣。……故知窮達善惡，愚智壽夭，無非命，分命元定于冥
> 初，行迹豈能易其自然哉？〔註56〕

載逵在〈釋疑論〉中舉司馬遷、荀悦的言語以證自己的命論。他們都是認為
人的善行無法對命運作出任何改變，所以那些飾變奸巧者能享受人生，而守
道之人常常飽受飢寒之患，這是因為人的所受，都來自於天的安排，上天所
賦予的性有修短之分，氣有精粗之異，這是無法去決定與改變的，所以載逵
認為人的智愚都已決定，積行也無法改變命運。在〈答周居士難釋疑論〉中
他仍是以這種窮達貴賤無法移易的說法來說明他命定論的思想，他以歷史上
各個有德之人卻遭受殘酷命運的例子，如比干的割心，張湯的七世之祐，說
明人的命運定於初生之時，之後的行為舉止都沒辦法改變這個自然之理。

　　雖然每個時代不遇文人都有類似的怨時哀命之嘆，但這種思想能在當時
成為一個理論被提出來，可見得在當時有一定的思想基礎存在。

　　張湛他持這種命定論的說法，否定了善惡的報應觀，認為無論後天如何
地行善或積仁履義也無法改變先天決定的命運，並且將其運用到玄學理論
中，與其思想結合。命定論的思想在當時已是深入人心而不可移易了。不同
於郭象以「生時安生，死時安死」的安命思想，張湛更要從生死中解脫，要

〔註55〕嚴可均輯：《全晉文》，（北京：商務印書館，1999年），冊下，卷137，〈戴逵·
　　　釋疑論〉，頁1487。
〔註56〕嚴可均輯：《全晉文》，冊下，卷137，〈戴逵·答周居士難釋疑論〉，頁1488
　　　～1489。

人超脫生與死的束縛,而得到根本的解脫,因此他提出:「超生死,求解脫。」,超越了現實層面,往更高一層理境去發揮。

三、玄禮雙修思想的形成

魏晉時期的思想主軸主要圍繞自然與名教的辯證而進行,當時主要的玄學思想,如論有與無、言意之辯、形神之爭,大多不脫儒學與玄學的範圍,我們可以將此時期的名教禮制視爲代表儒家思想,而自然代表玄學思想。所謂的「名教」〔註57〕,就是「以名爲教」,指用中國古代的等級名分、傳統的道德規範與倫理觀念、法律規章與政治制度的種種觀念來進行教化,用以端正風俗、正人心、安社稷,名教原指以長幼、尊卑之名爲主的封建禮教,廣義的來講,與儒家思想同〔註58〕。而所謂的「自然」,是指「自己如此,自然而然」〔註59〕。道家思想主張無爲而治,要順應自然之道,去人爲的制作〔註60〕。自然也指無所作爲,對事物採取無爲的態度,在《老子》六

〔註57〕 在余英時的《中國知識階層史論:古代篇》中提到「何謂名教」,其云:「陳先生(寅恪)據王弼對老子『始制有名』的注語,加以推論道:『故名教者,依魏晉人解釋,以名爲教,即以官長君臣之義爲教,亦即入世求仕者所宜奉行者也。其主張與崇尚自然,即避世不仕者,適相違反,此兩者之不同,明白已甚。』不難看出,陳先生對名教的理解,主要是偏重於政治觀點的。……事實上,魏晉所謂『名教』乃泛指整個人倫秩序而言,其中君臣與父子兩倫更被看作全部秩序的基礎。不但如此,由於門第勢力的不斷擴大,父子之倫(即家族秩序)在理論上尤超乎君臣之倫(即政治秩序)之上,成爲基礎的基礎了。這一點,袁宏(三二八～三七六)的史論足資證明。袁宏說:『夫君臣父子,名教之本也。然則名教之作,何爲者也?蓋準天地之性,求自然之理,擬議以制其名,因循以弘其教,辯物成器,以通天下之務者也。是以高下莫尚於天地,故貴賤擬斯以辯物;尊卑莫大於父子,故君臣象茲以成器。天地,無窮之道;父子,不易之體。夫以無窮之天地,不易之父子,故尊卑永固而不逾,名教大定而不亂。置之六合,充塞宇宙,自今及古,其名不去者也。』(後漢紀卷二十六初平二年條)」(臺北:聯經,1980年),頁331～332。

〔註58〕 因孔子首重名教,強調凡事都要正名,其云:「必也正名乎,名不正則言不順,言不順則事不成,事不成則禮樂不興,禮樂不興則刑罰不中,刑罰不中則民無所措手足矣。」(《論語・子路》),所以儒家是最重視名教之治的。

〔註59〕 方克立編:《中國哲學大辭典》(北京:中國社會科學出版,1994年),頁282。

〔註60〕 老子以爲自然是「生而不有,爲而不恃,長而不宰」(《老子》十八章)的,而且其也認爲「大道廢,有仁義,智慧出,有大僞。六親不和,有孝慈。國家昏亂,有忠臣。」,他反對一切人爲的制作,主張任自然而行。莊耀郎以爲:「依《老子》書中的自然義,就是順物之自己,而使其自然如此,這是一通

十四章中提到：「是以聖人欲不欲，不貴難得之貨；學不學，復眾人之所過。以輔萬物之自然而不敢爲。」自然與名教原本是對立的兩端，就如同有與無是不相容的兩個概念，但是到了魏晉時，這些觀念被兼融而並取，尤其是郭象，將兩個對立的觀念予以融合。

　　郭象玄學理論的提出，可以說達致當時思想的頂峰，之後的學術思潮，主要承繼著這種融合自然與名教的理路而行，史學家唐長孺即將這種學風特色稱之爲「玄禮雙修」，其於《魏晉玄學之形成及其發展》一文中云：

> 正因爲東晉以後名教與自然的關係已有較一致的結論，所以在學術上的表現便是禮玄雙脩，而這也正是以門閥爲基礎的士大夫利用禮制以鞏固家族爲基礎的政治組織，以玄學證明其所享受的特權出於自然。當時著名玄學家往往深通禮制，禮學家也往往兼注三玄；……

〔註61〕

這種玄禮雙修的思想，事實上還是以政治作爲他服務的對象，思想家所以結合儒道二者，一方面是士族需要禮制作爲維繫他們門閥家族的勢力，蓋「舉賢不出士族，用法不及權貴」，世族既是既得利益者，自然不願放棄既有的利益與權勢。但另一方面，他們在享受特權時，也欲找尋一個思想基礎，這時郭象玄學的會通自然與名教，給予他們一個很好的立論點，依據其思想，他們可將特權說是出自自然，是天生即有的，生爲貴族，自然可以享有特權，闡釋了門閥世襲之合理性。余英時先生也提到：

> 永嘉亂後，名教危機隨著玄風一起渡江，到了南方。關心社會秩序的人，無論是北人或是土著，儒家或是道家，在痛定思痛之餘，都大聲疾呼要消彌這一危機。但此時傳統舊禮法既不足以適應已變的社會狀態，而魏晉以來一直支配著士大夫生活的新的倫理價值——情——也不能完全置之不顧。因此如何革新舊禮法以安頓新價值，使情禮之間得到調和，可以說是解決問題的唯一途徑。東晉以後禮

過修證所透顯的精神境界，無論在修養或政治上，都以自然爲依歸，如『功成事遂，百姓皆謂我自然。』（〈十七章〉）……道家認爲萬物之存在本有其自己之美善，這是大前提，如果每個人都能如其自己而呈現，無違逆悖亂的情況，就不會有所失，所以說『無爲，故無敗；無執，故無失。』（〈六十四章〉）如此整體的和諧也就不期然而然地保住了。……因此，自然也可以說是在功夫極至之後所呈現的境界。」見氏著《郭象玄學》，頁77～78。

〔註61〕唐長孺：《魏晉玄學之形成及其發展》，頁338。

玄雙修的學風便是在這種情勢下發展起來的。〔註62〕

周大興〈孫盛的玄學及其對老子的批判〉一文中,也說到:

> 雖然說在理論上郭象的遊外弘內思想,已經圓融的將名教與自然混
> 合為一,但是元康以來放蕩成風的結果,卻使得原本屬於魏晉間政
> 治秩序上的自然與名教的衝突,轉變擴大到社會秩序、家族倫理方
> 面的情禮衝突。可以說,東晉的思想家的許多議論即在於解決實際
> 生活中的情禮衝突,此正如余英時先生所說的「所謂名教與自然的
> 合一,東晉以下仍然大有事在。」〔註63〕

如果說「情」代表著當時士人的解放,追求自我的實現,那麼「禮」就代表
著名教禮制的約束,情與禮的調和與衝突,實際上也代表了自然與名教的調
和進程。雖然說到了郭象遊外宏內理論的提出,已大致上調和了自然與名教
的問題,但是這只是在政治方面的解決,在社會秩序方面,還有家族倫理方
面,緣情與制禮方面仍然有所衝突。

魏晉南北朝是一個禮學十分發達的時代,在各方面都十分講究禮制,然
而六朝的禮學,乃是士族為因應維繫門第之需要而設,因此我們可以說,六
朝時期禮學的興盛與禮玄雙修的現象,並非單純地是名士間的學理談辯,更
多的因素,是為了解決當時門第社會中所存在的許多問題。

玄禮的調和上,可以由當時喪服禮的制定與改定中看出,在當時,禮制
是士族門第維持的一大支柱,若是失去了禮制的維繫,門第的維持便會搖搖
欲墜。喪服禮的改易,是因為當時爭戰頻仍,常有父母乖離、存亡未卜的情
形發生,於是對於是否應該服喪,或應服喪多久,面臨了一個很大的難題,
也引起士人廣泛的討論,在《通典》卷九十八〈父母乖離知死亡及不死亡服
議〉一條文中收錄了此時士人間的議論,在孔衍〈乖離論〉中提到:

> 聖人制禮以為經,常人之教,宜備有其文,以別彰其義。即今代父
> 子乖離,不知自處之宜,情至者哀過於有凶,情薄者禮習於無別,
> 此人倫大事,禮所宜明。謂莫測存亡,則名不定,名不定,不可為
> 制。孝子憂危在心,念至則然矣,自然之情,必有降殺,故五服之

〔註62〕余英時:《中國知識階層史論:古代篇》,〈名教危機與魏晉士風的演變〉,頁
368。

〔註63〕周大興:〈孫盛的玄學及其對老子的批判〉,《鵝湖學誌》,1995 年第 14 期,頁
45。

章，以周月爲節。況不聞凶，何得過之？雖終身不知存亡，無緣更
重於三年之喪也，故聖人不別爲其制也。〔註64〕

元帝建武元年，王敦亦上言云：

自頃中原喪亂，父子生乖。或喪靈客寄，奔迎阻隔，而皆制服，將
向十載。終身行喪，非禮所許。稱之者難，空絕婚娶。昔東關之役，
事同今日。三年之後，不廢婚宦。苟南北圮絕，非人力所及者，宜
使三年喪畢，率由舊典也。〔註65〕

太常賀循上尙書云：

二親生離，吉凶未分，服喪則凶事未據，從吉則疑於不存。心憂居
素，蓋出人情，非官制所裁也。〔註66〕

在這些上疏中，有人以爲喪服禮的制定，雖父母不知存亡與否，喪服以三年
爲限，不應該喪期無數，應在服喪三年後除服，這一先例成爲東晉南朝在父
母不知存亡的喪服禮上的依據。一般來說，士人皆贊成這個三年除服的辦法，
但是賀循提出若是有人對父母的情感特別深厚，堅持長期居喪亦可。

而喪服禮的問題之所以如此被重視，主要是因爲王敦所說的「不廢婚
宦」，在東晉時期，門第的維持是靠著禮制，而婚與宦是門第的二大支柱，但
是在這個戰亂頻仍的時代，若是因爲不知父母的存活與否，必須長期服喪，
而導致婚宦兩廢的話，那麼門第制度便無法維持下去了。所以在此時，士人
討論出一種變通的辦法，那就是只服三年的喪期，這個制度也比較符合人情，
因爲要士人一輩子服喪，是不符合人情的，從這裏我們可以看出東晉時「緣
情制禮」的情形。喪服禮的重新定義，一方面固然是爲了要維繫門第，但另
一方面，我們也可以由此看出當時的一些禮學世家〔註67〕受到當時玄學家所
提倡的「稱情直往」的士風所影響，而從情的方面來反思禮法的不合時宜，
此即所謂的「緣情以制禮」。

在東晉時，時代變動，尤其是在戰亂之時，原有的制序發生很大的變動
及混亂，士大夫在政治、社會、或家族的秩序方面遭遇到很多的問題，這些
問題，都不是以往的承平時期所能預料的，所以傳統的禮制，對於這些特殊

〔註64〕嚴可均輯：《全晉文》，冊下，卷124，〈孔衍・乖離論〉，頁1328。
〔註65〕嚴可均輯：《全晉文》，冊上，卷18，〈王敦・上言父子生離服限〉，頁169。
〔註66〕嚴可均輯：《全晉文》，冊中，卷88，〈賀循・上尙書定父子生離服制〉，頁937。
〔註67〕孔衍是孔子的二十二世孫，賀循家傳慶氏禮，都是禮學世家。

又複雜的問題，無法提供適當的解決方法，但是一個社會的存在與維持秩序又離不開禮制，所以東晉時期的禮學家只有改革禮法，以當時的情形來改易禮法，或是賦予舊法新的意義，用變通的方式，來維持禮法地位的不墜。但是這個變通，是要在合乎情的前提下提出的，由東晉士人的禮法變通來看，我們可以發現「緣情以制禮」是變通禮法的根據〔註68〕，由此也可以看出「情」在東晉士人心中地位的提升，代表了東晉士人個人人性的覺醒，與重視自我情感的表現，與前代以禮法為重的情形比較，東晉時更多的是對人的尊重及對人自然情感的重視，這也許也是受到老莊思想重視自然的影響。而禮法的改易，也能看出東晉士人企圖調和名教與自然的努力，在制式與僵化的禮法中，注入老莊重視自然，強調人的自然之情之思想，而調和了儒道二者。

四、宗教的介入

一個時代的思想，與時代的背景有很大的關聯，西、東晉時期士人的人生觀，受到當時環境很大的影響，一個人在順利與安定的環境之中，他的生活與思想，大都是照著正常的軌道行走，大多有著正面的人生觀，並且對於他的工作與未來，會抱著比較正面的看法。但是若是在窮困或不安混亂的環境中，抱負無法伸展，志願無法實現，那麼他的心境及行為，會比較偏向痛苦與絕望，對現實人生感到灰心與絕望，而走入頹廢放縱的路。此時期，由於政治的黑暗，殘酷的屠殺士人，使士人對政治與未來的期望與使命感全都被抹滅了，以往「文以載道」、「士不得不弘毅」的觀念，也在殘酷的屠殺中漸被抹殺。士人的人生觀，由以往積極入世、救世的樂觀進取，轉而為消極避世的退縮思想，許多有志之士與天才卓絕的有為之士，處在這種時代中，

〔註68〕《通典》卷九十四〈為出繼母不服議〉中引史廙遺議云：「夫禮緣人情，而為之制。」；同書卷一百一〈朋友相為服議〉引徐邈言：「禮緣情耳。」；同書卷一百三〈久喪不葬服議〉中，東晉張憑云：「禮者，人情而已。」；同書卷一百二〈改葬前母及出母服議〉中，徐廣云：「緣情立禮。」。《晉書》卷二十〈禮志中〉引干寶〈禮論〉云：「禮有經有變有權，……且夫吉凶哀樂，動乎情者也，五禮之制，所以敘情而即事也。」《顏氏家訓》卷二〈風操篇〉亦云：「禮緣人情，恩由意斷。」以上引文見杜佑《通典》，收於《景印文淵閣四庫全書》（臺北：臺灣商務，1983年），冊604，頁225；285；297；290。楊家駱編：《新校本晉書并附編六種》，卷20，〈志第十·禮中〉，頁638～639。王利器撰：《顏氏家訓集解》（北京：中華書局，2002年重印），卷2，〈風操第六〉，頁105。

只有放棄自己的理想，苦悶與壓抑地過完自己的一生，或是藉著酒與放蕩的生活來麻痺自己，減低自己的痛苦。這些士人在外在的生活行爲上放縱自己，藉以逃避現實，或是在精神方面尋求另一層面的解脫，藉由宗教。

在一個政治上混亂不堪，社會動亂不安，舊有的學術體系、思想道德觀全都動搖，價值觀紊亂的時候，人心陷入一種極端的不安與苦悶之中，並對人生產生懷疑與不安定感。在這種情形下，宗教最容易滋生並深入人心，因爲人們迫切需要一個精神上的支柱以資依靠。這個時期，原本儒家的思想受到質疑，而道家的思想雖然興盛，但是其滋生出來的弊病卻讓許多士人提出反對的聲音，在葛洪《抱朴子》的〈遐覽篇〉中就提到：

> 或曰，鄙人面牆，拘繫儒教，獨知有五經三史百氏之言，及浮華之詩賦，無益之短文，盡思守此，既有年矣，既生值多難之運，亂靡有定，干戈戚揚，藝文不貴，徒消二天，苦意極思，攻微索隱，竟不能祿在其中，免此蠱敳，又有損於精思，無益於年命，二毛告暮，素志衰頹，正欲反迷以尋生道，倉卒周極，無所趨向，若涉大川，不知攸濟。先生既窮觀墳典，又兼綜奇祕，不審道書凡有幾卷，願告篇目。〔註69〕

從中我們可以看出當時士人對舊有學術知識的懷疑與不滿，欲另尋新路以寄託自己的靈魂。士人發現以往所讀、奉爲經典的五經三史，窮盡了一生的氣力去鑽研它，但是它卻不能解決自己的問題，不能替心中的疑問提供解答。對於人生的問題、生命中的困惑，他們不能在以往的學問中找到答案，於是轉而向宗教尋求解答。

此時期，士人亦密切關切人生的歸宿問題，朝不保夕的人生使其對死亡的焦慮與恐懼日益突顯，在《世說新語・文學篇》中提到：

> 王孝伯在京行散，至其弟王睹戶前，問：「古詩中何句爲最？」睹思未答。孝伯詠「『所遇無故物，焉得不速老？』此句爲佳。」〔註70〕

〈言語篇〉中則記載：

〔註69〕葛洪：《抱樸子內外篇》，收錄於任繼愈主編：《文津閣四庫全書》（北京：商務印書館，2005 年），第 353 冊，〈子部・道家類・抱樸子內篇〉，卷 4，〈遐覽第十九〉，頁 37～38。

〔註70〕余嘉錫：《世說新語箋疏》，〈文學 101〉，頁 277。

謝太傅語王右軍曰：「中年傷於哀樂，與親友別，輒作數日惡。」 王曰：「年在桑榆，自然至此，正賴絲竹陶寫。恒恐兒輩覺，損欣樂之趣。」〔註71〕

桓公北征經金城，見前爲琅邪時種柳，皆已十圍，慨然曰：「木猶如此，人何以堪！」攀枝執條，泫然流淚。〔註72〕

士人的言行顯現其思想中，都有一種人生短促，時光不再的感嘆。阮遙集在製作木屐時，思及了人的生命如此匆促，轉瞬即逝，一生中不知能作多少自己喜愛的事，能穿幾雙木屐，一思及此，不禁發出感嘆。而王孝伯在思及古詩之最時，也選擇了最爲符合他心境的詩句，認爲時光轉瞬即逝，歲月易催人老，對這種無法由人掌握的時光與歲月，心生無限感慨。謝安也由時至中年，感覺青春與時光不再，而心生感慨，可見得在當時，士人都有一種對時光及生命易逝的感傷，感於生命的無常與短暫。前朝之士人也有對死亡、生命的感嘆，例如在古詩十九首中就提到了：「人生寄一世，奄忽若飄塵。」、「人生忽如寄，壽無金石固。」、「出郭門直視，但見丘與墳。」，這種對生命的感觸，各個時代都有，但魏晉時期是一個個人覺醒的時期，人對於自我的重視與省察比前代更甚，正因爲此時期士人的重心從對家國等大我的關心移轉至個人的覺醒，故對生命的關懷，也比以往更甚。換個角度來說，人只有在充份領會到死亡的威脅和必然性之後，才能夠反過來意識到自我的獨一無二、不可重複的價值，所以對生命的重視和不捨，是士人個人覺醒的結果，而又因爲他們對死亡的體會和認知，加深了他們對自我價值的肯定，努力活出自我風格。

由於對生命的重視與對死亡的恐懼，加上動蕩不安的政治背景，使得宗教在此時期特別容易發展，馬良懷先生就認爲在人生的旅途中若是遭遇到一些大挫折，諸如戰亂、國破家亡、喪妻亡子等巨大災變時，會在人的心裏留下巨大的創傷，在這時特別需要宗教的慰藉，而容易向宗教靠攏〔註73〕，當

〔註71〕余嘉錫：《世說新語箋疏》，〈言語62〉，頁121。
〔註72〕余嘉錫：《世說新語箋疏》，〈言語55〉，頁114。
〔註73〕在馬良懷著《崩潰與重建中的困惑 —— 魏晉風度研究》一文中提到人需要藉助宗教力量的理由：「1、當人們面對光怪陸離，變幻莫測的自然、社會、人生之時，禁不住產生一種渺小自卑，無能爲力的感受，本能的期望與某種神秘的力量發生聯繫來應付這一切，以求得心理上的平衡和情緒上的穩定。這種神秘的力量只能于宗教中去尋找。2、人生有許許多多的願望和欲求，如金榜

然宗教本身的發展與成熟，也是此時期宗教興盛的原因。因此當時外在的政治因素與宗教內部自身的演進、成熟，使宗教在當時得以與高度發展的玄學思維並行，並相互融合，使士人惶惶不安的心靈得以暫時得到安頓。時至東晉，亡國的恥辱與寄居異地的不安感，士人心境上更趨複雜，在陳洪的《醒醉人生——魏晉士風散論》一書中提到：

> 新亭飲宴的兩種態度，實際上代表了渡江衣冠之士的兩種心態。王導是站著不腰痛的人，而周顗等人就不一樣了。他們在北方都曾遭受過沉重的打擊，內心的創傷也還沒有癒合；渡江南遷之舉都是被迫的，有高級「乞丐」之嫌；新建的偏安小王朝（此時大概還未建立東晉）又是這樣的幼弱，還不知能不能抗得胡兵的南下；他們將來的生活和政治地位也還沒有著落，瞻望前途有不寒而慄之感。……在新亭宴前，「桓彝初過江，見朝廷微弱，謂周顗曰：『我以中州多故，來此欲求全活，而寡弱如此，將何以濟！憂俱不樂。』」（《王導傳》）〔註74〕。

寄居江東的偏安局面，讓這些以往在北方具有優越感的尊貴士族嚐到苦味，家園破滅，寄人籬下，江東的政權又不穩固，對不可知的前途，士人都茫然不安，是以周顗的憂俱不樂，代表了多數士人的心聲，陳洪進一步解析道：

> 周顗的行為，也在內心深處有一段難排的積鬱。他學阮、嵇放誕而走得更遠。……「深達危亂」四字，實道出了他精神上的痛苦。……周顗因疾時偏安而狂誕，又因忠君救國而被殺。這兩者的不協調更充分

題名、升官發財、子孫興旺、人壽年豐、驅災避邪、逢凶化吉等等，有的欲望甚至是與社會的道德規範格格不入的，如損人錢財、陷人于災等等。這些欲求和願望往往造成一種心理壓迫，使人們陷入煩躁和焦慮之中，由此而急切地需要某種安撫來解除這種心理上的壓迫。此安撫也只能是宗教的。3、當社會進入文明時代之後，人們受到越來越多的道德規範、行為準則的約束，這固然是社會發展進步的主要標志，但對人的個性卻是一種很大的束縛，使人們產生出一種被異化、被壓抑的感受，往往于無形之中被一種原始的、本能的焦灼衝動所折磨，需要通過某種途徑將其釋放和宣泄。這種途徑也只能由宗教來提供。4、在人生的旅途上，時常會遇上諸如科舉落榜、官場失意、國破家敗、喪妻亡子、疾病纏身之類的挫折和打擊，有時甚至會遇上戰亂、瘟疫、地震等等大災難的襲擊，于人們的心靈上留下巨大的創傷。此刻，往往只有沉湎宗教之中，才可求得精神上的解脫。」，頁161～162。

〔註74〕陳洪：《醒醉人生——魏晉士風散論》，頁178。

> 表明了魏晉名士放誕的深刻社會原因，也更清晰地顯示了名士人格的
> 嚴重扭曲！……應當說周顗、胡母輔之等的頹放，是偏安局勢下一種
> 無可奈何的情感發洩，和王導的偏安心理是完全不同的。他不安於現
> 實，而又無力改現狀，只好拿醉酒來打發痛苦的日子。〔註75〕

周顗放達行為的背後，有著深沈的苦痛，「深達危亂」這四個字，適切地表達
出他處於無奈環境下的痛苦境地，他之所以「深達危亂」，表示他並非不與政
事，對家國毫不關心，其內心實關心著國家的前途並憂慮著政局的敗壞，關
心的程度，可以用「深」來形容，可見得他並不只是如外在行為一般地頹放
而已，而是將憂國之思深藏心中，正因為無力改變現狀，所以這種深埋的憂
慮，是造成他痛苦的原因。他在國破家亡之時，對於現實環境無法改變，只
有藉著酒醉與狂放行為來掩蓋精神上的痛苦，這種人格上的強烈扭曲，令人
聞之不忍。

士人處於這種多變不安的政治環境中，其心理上所要承擔的苦痛，與無
力改變現實的無奈感，使他們更需要一個精神上的寄託予以慰藉，於是他們
在行為上放蕩醉酒以麻醉自己，在心靈上追求宗教上的寄託，故而我們可以
說，此時期特殊的歷史背景帶給宗教很大的發展空間。

小　結

西晉末年的八王亂政，帶給士人的，是酣飲避世的消極行徑，由此引出
力與命的辯析，士人不信自身努力可以改變命運，消極地以為命運決定一切，
這種宿命的思考模式，與空虛不安的亡國偏安心境，使宗教在此時極速地發
展，士人藉著宗教與崇仙思想來求得心靈上的超脫。而渡江之後的門閥主政，
王、庾、桓、謝四大家族左右了東晉政局，這種不同於西晉時的政治環境也
使得東晉時士人思想重心由國家政治轉向個人，重視個人精神層面的寄託。
世族在利益上的特權使得他們力求安定與保持現狀，支持名教的地位，但一
方面他們又崇尚玄學清談，玄學與儒學兼重的思想由此穩固，支配著整個時
代的學術思潮。

〔註75〕陳洪：《醒醉人生 —— 魏晉士風散論》，頁180～181。

第三章　適性安命的融世〔註1〕思想——
郭象玄學

郭象是西晉時期的重要玄學家，主要活動期是在西晉後期，在哲學思想上，郭象繼向秀之後，提出自生獨化的學說，以儒道合一的理論模式，結合自然與名教間的差異，建立了所謂「內聖外王」的架構〔註2〕。其自生獨化、適性安命的學說，取代了何、王的貴無思想，在調合自然與名教之餘，也影響了東晉的思想與士風，使得在東晉渡江之後，士人普遍不思積極進取，安於偏安江左，並於偏安的局面中逍遙自適。此種心態，一方面是侷於形勢，當時江左並沒有收復中原的條件，再則影響士人思想甚巨的玄學思潮之影響亦十分巨大。郭象的命論，提出以順性而爲的方式，達致人生的自在逍遙，這種適性安命之思想影響所及，使東晉放曠之風日益嚴重，既承續了西晉的放達之風而又過之。而東晉特殊的朝隱之風，也是受到郭象玄學的影響，由於他的適性逍遙之說，認爲只要能隨順本性，即使處在朝廷，亦無異於身在山林，深刻影響士人心態。

在探討東晉士人心態之前，須先對郭象的思想有所解析，概論郭象之重要學說，以做爲之後論述之張本。

第一節　郭象自生獨化論 —— 統合名教與自然的調和主義

一、「自生」說與「獨化」論

〔註1〕 「融世」指兼融名教與自然，並且落向世俗層面的思想。
〔註2〕 馬良懷：《崩潰與重建中的困惑 —— 魏晉風度研究》，頁 121～137。

　　郭象字子玄，河南人，約生於魏嘉平四年（公元 252 年），卒於晉永嘉六年（公元 312 年）〔註3〕，郭象以隱解法注《莊子》，別闢蹊徑，全面架構出自生獨化的學說，提出了「無既無矣，則不能生有」、「造物者無主」，「物各自造」、「至道無功」、「道不逃物」、「殊氣常有」、「生死氣化」等一系列的命題，推翻了以無或道作爲宇宙萬物本源的貴無論思想〔註4〕，以自生說來建構他的自然觀，而郭象的自然觀，是一種自然生成，且不依於任何規律的自然。在莊耀郎著的《郭象玄學》一書中云：

> 郭象玄學可以說是一『自然』觀的玄論系統，他所說的自然乃統天地萬物作爲其内容者，即所謂『天地以萬物爲體，萬物必以自然爲正。自然者，不爲而自然者也。』由聖人『與物冥而循大變』說無待之逍遙，以明無爲即自然，由適性之逍遙以說明性分即自然，由遊外冥内以說明名教即自然，由萬物之自生獨化說明存在之自然，外不資於道，内不由於己，自然就是最高的存有，因此，郭象的玄理系統實涵一自然之存有論，只是他偏於即萬物而說自然，不去論證形上的自然。〔註5〕

郭象將所有的理論都涵蓋到自然的範疇之内，無論是天生的性分或是後天的規範、制度，均爲自然的一部分，莊耀郎先生對郭象自然義所涵蓋的範圍作了說明：1、自然是「自己而然，謂之天然。」排除了一切人爲的外在因素，自然就是自己如此，自己存在。2、命理義之自然：其義有二，一爲「命限義」，如個人的命運、遭遇、興衰等人力不及的命限；一爲「本有義」，指人的倫常禮制，如子之愛親，自然結固之義。3、自然是事物發展的理則或物理的形勢，事物的發展，有其相倚的形勢，本意不在此而勢必至此，如是亦謂之自然。4、性分亦謂之自然。「言自然則自然矣，人安能故有此自然哉？自然耳，故曰

〔註3〕許杭生在《魏晉玄學史》中云：「郭象卒于永嘉末，永嘉是晉懷帝年號，懷帝在位僅六年，因此郭象當卒于晉懷帝永嘉六年，即公元 312 年，至于其生年，上述材料均無記載，目前流行的各種版本的哲學史著作，均稱郭象生于元 252 年，不知本于何典，抑或只是一種推測。」，頁 305。

〔註4〕莊耀郎於《郭象玄學》一書中提到：「郭象則認爲『無不能造物』，萬物之存在是『外不資於道，内不由於己。』在外否定有一超越的形上本體或造物主的觀念作爲萬物生成的主宰，在内也排除個人的意志或情識可資憑藉，生乃理之自爾，生之自生。」，頁 37。

〔註5〕莊耀郎：《郭象玄學》，頁 36。

性。」，萬物之不同於他物，是因爲各有其性，性分的不同，是因爲自然而有，「多少之差，各有定分」。5、「無爲」亦稱之自然。自然的工夫義是無爲，無爲是指不以人爲的因素去益助或扭曲天然的本性，而通過無爲或不爲的工夫來達到回復其本來面目的境界就是所謂的自然。因爲自然與無爲這兩者常並用，以致於無爲也就含有自然的境界義，這有所謂的「本體即工夫，工夫即本體」的意味。〔註6〕

所以郭象的自然，涵蓋了多重範圍，其所有的理論，都由自然所生發出來，甚至名教，也涵蓋在自然的範圍之內，他的理論，就是努力將所有的外在事物，都歸納在自然的範疇之內。

郭象的自生獨化說，是在無不能生有的理論上發展而出，其在〈齊物論〉注中云：

> 無既無矣，則不能生有〔註7〕

在〈庚桑楚〉注中云：

> 此所以明有之不能爲有而自有耳，非謂無能爲有也。若無能爲有，
> 何謂無乎？一無有則遂無矣，無者遂無，則有自欻生明矣。〔註8〕

他否定了超越萬物之上的本體「無」的存在，本體「無」既不存在，故不能由此生發萬物〔註9〕，他以爲萬物是自然形成的，萬物在自然界中獨立變化而成，他在〈大宗師〉注中云：「凡得之者，外不資于道，內不由于己，掘然自得而獨化也。」〔註10〕，事物的存在不依賴任何東西，亦沒有所謂的內在規律，萬物均是自然而然獨立存在著，「夫莊、老之所以屢稱無者，何哉？明生物者無物而物自生耳。」（〈在宥〉注），「夫無何所能建？建之于常有，則明

〔註6〕 莊耀郎：《郭象玄學》，第四章〈自然論〉，頁77～103。

〔註7〕 郭慶藩輯、王孝魚整理：《莊子集釋》（臺北：華正書局，2004年），冊上，卷一下，〈齊物論第二〉，「子綦曰：夫吹萬不同，而使其自己也。」句郭象注，頁50。

〔註8〕 郭慶藩輯、王孝魚整理：《莊子集釋》，冊下，卷八上，〈庚桑楚第二十三〉，「必出乎无有，而无有一无有」句郭象注，頁800。

〔註9〕 「夫無不能生物，而云物得以生，乃所以明物生之自得。」見郭慶藩輯、王孝魚整理：《莊子集釋》，冊上，卷五上，〈天地第十二〉，「物得以生，謂之德」句郭象注，頁425。

〔註10〕 郭慶藩輯、王孝魚整理：《莊子集釋》，冊上，卷三上，〈大宗師第六〉，「傅説得之，以相武丁，奄有天下，乘東維，騎箕尾，而比於列星。」句郭象注，頁247。

物有之自建也。」（〈天下〉注），萬物既是自生、自建、自得、自有，則本身即是最高的存在。

在〈齊物論〉注中云：

> 夫天籟者，豈復別有一物哉？即眾竅比竹之屬，接乎有生之類，會而共成一天耳。無即無矣，則不能生有；有之未生，又不能為生。然則生生者誰哉？塊然而自生耳。自生耳，非我生也。我既不能生物，物亦不能生我，則我自然矣。自己而然，則謂之天然。天然耳，非為也，故以天言之。所以明其自然也，豈蒼蒼之謂哉！而或者謂天籟役物使從己也。夫天且不能自有，況能有物哉！故天者，萬物之總名也，莫適為天，誰主役物乎？故物各自生而無所出焉，此天道也！〔註11〕

在此明白指出，天地間並沒有所謂造物者的存在，天地間的運轉都只是一種自然現象，即「眾竅比竹之屬，接乎有生之類，會而共成一天耳。」。道在此並不存在，萬物自生自養，自行運轉，這就是所謂的天然，他指出天只是萬物的一個總稱，並不能生發萬物，也沒有使萬物規律運行的力量。因此天或天然，在郭象的觀念裏，是已經存在的自然萬物，其既不是由混沌無名的道所產生，也不會消失為無物，它是一直存在的。無既不能生有，有也不會變化成無，「非唯無不得化而為有也，有亦不得化而為無矣。不得一為無，故自古無未有之時而常存也。」，宇宙間所有的萬事萬物，均是不滅地存在，所有事物間的變化，只是由存在的一種形態，轉變為另一種形態的存在，不會消失，這即是郭象所謂的天然，即「萬物萬情，趣舍不同，若有真宰使之然也。起索真宰之朕跡，而亦終不得，則明物皆自然，無使物然也。」〔註12〕，〈齊物論〉注又云：

> 故造物者無主，而物各自造。物各自造而無所待焉，此天地之正也。故彼我相因，形景俱生，雖復玄合，而非待也。明斯理也，將使萬物各反所宗於體中而不待乎外。〔註13〕

〔註11〕同註7。

〔註12〕郭慶藩輯、王孝魚整理：《莊子集釋》，冊上，卷一下，〈齊物論第二〉，「若有真宰，而特不得其朕」句郭象注，頁55。

〔註13〕郭慶藩輯、王孝魚整理：《莊子集釋》，冊上，卷一下，〈齊物論第二〉，「惡識所以然，惡識所以不然。」句郭象注，頁112。

他認為天地萬物之間的生化，不是在於無或道的作用，而是萬事萬物原本就具備有自行運轉的功能，自己生成變化，其自生且獨自生生化化，就是所謂的獨化。萬事萬物的運動變化不依存某個根源，都是「無故而自爾」，而能無所待，生者自生，死者自死，方者自方，圓者自圓。而所謂的無所待，即是無待，因為萬物自生獨化，所有的生成變化的原因都在自己的內部，不必去期待和依賴外在的因素，正是由於這種「外不資于道，內不由于己，掘然自得而獨化」的自行運轉，是以萬物無待於所謂的道與自然，可以自行生成變化，此無所依傍的無待境界，則可以逍遙。

郭象的獨化思想，認為不是別有一物，使有成為有，而是有自生、自化、自成、自為、自造，他認為萬物是自然而然生成的，「即自生耳，非為生也」（〈在宥〉注），此存在不須根據他物，這種根據是在自身，即「萬物各反所宗于體中而不待乎外」，正因為萬物是由自身獨立生成變化，故不須依賴任何外在的力量，可以獨化。此理論的產生，徹底否定了萬物有一個本體的無，因為若有一個內在的本體運轉於萬物之中，就不能無待，而是有待，事物均須依這種規律來運轉，有待即表示有所限制，那便不能得到真正的逍遙。所以郭象認為事物之間並沒有真正必然的因果關係，因此也不必去追求萬物的本源為何，事物就是自然生出，沒有原因，即「無故而自爾」。

在〈天運〉注中郭象云：「夫物事之近，或知其故，然尋其原以至乎極，則無故而自爾也。自爾則無所稍問其故也，但當順之。」〔註14〕，他的這種不追究事物本原的說法，只指出事物的生成是沒有緣由，也無所謂從何開始，自然地就出現了「有」。

郭象以崇有的理論去推翻道的存在，提出萬物自生、自然無待，待是條件，無待即無條件，萬物自生自足，不待外物來成己，每一事物皆是獨立自足地存在，由此又引出萬物是獨自生成變化的，而有「獨化說」。郭象在推翻天地間有一造物者或規律性之後，強調一種「變化」的觀念，萬物自在自生之後，自行變化，自得自成，靠著自身的性能，不須依賴外物，故「自性」就是萬物生成的依據。在生成之際，還須有變化的動力，但這個動力存在於自身內部，無論如何變化也不可能由有化為虛無，物質於自身變動運轉，其形體及能量均是不滅的，郭象指出：

〔註14〕郭慶藩輯、王孝魚整理：《莊子集釋》，冊上，卷五下，〈天運第十四〉，「巫咸詔曰：來吾語女，天有六極五常。」句郭象注，頁496。

非唯無不得化而爲有也，有亦不得化而爲無矣，是以無有之爲物，雖千變萬化，而不得一爲無也。〔註15〕

有與無，不能互相轉化，有既不能由無生成，也不會化爲無。在湯一介的《郭象與魏晉玄學》一書中指出：

> 郭象認爲，『有』是唯一的『存在』，而『無』是說『不存在』（non-existence），就是說『等於零』。……郭象的哲學一開始就否認在『萬有』之上另有一造物主，即『上知造物無物』。那麼『無』是什麼意思呢？這點郭象或者受到裴頠思想的影響，也認爲『無』是『有』的消失，它只具有語言上和概念上使用的意義，沒有實際意義。『有』在郭象哲學體系中是唯一的存在，所以他說：『有之爲物，雖千變萬化而不得爲無。』『有』是絕對的唯一的存在，它不可能變爲『不存在』，即變爲『無』。……『有』在郭象思想體系中實際具有兩重涵義：它既是抽象的『存在』，又是具體的『存在物』，而兩者又是同一的。如果我們說，在裴頠那裏的『有』只有一種涵義，即『萬有』，指各種各樣的事物，它否定了作爲萬物存在根據的本體之『無』；那麼在郭象的體系中，『有』卻具有兩重涵義，即『具體存在物』與『抽象存在』自身的同一，這實際上是另一種形式的『體用如一』」。〔註16〕

二、性分論

郭象的自生說，以爲事物憑自性而自生自造，因此在存有時，自性即存在，並且不可改變，形成了他的命定說。他在〈達生〉注中云：「性分各自爲者，皆在至理中來，故不可免也，是以善養生者，從而任之。」〔註17〕，萬物的自性，郭象稱爲「性」或「理」，一個事物的性或理，是事物本身所有，「天性所受，各有本分，不可逃，亦不可加。」〔註18〕，這種天然之性，是

〔註15〕郭慶藩輯、王孝魚整理：《莊子集釋》，冊下，卷七下，〈知北遊第二十二〉，「无古无今，无始无終」句郭象注，頁763。

〔註16〕湯一介：《郭象與魏晉玄學》（臺北縣：谷風，1987年3月），頁61～62。

〔註17〕郭慶藩輯、王孝魚整理：《莊子集釋》，冊上，卷七上，〈達生第十九〉，「雖不足爲而不可不爲者，其爲不免矣。」句郭象注，頁630。

〔註18〕郭慶藩輯、王孝魚整理：《莊子集釋》，冊上，卷二上，〈養生主第三〉，「是遁天倍情，忘其所受。」句郭象注，頁128。

自然如此，等於是事物的天性，引導事物成為其所該成為的事物，郭象並且認為這種自性是必然如此，不可增減、不可避免，亦無從選擇。

郭象的「性」，是指一種天生而然的，具有規定性的意味，而他的「命」，是一種必然的，不可改易的命。在湯一介的《郭象與魏晉玄學》一書中指出：

> 郭象的所謂『性』就是說『此物之所以為此物者』，即有『規定性』的意思，……和『性』相聯的『命』，郭象一般把它解釋為『必然性』，如他說：『知不可奈何者命也』（《人間世注》）；『命也者，言物皆自然無為之者也。』（《大宗師注》）〔註19〕

在莊耀郎著的《郭象玄學》一書中提到：

> 性分出於自然，而自然乃不知其所以然且不可說者，故藉性分以明之。性分是決定萬物之特殊性者，多少大小，各有定分，不能改變，也無法增益，不能逃避，一生之所為、所遇、所有、所無皆屬分內之所具，他的逍遙論即是『以得性為至，自盡為極。』的足性適性作為其逍遙理論的支持點。〔註20〕

郭象認為自然界和社會上，凡存在之物，都是合理的，他在《莊子·大宗師注》中云：「故天地萬物，凡所有者，不可一日而相無也。」〔註21〕，既然所有一切存在之物都是必要而合理，並且不可或缺，那麼就有必要維持現存的秩序，並且做到「物安其分」，其在《莊子·逍遙游注》中云：「庖人尸祝，各安其所司；鳥獸萬物，各足於所受；帝堯許由，各靜其所遇。此乃天下之至實也。各得其實，又何所為乎哉？自得而已矣，故堯許之行雖異，其於逍遙一也。」〔註22〕，若是天下萬物，由自然之物的蟲魚鳥獸，到百工的庖人尸祝，安於自我的性分，自滿於自我之職務，帝王隱者，也安於自己的境遇，那麼這就是安於自己的自性，就是合於自然，且合於自己命運的安排，故而郭象由此推論：

> 若夫任自然而居當，則賢愚襲情。而貴賤履位，君臣上下，莫匪爾

〔註19〕 湯一介：《郭象與魏晉玄學》，頁63。
〔註20〕 莊耀郎：《郭象玄學》，頁36。
〔註21〕 郭慶藩輯、王孝魚整理：《莊子集釋》，冊上，卷三上，〈大宗師第六〉，「知人之所為者，以其知之所知以養其知之所不知，終其天年而不中道夭者，是知之盛也。」句郭象注，頁224。
〔註22〕 郭慶藩輯、王孝魚整理：《莊子集釋》，冊上，卷一上，〈逍遙遊第一〉，「庖人雖不治庖，尸祝不越樽俎而代之矣。」句郭象注，頁26。

極，而天下無患矣。〔註23〕

而每個事物的性是不同的，有其各自的侷限，這種限度，無法改變或超越，他稱這種限度為「分」或「極」，他在〈齊物論〉注中云：

性各有分，故知者守知以待終，而愚者抱愚以至死，豈有能中易其性者也。〔註24〕

〈外物〉注云：

性之所能，不得不為也；性所不能，不得強為；故聖人唯莫之制，則同焉皆得而不知所以得也。〔註25〕

郭象認為所有的才智壽夭，都是先天上已經決定的，這種限制沒有辦法超越，只有隨順其自身自然變化，才是正確的生長之道，故而須「因其本性」，若是強加改變，即是違反自然，且傷害自己的本性，故曰「傷性」、「失性」，正因為須隨順自己的本性，故而郭象提出「理」的概念，與「性」相聯繫，其在〈逍遙遊〉注中云：

理有至分，物有定極，各足稱事，其濟一也。〔註26〕

〈秋水〉注中云：

夫物之所生而安者，趣各有極。以其知分，故可與言理也。〔註27〕

正因為每個事物都有其天性、定限，有自己所以區別於他物的性或分，明白了此點，不去破壞或試圖改變這種定限，才是所謂的知理。也因為「物各有理」、「理自有分」，所以世上萬物才會出現各式各樣的差異性和多樣性，且會出現不同的命運，但既然命或性是不可抗拒，也無法由本體決定，只有「順而不助」，「任之而自任」，隨順命運而不加以反抗。

〔註23〕郭慶藩輯、王孝魚整理：《莊子集釋》，冊上，卷四下，〈在宥第十一〉，「天下脊脊大亂，罪在攖人心，故賢者伏處大山嵁巖之下，而萬乘之君憂慄乎廟堂之上。」句郭象注，頁376。

〔註24〕郭慶藩輯、王孝魚整理：《莊子集釋》，冊上，卷一下，〈齊物論第二〉，「一受其成形，不亡以待盡。」句郭象注，頁59。

〔註25〕郭慶藩輯、王孝魚整理：《莊子集釋》，冊下，卷九上，〈外物第二十六〉，「莊子曰：人有能遊，且得不遊乎？人而不能遊，且得遊乎？」句郭象注，頁937。

〔註26〕郭慶藩輯、王孝魚整理：《莊子集釋》，冊上，卷一上，〈逍遙遊第一〉，「且夫水之積也不厚，……水淺而舟大也。」句郭象注，頁7。

〔註27〕郭慶藩輯、王孝魚整理：《莊子集釋》，冊上，卷六下，〈秋水第十七〉，「北海若曰：……今爾出於崖。」句郭象注，頁564～565。

（一）命定說

郭象的性命論，大抵是承告子「生之謂性」的系統而來，告子提出「生之謂性」的理論，至荀子云：「生之所以然者謂之性，性之和所生，精合感應，不事而自然謂之性。」（〈正名〉），「凡性者，天之就也，不可學，不可事。……不可學，不可事，而在人者，謂之性。」（〈性惡〉），「性者，本始材朴也。」（〈禮論〉），可見得荀子的性論，是以性乃自然天成，是本來如此，不可由人去改易的，而後董仲舒提出「如其生之自然之資謂之性」（《春秋繁露·深察名號》），王充的「用氣爲性，性成命定」（《論衡·無形篇》），至劉劭的《人物志》論才性，大體上不出性成命定之說，均以爲人的性命由自然生成，且性分爲先天決定，上天賦予一個人多少性分，是不容改易的，而郭象的性論，是此一系統的延續，他認爲性是自然，其在〈山木〉注中云：

> 言自然則自然矣，人安能故有此自然哉？自然耳，故曰性。〔註28〕

又〈德充符〉注云：

> 夫我之生也，非我之所生也，則一生之內，百年之中，其坐起行止，
> 動靜趣舍，情性知能，凡所有者，凡所無者，凡所爲者，凡所遇者，
> 皆非我也，理自爾耳。而橫生休戚乎其中，斯又逆自然而失者也。
> 〔註29〕

性是自然生成的，故性本身也是自然的一部份，是自己而然的，非由人爲因素所能影響。就如同自然的運行，沒有其他條件使之運轉，也沒有其他力量影響它，就是自己如此，而自然地生發存在著。故此又稱爲命，人的一生中，其情性知能，都是本然如此，不容改易，並且其所有、所無、所遇、所爲，均是命已決定，凡人只能順其命所賦予的性分與遭遇去行走，若是不如此，而橫生休戚，試圖去改變命運，郭象認爲這是違逆自然，而不合乎自然運行的原則，其以生之謂性的命定義之理路建構他的命論。

郭象以爲這種天賦的性分，不能去違逆，而須順從它，並且接受它，其在〈逍遙遊〉注中云：「物各有性，性各有極，皆如年知，豈跂尚所及哉？」，

〔註28〕郭慶藩輯、王孝魚整理：《莊子集釋》，冊下，卷七上，〈山木第二十〉，「人之不能有天，性也。」句郭象注，頁694。

〔註29〕郭慶藩輯、王孝魚整理：《莊子集釋》，冊上，卷二下，〈德充符第五〉，「中央者，中地也；然而不中者，命也」句郭象注，頁199～200。

〔註30〕所謂的物各有性是指萬物有品類上的殊異，而性各有極是指即使是同類之性，其所受之分仍有定限的不同，故而萬物各有其性與分，而造成了萬物間的各種差異，有大小殊絕之不齊，而這些是天賦所給予的，不但不可踰越，甚至連跂尚希想，都是無濟於事的，所以郭象強調這種性分的差距是絕對的，故云：「然多少之差，各有定分，豪芒之際，即不可以相跂。」。

　　既然性分的決定非由人為所能操控，並且無從改易，郭象認為對於已定的性分，須要去接受，並且不要想去改變，要安於自己的本性與本命，也就是自足於其性，〈秋水〉注云：

> 以小求大，理終不得，各安其分，則小大俱足矣。若毫末不求天地
> 之功，則周身之餘，皆為棄物；天地不見大於秋毫，則顧其形象，
> 裁自足耳；將何以知細之定細，大之定大也。〔註31〕

以小者去企求大者，是無法達到願望的，故不論小大，均安於自己的性分，無所羨慕企求，如此則不論大小，均可以滿足於自己本然的性分，形大未為有餘，形小不為不足，這就是出於自然，又合於天然之理。郭象又云：

> 各以得性為至，自盡為極也。向言二蟲殊翼，故所至不同，或翱翔天
> 池，或畢志榆枋，直各稱體而足，不知所以然也。今言小大之辯，各
> 有自然之素，既非跂慕之所及，亦各安其天性，不悲所以異。〔註32〕

就因為萬物間有其性分上的差異，故而有鵬、鷃二蟲之殊異，並且其能力所及，也有所不同，或可上達於天池，或僅止於榆枋之間，他們之間的差異是十分懸殊的，但這些都是其所受於自然者，非跂慕所及或可變易。故郭象認為萬物均須安於自己的天性，若是以小羨大，或是不滿足於自己所本有的性分，而欲企求其他，生命就會有所不安，悲喜貪婪亦隨之而起，這些就是不明性分之理者，但是人心之常，有欲望貪念，因而生出許多企求，尤其是在有所比較之下，貧者羨富、賤者羨貴、愚者羨智、不足者羨有餘，於是不滿之情生，爭奪侵害之事出，這些就是侵害了自然之理，於是郭象云：

〔註30〕郭慶藩輯、王孝魚整理：《莊子集釋》，冊上，卷一上，〈逍遙遊第一〉，「小知不及大知，小年不及大年」句郭象注，頁11。

〔註31〕郭慶藩輯、王孝魚整理：《莊子集釋》，冊上，卷六下，〈秋水第十七〉，「由此觀之，又何以知毫末之足以定至細之倪，又何以知天地之足以窮至大之域！」句郭象注，頁571～572。

〔註32〕郭慶藩輯、王孝魚整理：《莊子集釋》，冊上，卷一上，〈逍遙遊第一〉，「此小大之辯也」句郭象注，頁16。

> 聰明之用，各有本分，故多方不為有餘，少方不為不足。然情欲之
> 所蕩，未嘗不賤少而貴多也，見夫可貴而矯以尚之，則自多於本用
> 而困其自然之性。若乃忘其所貴而保其素分，則與性無多而異方俱
> 全矣。〔註33〕

他以各種性分都有其用處，聰明不為優；愚昧不為劣，端看自己如何看待與
運用它，若是只知企羨別人，不滿足自己本有的性分，那麼不但無法達到企
羨之目標，甚至連自己本來所保有的可貴之處，也無心去運用，無形中喪失
了自己最寶貴的資產，這是十分不智的。所以無論小大，無須企羨，皆以所
受之性分為依歸，如此皆能保全其性而合於自然之道。

　　而性分之受予，各有其分際，這個分際是無法逾越的，正如同目之為目，
耳之為耳，其所賦予的功能屬性、形狀、大小各不相同，它們之間的分際，
是十分明確且無法逾越的，故郭象云：

> 目與目，耳與耳，心與心，其形相似而所能不同，苟有不同，則不
> 可強相法效也。〔註34〕

又云：

> 所不能者，不能強能也。由此觀之，知與不知，能與不能，制不出
> 我也，當付之自然耳。〔註35〕

同樣的，知與能，也是自然所賦予的性分，知與不知，能與不能，皆是已經
決定的，不由於人，也不可改易。郭象由這種先天性分說推論出社會等級亦
是早已決定的，他認為社會的各種等級，如皂隸、貴族、皇室，都是先天已
安排好的，且這些差異就如同耳之為耳，目之為目，有其必然與定然的分際，
這些分際實無法改易，〈齊物論〉注云：

> 凡得真性，用其自為者，雖復皂隸，猶不顧毀譽而自安其業。故知
> 與不知，皆自若也。若乃開希幸之路，以下冒上，物喪其真，人忘

〔註33〕郭慶藩輯、王孝魚整理：《莊子集釋》，冊上，卷四上，〈駢拇第八〉，「而多方
　　　　於聰明之用也」句郭象注，頁313～314。
〔註34〕郭慶藩輯、王孝魚整理：《莊子集釋》，冊下，卷八上，〈庚桑楚第二十三〉，「心
　　　　之與形，吾不知其異也，而狂者不能自得。」句郭象注，頁778。
〔註35〕郭慶藩輯、王孝魚整理：《莊子集釋》，冊下，卷七下，〈知北遊第二十二〉，「知
　　　　能能而不能所不能」句郭象注，頁768。

其本，則毀譽之間，俯仰失錯也。〔註36〕

又云：

> 若皆私之，則志過其分，上下相冒，而莫爲臣妾矣。臣妾之才，而
> 不安臣妾之任，則失矣。故知君臣上下，手足外內，乃天理自然，
> 豈眞人之所爲哉。〔註37〕

他以爲即使是賤如皀隸，若能明白自己性分僅止於此，自得其所，那麼便能
自在自適，若自覺卑賤，企羨在上位之貴者，而欲有所改變，那麼不但是忘
其本性，喪失自然之理，而且是自毀其身。故生爲何種的身分，就須安於自
己的地位，郭象認爲社會等級的區分就是各人所受的性分之向外符應，因而
人有什麼樣的性分，即向外擴展爲其社會等級、地位，這是一體的，因此不
必去追究爲何其爲君而我爲皀隸，因其是天理之自然，人只要去接受自己的
性命之本位，並且自足即可。

（二）適性論

郭象由性命的已定導出安命適性的觀念，他認爲自足於己之性分乃是逍
遙的必要條件，〈逍遙遊〉注云：

> 夫大鳥一去半歲，至天池而息；小鳥一飛半朝，搶榆枋而止。此比
> 所能則有間矣，其於適性一也。〔註38〕

又云：

> 夫莊子之大意，在乎逍遙遊放，無爲而自得，故極小大之致以明性
> 分之適。〔註39〕

郭象認爲雖然萬物有其性分上的差異，有大小、智愚等的不同，但這些只是外
在的客觀條件，若是能自適其性，則在精神的領域之中，萬物是沒有分別的，
即萬物是等同的。而如何才能適性，郭象認爲最主要的是不能失當失性，他說：

〔註36〕 郭慶藩輯、王孝魚整理：《莊子集釋》，冊上，卷一下，〈齊物論第二〉，「如求
　　　　 得其情與不得，無益損乎其眞。」句郭象注，頁59。

〔註37〕 郭慶藩輯、王孝魚整理：《莊子集釋》，冊上，卷一下，〈齊物論第二〉，「如是
　　　　 皆有爲臣妾乎」句郭象注，頁58。

〔註38〕 郭慶藩輯、王孝魚整理：《莊子集釋》，冊上，卷一上，〈逍遙遊第一〉，「去以
　　　　 六月息者也」句郭象注，頁5。

〔註39〕 郭慶藩輯、王孝魚整理：《莊子集釋》，冊上，卷一上，〈逍遙遊第一〉，「化而
　　　　 爲鳥，其名爲鵬」句郭象注，頁3。

夫質小者所資不待大，則質大者所用不得小矣。故理有至分，物有
定極，各足稱事，其濟一也。若乃失乎忘生之主，而營生於至當之
外，事不任力，動不稱情，則雖垂天之翼不能無窮，決起之飛不能
無困矣。〔註40〕

所謂的理有至分，物有定極，是指天生萬物，其天賦及外在形體都已決定，
小者不得爲大，而大者不得爲小，如鯤、鵬之大物，定然是生於冥海，翱翔
於九萬里之高空，也唯有如此遼闊之環境，才能容得下他們，而小鳥於榆枋
之間已經足夠。他們各自在適合自己的環境內活動，不必去羨慕小鳥的靈活
與大鵬的上達天池，這就是自適其本然的性分。郭象又說：

世以任自然而不加巧者爲不善於治也，揉曲爲直，屬鶩習驥，能爲
規矩以矯拂其性，使死而後已，乃謂之善治也，不亦過乎。〔註41〕
夫善御者，將以盡其能也。盡能在於自任，而乃走作馳步，求其過
能之用，故有不堪而多死焉。若乃任鶩驥之力，適遲疾之分，雖則
足迹接乎八荒之表，而眾馬之性全矣。而惑者聞任馬之性，乃謂放
而不乘；聞無爲之風，遂云行不如臥；何其往而不返哉！斯失乎莊
生之旨遠矣。〔註42〕

他以爲世人不能了解適性的道理，故強加上人爲，欲矯正它的本性，這就是違
反了天然，譬如善於駕御馬的人，他會了解每匹馬的特性，知道其體力的限度，
因此能夠讓馬盡力發揮牠的能力，但卻不耗盡它，因此能保全馬，又能使其能
力發揮出來，若是不明白這個道理，而要求超過了馬所能負載的極限，那麼馬
的死傷也就多了。因此了解馬的性分，了解其極限，而順應它，就能全其性而
不傷害之，所謂：「乘其自然，則萬里之路可致，而群馬之性不失。」，這就是
老子「爲而不恃」的道理，順任著事物的本然、自然之性而爲，就是合乎天道，
合乎天然之理。但所謂的無爲，並非放而不爲，郭象以爲一般人認爲道家的無
爲之說就是放任不爲，一切放其自生自滅，而真正的道家無爲，是爲而不恃，

〔註40〕郭慶藩輯、王孝魚整理：《莊子集釋》，冊上，卷一上，〈逍遙遊第一〉，「水淺
　　　而舟大也」句郭象注，頁7。
〔註41〕郭慶藩輯、王孝魚整理：《莊子集釋》，冊上，卷四中，〈馬蹄第九〉，「伯樂善
　　　治馬而陶匠善治埴木，此亦治天下者之過也。」句郭象注，頁334。
〔註42〕郭慶藩輯、王孝魚整理：《莊子集釋》，冊上，卷四中，〈馬蹄第九〉，「而馬之
　　　死者已過半矣」句郭象注，頁333。

長而不宰，順著萬物的本性讓其自然發展而不去施以人為的壓力，馴致以自然，順著駑驥的本性，使其各盡其能，並非不去騎乘牠而放任牠。

郭象的性分之說，是以自然的稟受義為主，他以為性分是自然的一部分，而性分之外顯則是符應至人事，因此性分是人事之根據，二者是互相映証的。可知，郭象的性分論的「性」，是偏向於內在的根據義，而「分」是偏向於外在所處的位置，內外相符，內各安其性，外各安其位，就是所謂的得性安分。由此可以導向外在的政治階級與貧富差異的天定。

郭象的自生說，指出萬物既是自生，並且永恆存在，獨自運行，那便不能互相轉化，因此，命運早已確定，人的賢愚貴賤，是與生俱來的，上智與下愚，甚至中人之性，都無法靠後天的教育或是任何方法補救，勉強改變也是徒然無功的。在政治上來說，則是認為君臣上下的關係不可改易，社會上各個階級有其本位，人人應各安其位。統治者與被統治者是已經被決定的，這種階級制度不容被混淆，也不能被破壞，其云：

> 小大之辨，各有階級，不可相跂。〔註43〕

> 若天之自高，地之自卑，首自在上，足自居下，豈有遞哉！〔註44〕

> 今賢人君子之致爵祿，非私取也，受之而已。〔註45〕

他認為各個階層的地位都是天性所受，因此無論是富貴貧賤，都應安於現狀，貧賤者也應安於貧賤，由於安於貧賤即是安於自我的本性，如此則能自由自在、逍遙自適。郭象用作用義的保存，由「無心」以「順有」，以無心的境界與修養來保存現實層面一切的有，不去質疑、反對它，而是去順應它。這種自在逍遙的理論，引導出人們須樂天知命、自足其性、各安其業。

三、逍遙義

郭象認為，萬物均有其客觀上的差異性與特殊性，才有高下之分，能有小大之異，但若能順任其本性，則可以自在自得。故郭象論逍遙，以為萬物

〔註43〕 郭慶藩輯、王孝魚整理：《莊子集釋》，冊上，卷六下，〈秋水第十七〉，「號物之數謂之萬，……不似豪末之在於馬體乎？」句郭象注，頁567。

〔註44〕 郭慶藩輯、王孝魚整理：《莊子集釋》，冊上，卷一下，〈齊物論第二〉，「其遞相為君臣乎」句郭象注，頁58。

〔註45〕 郭慶藩輯、王孝魚整理：《莊子集釋》，冊下，卷七上，〈山木第二十〉，「君子不為盜，……何哉？」句郭象注，頁693。

客觀上的差異是存在的，但若能任其性，稱其能，當其分，則其所達致的主觀精神境界是沒有分別的，是以郭象云：

> 苟足於其性，則雖大鵬無以自貴於小鳥，小鳥無羨於天池，而榮願有餘矣。故小大雖殊，逍遙一也。〔註46〕

若能足於其性，滿足於自己天賦的性分，即可以逍遙，故而能否足性，就是能否得到逍遙的關鍵所在，若能足性，則大者不自貴，小者無企羨，如此則能無心於小大而免於負累，郭象云：

> 苟有乎大小，則雖大鵬之與斥鷃，宰官之與御風，同爲累物耳。
>
> 〔註47〕

又云：

> 以其性各有極也，苟知其極，則毫分不可相跂，天下又何所悲乎哉？夫物未嘗以大欲小，而必以小羨大，故舉小大之殊各有定分，非羨欲所及，則羨欲之累可以絕矣。〔註48〕

郭象的逍遙論，主要條件在於萬物的自足於其本性，若能如此，則能無待於物，順性而行，不用受到外在環境或內在心境的牽絆，這與莊子之逍遙根基於無待的理論是不同的，郭象在〈逍遙遊〉注中云：

> 天地者，萬物之總名也。天地以萬物爲體，而萬物必以自然爲正，自然者，不爲而自然者也。故大鵬之能高，斥鷃之能下，椿木之能長，朝菌之能短，凡此皆自然之所能，非爲之所能也。不爲而自能，所以爲正也。故乘天地之正者，即是順萬物之性也；御六氣之辯者，即是遊變化之塗也；如斯以往，則何往而有窮哉！所遇斯乘，又將惡乎待哉？此乃至德之人玄同彼我者之逍遙也。苟有待焉，則雖列子之輕妙，猶不能以無風而行，故必得其所待，然後逍遙耳，而況大鵬乎！夫唯與物冥而循大變者，爲能無待而常通，豈自通而已哉！

〔註46〕郭慶藩輯、王孝魚整理：《莊子集釋》，冊上，卷一上，〈逍遙遊第一〉，「我決起而飛，槍榆枋，時則不至而控於地而已矣，奚以之九萬里而南爲？」句郭象注，頁9。

〔註47〕郭慶藩輯、王孝魚整理：《莊子集釋》，冊上，卷一上，〈逍遙遊第一〉，「小知不及大知，小年不及大年」句郭象注，頁11。

〔註48〕郭慶藩輯、王孝魚整理：《莊子集釋》，冊上，卷一上，〈逍遙遊第一〉，「而彭祖乃今以久特聞，眾人匹之，不亦悲乎。」句郭象注，頁13。

> 又順有待者，使不失其所待，所待不失，則同於大通矣。故有待、
> 無待，吾所不能齊也；至於各安其性，天機自張，受而不知，則吾
> 所不能殊也。夫無待猶不足以殊有待，況有待者之巨細乎！〔註49〕

其以自然界的萬物，均以自己的方式生長，這是自然而然的，不是外在所能
強加或去影響的，而自然界的萬物順任自己的本性生存，即能逍遙自在。郭
象以為無論有待、無待，只要各安其性，就可以逍遙，因此萬物同得於自性
以為逍遙。他將理論的意境落實到現實層面來講，莊子以無待才能得到逍
遙，而無待屬於精神層面的境界，是超世間的，莊子以為須遺落人世間的物
欲，將自身超脫於世俗欲望之外，泯除是非、得失，因此他的逍遙是超脫的，
超越於世俗境界之上。但郭象卻認為無論是有待或無待，只要滿足自己的性
分，就是逍遙，如此則將逍遙的境界擴展到世俗層面，正因為萬物的性分不
同，滿足於性分的標準也各不相同，有的本性是偏向精神層面的追求，有的
則是追求世俗層面欲望的滿足，郭象消解了二者間的差別性，不以何者為
高，何者為低，認為不管是追求何物，只要合於自己的性分，可同達逍遙之
境界。

在此郭象便提出了所謂「適性安命」論，認為人若能順應本性，安於天
生賦予的一切，便可得到真正的逍遙，是以大鵬與尺鷃小大雖差，只要能安
於自己的天性，無論是在九萬尺青天之上翔飛，或是在枝頭跳躍，都是所謂
的逍遙。在莊子的逍遙義中，以為只有擺脫萬物，拋棄一切客觀的條件，才
能無待於物，才能逍遙，但郭象統合了有待與無待，其認為：

> 夫小大雖殊，而放於自得之場，則物任其性，事稱其能，各當其分，
> 逍遙一也，豈容勝負於其間哉！〔註50〕

不止無待者能逍遙，即使是有待者，若能「不失其所待」，安于本性，也能夠
「同于大通」，決定自身逍遙與否的條件是須安於自我的自然本性，於此可見
郭象將逍遙等同於「自足其性」，以足性為逍遙。而如何安命逍遙呢？郭象所
謂的適性，是要通過「知止」的功夫來實踐，其云：

> 知不可奈何者命也而安之，則無哀無樂，何易施之有哉！故冥然以

〔註49〕郭慶藩輯、王孝魚整理：《莊子集釋》，冊上，卷一上，〈逍遙遊第一〉，「彼且
惡乎待哉」句郭象注，頁20。
〔註50〕郭慶藩輯、王孝魚整理：《莊子集釋》，冊上，卷一上，〈逍遙遊第一〉，章首
郭象注，頁1。

　　所遇爲命而不施心於其間。〔註51〕

通過知命，知命之不可違逆而安命，安於命運就能達到無哀無樂的境界，而這個「知」，一方面是知道命運的限制，知萬物都有其分際、界限；一方面即是「知止」。在知道這種分際之後，能夠不去強求，不去追逐，這種知止的功夫即能「安」，若能知止，即能安命，在泯除一切生命中無謂的追逐之後，自身歸於平靜，自足於自己的性分，那麼就可以任其自爲而無不爲，可以達致安命。知止是安命的第一步功夫，其完成有待於所謂「致虛守靜」的功夫，郭象說：「命非己制，故無所用其心也。」，「有心則累其自然。」，這就是所謂的「不施心於其間」、「無休戚於其中」，因爲無所用心於其間，對於命的無可奈何無所固執，故而能無休戚之感，心能虛靜。故無所用心是就虛靜其心而言，若能破除對命運及欲望的無限追逐，虛靜之心自然朗現，自在具足，如此則萬物能各安其位，各適其性，安於眼前的一切，如此則無紛競而無處不安，此苟安的心態，無形中也影響了東晉士人的偏安思想。

四、儒玄思想的會通

　　郭象的自生獨化思想，是爲著當時的政治環境提出理論的根據，蓋「若無經國體致，眞所謂無用之談」，他以儒家的名教之治是治理國家的必要之術，認爲經國涉世必定要面對名教，治理百姓須有一軌制可循，因此，要治理國家，名教的功能是須被肯定的。爲了適應當時之思潮，其將儒家名教融合在他的自然觀之中，將名教中的倫理關係歸爲自然的一部份，是自然而然，而非人爲制作的。並以君臣、父子、兄弟、長幼、夫婦的尊卑先後關係，爲維繫人類社會的力量，不可缺少，其云：

　　　　此先後雖是人事，然皆在至理中來，非聖人之所作也。〔註52〕

他在儒家的名教倫理觀點上融入了道家的自然之道，認爲儒家的名教也是出自於道家，於此統合了儒家名教與道家的自然。他以爲所有的人事制度，甚至政治制度、社會階級，均出自於自然，非人爲所能造作，這只是一種自然

〔註51〕郭慶藩輯、王孝魚整理：《莊子集釋》，冊上，卷二中，〈人間世第四〉，「自事其心者，哀樂不易施乎前，知其不可奈何而安之若命，德之至也。」句郭象注，頁156。

〔註52〕郭慶藩輯、王孝魚整理：《莊子集釋》，冊上，卷五中，〈天道第十三〉，「夫尊卑先後，天地之行也，故聖人取象焉。」句郭象注，頁47。

的規律，人事的倫常，與階級制度，如天地有春夏秋冬的四時運轉一般，是一種天道、規律，而聖人只是依此天道之理，取象以明人事，〈秋水〉注云：

> 人之生也，可不服牛乘馬乎？服牛乘馬，可不穿落之乎？牛馬不辭穿落者，天命之固當也，苟當乎天命，則雖寄之人事，而本在乎天也。〔註53〕

〈天運〉注又云：

> 夫仁義者，人之性也。人性有變，古今不同也。故游寄而過去則冥，若滯而係於一方則見。見則僞生，僞生而責多矣。〔註54〕

他進而以許多人爲制作的事物也是自然之理，來圓融他的調和理論，他以牛馬的被人騎乘、穿落來說明牛與馬天性上就是應被人騎乘，這是他們的天性，而這種天性是被決定的，落實在人間，雖然看似是人的作爲，但事實上這是他們的天性。而他也以仁義爲人的本性，並非是人爲所制定的，而是內在於人之天性。但這種仁義之性，在郭象的認定中，與孟子的仁義之性並不相同，孟子所言的仁義之性是一種本然的、古今皆不變的，而且放諸四海皆準的人性，具有恆常性。而郭象所謂的仁義之性，指的是外在的禮義行爲，並且這種禮義行爲須要合時宜，因時制宜。所以雖然其云仁義是人之情性，但其義涵並不同於孟子的人性。郭象所指的仁義，是外在化的禮義，既是外在的禮義，其用貴在合順時勢，不執不滯，如果不能隨順時用，那麼就會失去了禮義救時弊，正人心的功用。故郭象云：

> 夫先王典禮，所以適時用也。時過而不棄，即爲民妖，所以興矯效之端也。〔註55〕

又云：

> 況夫禮義，當其時而用之，則西施也；時過而不棄，則醜人也。〔註56〕

〔註53〕郭慶藩輯、王孝魚整理：《莊子集釋》，冊上，卷六下，〈秋水第十七〉，「落馬首，穿牛鼻，是謂人。」句郭象注，頁591。

〔註54〕郭慶藩輯、王孝魚整理：《莊子集釋》，冊上，卷五下，〈天運第十四〉，「止可以一宿而不可久處，覯而多責。」句郭象注，頁519。

〔註55〕郭慶藩輯、王孝魚整理：《莊子集釋》，冊上，卷五下，〈天運第十四〉，「是非其眯邪」句郭象注，頁513。

〔註56〕郭慶藩輯、王孝魚整理：《莊子集釋》，冊上，卷五下，〈天運第十四〉，「彼知矉美而不知矉之所以美」句郭象注，頁516。

郭象以為仁義之存在，須要合於時宜，若能因時而用，則可發揮最大的功效，若不合時而用之，那麼不但不能發揮功效，恐造成反效果，成為災禍。因此郭象對仁義與名教的保存，是落實在作用義的保存上，他以為不合時勢的名教禮制，可廢而不用；對時代社會有助益的禮教，才予以保存。郭象在提及名教時，結合了道家自然的觀點，指出：

> 夫道以不貴，故能存世。然世存則貴之，貴之，道斯喪矣。道不能使世不貴，而世亦不能不貴於道，故交相喪也。〔註57〕

> 不能大齊萬物而人人自別，斯人自為種也。承百代之流而會乎當今之變，其弊至於斯者，非禹也，故曰天下耳。言聖知之迹非亂天下，而天下必有斯亂。〔註58〕

> 夫與物無傷者，非為仁也，而仁迹行焉；令萬理皆當者，非為義也，而義功見焉；故當而無傷者，非仁義之招也。然而天下奔馳，棄我殉彼以失其常然。故亂心不由於醜而恆在美色，撓世不由於惡而恆由仁義，則仁義者，撓天下之具也。〔註59〕

郭象以儒家名教與道家自然相符應，不但以名教出自自然，且以道家自然之道解釋儒家的名教，他指出道之所以能成為萬物的根源，且一直存在於自然之中，那是因為道不自貴，道以不自貴的方式來保存萬物，故萬物莫不存焉。但若是人心因執著於道的存世之功而貴道，那麼貴道則道喪，因為道是不可執亦不可貴的。同樣的，在名教之治上，若是追逐仁義，便會失去了仁義本來的義涵，而產生流弊，所以郭象認為在實行名教時，要以無心的方式去實行它，才能避免名教產生的流弊。他以為一件事物的存在，本來便有其正面的價值，但最終走向負面而產生弊病，那是因為拘於此而產生追逐之心，終於導致過份地執著，若能無心順之，就能得到它最大的功用。所以名教產生的流弊，是因為「天下奔馳，棄我殉彼以失其常然」，並非名教自身的錯誤，而是人心之追逐所致。所以郭象說「亂心不由於醜而恆在美色，撓世不由於惡而恆由仁義」，就是說明人

〔註57〕 郭慶藩輯、王孝魚整理：《莊子集釋》，冊上，卷六上，〈繕性第十六〉，「世與道交相喪也。」句郭象注，頁554～555。

〔註58〕 郭慶藩輯、王孝魚整理：《莊子集釋》，冊上，卷五下，〈天運第十四〉，「人自為種而天下耳」句郭象注，頁529。

〔註59〕 郭慶藩輯、王孝魚整理：《莊子集釋》，冊上，卷四上，〈駢拇第八〉，「自虞氏招仁義以撓天下也，天下莫不奔命於仁義。」句郭象注，頁323～324。

心起執念是來自於人有價值之分別心，事物有美醜的分別，於是人就落入美的無窮追逐之中，亂人心者不在於美色，而是追逐美色的人心。而撓亂世事並非由於仁義之施行，而是由於人心之過於執著仁義。所以名教的存在是必要的，郭象對名教提出作用義的保存，並以道的無爲、無執著之心來施行名教之治，不但保存了名教的實用性，且融合了道家的自然無爲之道，兼融了儒道兩家。他以六經名教是「跡」，「所以跡」是自然，是「冥」，將一切萬物都回歸於「冥」，不滯不繫於事物之上，但又不離開「跡」，保住名教的正面價值而不執著於名教，所以能跡冥圓融，融通而無礙。在此郭象融通了自然與名教，消解了自然與名教間的界線。此已爲士人之出處開一方便之門，使元康名士可以理直氣壯的任職當權，甚至權傾當世，薰灼內外而不以爲非。

第二節　郭象承先啓後的歷史地位

一、郭象的總結西晉玄學思想

（一）郭象玄學是西晉思想的總結

　　郭象思想是西晉思想的總合與結論，其順應著當時時代需求，替門閥世族在現實生活與理想生活間找到了調和點，在這方面來說，他是爲門閥世族作服務的，是當時時代的反映；但在另一方面，他在魏晉名教與自然衝突的解決上也盡了很大的心力，他的理論，調和了自然與名教，使兩種思想能並行兼融。在這方面，他表現出企圖達到的一種新的境界形態，湯一介先生主張郭象的玄學是「適應門閥世族需要，爲門閥世族統治作論証」，在他的《郭象與魏晉玄學》一書中提到：

> 郭象在反對造物主和目的論中，把人的主觀能動性都否定了，這點是適應當權的門閥世族的要求的。……這種只在『性分』之內實現能動性的觀點正是嚴格的門閥世族等級制度在觀念形態上的反映。〔註60〕

余敦康先生則認爲郭象玄學並非只是統治階層辯護的工具，而是提供了一個新的理論根據，提出一種內聖外王之道，表現出當時知識份子的理想，其云：

> 並非爲既成的秩序作辯護，而是提供一種新的內聖外王之道，著眼

〔註60〕湯一介：《郭象與魏晉玄學》，頁287～288。

於批判和調整，表現了當時士族知識分子的理想之光。〔註61〕

筆者認爲郭象思想的提出，有一部份是爲了要調和門閥士族在實際作爲與現實環境上的衝突，再則他也是爲了替名教與自然間的衝突找到一個圓滿融合之所，而提出這種兼融儒道的理論模式。

郭象玄學也是西晉思想的總結，其總結西晉玄學思潮，並影響玄學日後發展，在許杭生《三國兩晉玄佛道簡論》一書中云：

> 郭象的玄學，在中國哲學史上，有著很大的影響。它不僅在魏晉玄學發展史上占有著重要的地位，而且對爾後的哲學發展也起到了深遠的影響。郭象在玄學中被時人譽之爲「王弼之亞」（《世說新語·文學篇》注引《文士傳》），是僅次于玄學理論奠基人王弼的人。〔註62〕

盧國龍於《郭象評傳》中亦云：

> 如果說郭象的獨化論玄學體系代表了魏晉玄學的理論高峰，大概不會有人提出異議。〔註63〕

莊耀郎於《郭象玄學》一書中指出：

> 郭象的一生也和西晉相終始，但是玄學的理論卻因他而達到高峰。
> 〔註64〕

郭象玄學並不如他的〈自生說〉一般是「忽爾而自生」的，而是承接了前代思想家的思想，參以當時政治環境與士人心態所產生的思想。所以郭象思想，可以說反應了西晉中晚期的思想大概，且反應出當時的時代需求。他可以說是西、東晉時代轉折中的一個環扣，既綜結了西晉思想，又對東晉士人有所影響，而其思想也可以說是時代流變下的產物。

郭象思想承續了魏晉儒道雙修的理路，從王弼的「崇本舉末」，調和儒道思想以來，魏晉思想的一個重心是落在自然與名教、有與無的論辯上。關於這方面，於第四章中有較爲詳細的論述。郭象在魏晉企圖調和自然與名教的理路上繼續前進，綜合前人的理論，從王弼的貴無思想與向秀的自生說之中，發展出他的玄學理論，將儒家的名教等同於自然，由此統合了儒、道二家的

〔註61〕《孔子研究》1988 年 3 月。
〔註62〕許抗生：《三國兩晉玄佛道簡論》（濟南：齊魯書社，1991 年 12 月），頁 161。
〔註63〕盧國龍：《郭象評傳——理性的薔薇》（南寧：廣西教育出版，1996 年 8 月），頁 186。
〔註64〕莊耀郎：《郭象玄學》，頁 3。

思想，使魏晉儒道之爭至他而有了一個較為圓融的說法，而郭象的玄學體系也代表了魏晉玄學的理論高峰，這是他在思想方面對西晉玄學體系的總結。

郭象之所以總承西晉思想，為西晉晚期的玄學大家，可由他對魏晉時期兩大玄學體系 ——「貴無論」與「崇有論」的繼承與發展來看，郭象的思想，對何、王的貴無論與向秀的自生說、裴頠的崇有論都有所繼承，首先就崇有思想來看，在許杭生的《魏晉玄學史》中提到：

> 郭象繼裴頠之後，全面闡發了崇有論的學說。他在向秀《莊子隱解》的基礎上，述而廣之，作《莊子注》。〔註65〕

在莊耀郎的《郭象玄學》一書中提到：

> 郭象的自生說的觀念當受到向秀的啟發，而不同於裴頠。裴頠的『自生』理論重在形而下、功能性的思考，向秀則說『吾之性也，非吾之所生，則生自生耳。』惟向秀仍有本體的思考模式，郭象則徹底走出本體論的生物模式。〔註66〕

而在樓宇烈〈郭象哲學思想剖析〉一文中亦提出：

> 郭象的「獨化」說從表面上看是接過了裴頠關於「無」不能生「有」，「始生者，自生也」等觀點的。因此，他也反對何晏、王弼等「貴無」論者把「無」說成是統攝萬有生成、變化的共同「本」、「體」的理論。但是，他把「始生者，自生也」的觀點絕對化、神祕化，使天地萬物的生成、變化成為一個不可捉摸、神祕莫測的領域，因而他的「獨化」說在理論上又與裴頠的「崇有」論有著根本的不同。〔註67〕

湯一介《郭象與魏晉玄學》一書中則指出：

> 向秀已使用了『自生』、『自化』的概念來說明萬物的存在，但他又認為『自生』、『自化』的『萬有』仍有一個『生化之本』，因此他的思想實際存在著矛盾。裴頠克服了這個矛盾，他說：『夫至無者，無以能生，故始生者，自生也，自生而必體有。』『自生而必體有』這個命題非常重要，它與『以無為本』的思想針鋒相對，並明確地說明萬物的『自生』是以其自身的存在作為本體，『有』即是其自身存

〔註65〕許杭生：《魏晉玄學史》，頁302。
〔註66〕莊耀郎：《郭象玄學》，頁38。
〔註67〕樓宇烈於〈郭象哲學思想剖析〉，《中國哲學》，第一輯，頁176。

在的本體，而在『萬有』的背後不再有什麼『無』作爲它的本體。……
至於『無』，裴頠認爲它是『有』消失的狀態，即『虛無是有之所謂
遺者也』。王弼的『以無爲本』，則把『無』看成是『有』存在的根
據，……〔註68〕

向秀提出了自生的觀念，但他仍承認有一生化之本，仍未擺脫貴無論的影響
〔註69〕，裴頠則以萬物是自生的，確定「有」的自生獨化，不依賴其他事
物。所以在自生的觀點上，郭象承繼向秀而有自生說，但是在「無」是「有」
的消失這一點上，郭象是受到裴頠的影響，發展出更爲純粹的自生獨化論。

　　郭象雖對有生於無的貴無思想提出批判，但他仍肯定一個無爲的境界。其
受向秀、裴頠的影響而提出自生獨化的理論，肯定萬物的自生、自有，但郭象
並非純粹的崇有論者，他只是否定「無能生有」這個命題，並非反對無，「他認
爲有這個範疇只概括了事物的現象，而沒有揭露事物的本體」，〔註70〕他說：「若
游有，則不能周遍咸也。」，「物有際，故每相與不能冥然。」（〈知北遊注〉），
他認爲每個事物都有它的分際，有它的規定性，因爲物與物之間有它們的分際，
所以彼此之間無法消除這種分際而冥合，所以即使是如罔兩那樣微小的事物，
都無法在有的境界中得到統一，它們必須在玄冥之境中才能得到統一。而郭象
說：「玄冥者，名無而非無也。」（〈大宗師注〉），「至道者乃至無也」（〈知北遊
注〉），表明這種玄冥的境界是一種絕對的無，所以郭象並非消解了無的體系，
而是將無內貫至萬物之中，消解了有與無的對立性，並使兩者得以共存，在任
繼愈編的《中國哲學發展史》一書中提到：

　　郭象的「獨化於玄冥之境」的命題就是對有無之辯的綜合總結，一
　　次成功的揚棄，既保存了貴無論與崇有論的合理內核，又克服了它
　　們的理論缺陷。〔註71〕

所以郭象的玄學理論，是對魏晉玄學的總承，對於魏晉時期的主要思想命題，
如自然與名教之辯、有無之辯、言意之辯，郭象思想也對這些爭論有所總結。

　　而郭象的思想，也是反映西晉時代現實的產物，在盧國龍的《郭象評傳》
中提到：

〔註68〕湯一介：《郭象與魏晉玄學》（臺北縣：谷風，1987年3月），頁58。
〔註69〕許杭生於《魏晉玄學史》中亦是持此種觀點，頁314。
〔註70〕任繼愈：《中國哲學發展史》（北京：人民出版，1983年），頁227。
〔註71〕任繼愈：《中國哲學發展史》，頁227。

> 郭象的獨化論玄學，從根旨上去領會，實是一種政治哲學，如何圓
> 融地解決現實的政治問題，從而實現國家社會的最高和諧，是郭象
> 玄思的關鍵問題。〔註72〕

郭象的玄學理論，是為著反映西晉時期所出現的問題與欲解決當時思想困境
而提出的，有著鮮明的時代特色，他不以照著古人的言論去做、去思考是好
的，認為一個思想須配合時代而改變，他在《莊子·山木篇》注中就提到：

> 夫身在人間，世有夷險，若推夷易之形於此世而不度此世之所宜，
> 斯守形而忘身者也。〔註73〕

說明人是社會的產物，須要生活在社會環境中，而外在的社會環境總是會不
斷地變化的，若只是在一直變化著的現代社會中使用古人的思想與方法，即
效法古人之「跡」，卻不去思考現今社會中所需要的到底是什麼，那麼這是只
守住了外在的形卻忘了內在的根本，〔註74〕所以郭象認為一個思想須能反映
時代，而他的玄學理論即是反映出當時時代的需要與解決之法。

（二）郭象思想反映西晉士人心態

郭象思想既是西晉時代的總結，它也反映出西晉時期的士人心態，西晉
時士人的一個重要心態是：「士當身名俱泰」。在《世說新語·汰侈》篇中提
到：

> 石崇每與王敦入學戲，見顏、原象而嘆曰：「若與同升孔堂，去人何
> 必有間！」王曰：「不知餘人云何，子貢去卿差近。」石正色云：「士
> 當令身名俱泰，何至以甕牖語人！」〔註75〕

魏晉時期的士人，由於名教的束縛已變得薄弱，以往名教所能維繫的一切，在
當時已失去了力量，士人奢靡成習，士無特操，〔註76〕西晉的士人，競奔於名
利，在羅宗強《玄學與魏晉士人心態》一書中指出西晉士人的心態是：

> 「嗜利如命」。完全不加掩飾地醉心於錢財，表現出如此強烈的占有

〔註72〕盧國龍：《郭象評傳》，頁187。

〔註73〕郭慶藩輯、王孝魚整理：《莊子集釋》，冊下，卷七上，〈山木第二十〉，「吾守
　　　　形而忘身」句郭象注，頁698。

〔註74〕參考自盧國龍《郭象評傳》，頁22。

〔註75〕余嘉錫：《世說新語箋疏》，〈汰侈10〉，頁884。

〔註76〕羅宗強：《玄學與魏晉士人心態》（臺北：文史哲，1992年11月），第三章第
　　　　一節，〈政失準的與士無特操〉，頁182～228。

錢財的欲望，在中國士人的心態史上，西晉恐怕是歷史非常突出的
一個時期。〔註77〕

「求自全」。向秀入洛所帶來的一種心理傾向，便是不嬰世務，依阿
無心。如果說，在向秀這是一種心路歷程的艱苦轉變的話，那麼晉
國始建之後名士群體的依阿無心以求自全，則是一種自覺的選擇。
〔註78〕

「求縱情以自適和求名」。求縱情自適，是從放誕生活中得到感情欲
望的滿足。……正始士人縱欲任情，主要表現在縱酒，不拘禮法，
如居喪飲酒食肉，等等。……而西晉的縱欲之風，更有甚於正始者。
〔註79〕

「強烈的求名心理」。求名之一方式，便是清談。……西晉清談，除
義理探討外，已逐漸轉向審美。……這種帶著審美的清談，既是一
種人生享受，又是個人的文化素養和瀟灑風流的表現。……清談可
以獲致令譽，與任誕縱欲可以獲致美名一樣，都是西晉士人瀟灑風
流的重要標志，都是他們對生活的重要追求。〔註80〕

「審美情趣的雅化」。審美情趣的雅化主要表現在把怡情山水嵌入縱
欲享樂的人生情趣之中，和在審美標準上崇尚秀麗。〔註81〕

西晉士人對名與利的追求，已到了躁競的地步，石崇這種「身名俱泰」的觀
點表現出當時士人的一種心態趨向，就是要名利兼收，在外在的享受上他們
要收斂財富，貴族們搶佔山澤，富可敵國，在《晉書・王戎傳》中記載王戎：

性好興利，廣收八方園田水碓，周遍天下。積實聚錢，不知紀極，
每自執牙籌，晝夜算計，恆若不足。」〔註82〕

貴族之間比富爭勝，已到了奢靡不堪的地步，甚而亦不掩飾其貪財嗜欲，在
《晉書・杜預傳》中記載：

〔註77〕羅宗強：《玄學與魏晉士人心態》，頁230。
〔註78〕羅宗強：《玄學與魏晉士人心態》，頁241。
〔註79〕羅宗強：《玄學與魏晉士人心態》，頁248～249。
〔註80〕羅宗強：《玄學與魏晉士人心態》，頁252～257。
〔註81〕羅宗強：《玄學與魏晉士人心態》，頁257。
〔註82〕楊家駱：《新校本晉書并附編六種》，冊2，卷43，〈列傳第十三・王戎傳〉，
　　　　頁1234。

> 時王濟解相馬，又甚愛之，而和嶠頗聚斂，預常稱『濟有馬癖，嶠
> 有錢癖。』」〔註83〕

和嶠的貪財嗜利，已到了成癖的地步，且他毫不隱諱他的嗜欲，當時士人甚
而稱之有「錢癖」，而另一個例子，是王衍妻郭氏的聚斂，王衍家已資財山積，
用之不盡，但其妻仍「聚斂無厭」，〔註84〕在《世說新語・規箴篇》中記載：

> 王平子年十四、五，見王夷甫妻郭氏貪欲，令婢路上儋糞。……
> 〔註85〕

王衍為當時名士，其妻郭氏也貴為名門之後，其為郭泰寧之女，與惠帝皇后
賈南風是中表姐妹，但她居然在外出時令其婢女在路上儋糞、拾糞，其貪欲
錢財至此，且以一代名士之妻、貴族之女作出這種事，這在魏晉一切講究風
度舉止、美姿美儀的時代，恐怕是很難令人接受的，但她貪圖利欲的欲望，
想必已超越對風度氣質的講求，由貴族婦女如此之行徑，可見得當時求利的
風氣之盛。

而這種貪欲錢財的情形，已明顯到士人為文以疾刺之，魯褒的〈錢神論〉
就提到了這種士人貪財的情形：

> 洛中朱衣，當途之士，愛我家兄，皆無已已。執我之手，抱我終始，
> 不計優劣，不論年紀。賓客輻輳，門常如市。諺曰：「錢無耳，可使
> 鬼。」凡今之人，惟錢而已。〔註86〕

除貪財之外，士人又縱欲，滿足自己的感情與欲望，飲酒縱樂，終日尋歡作
樂，放縱不已。而他們審美情趣的雅化，主要是在園林的建築與在山林宴遊
中體會遊宴的樂趣，當時士人們興建園林，極盡豪華，從石崇的〈思歸引〉
序文中可以得知：

> 晚節更樂放逸，篤好林藪，遂肥遁於河陽別業。其制宅也，卻阻長
> 堤，前臨清渠，百木幾於萬株，流水周於舍下。有觀閣池沼，多養

〔註83〕楊家駱：《新校本晉書并附編六種》，冊2，卷34，〈列傳第四・杜預傳〉，頁1032。
〔註84〕「王夷甫婦郭泰寧女，才拙而性剛，聚斂無厭，干豫人事。夷甫患之而不能禁。」見余嘉錫：《世說新語箋疏》，〈規箴8〉，頁556。
〔註85〕余嘉錫：《世說新語箋疏》，〈規箴10〉，頁559。
〔註86〕「元康之後，綱紀大壞，褒傷時之貪鄙，乃隱姓名，而著〈錢神論〉以刺之。」楊家駱編：《新校本晉書并附編六種》，冊3，卷94，〈列傳第六十四・隱逸・魯褒傳〉，頁2437～2438。

魚鳥。家素習技，頗有秦趙之聲。出則以遊目弋釣為事，入則有琴
書之娛。又好服食咽氣，志在不朽。〔註87〕

石崇他雅好林園，在河陽興建別館，別館中引流以為清渠，並在此興建樓閣池
台，豢養魚鵝，平時並有家妓、聲樂的演唱，在這山中別館，平日出外可與三
五好友弋釣、遊宴，享山水之美；在內則可以吟詠詩詞、享琴棋書畫之樂。可
見園林是用來供他們享樂賞玩之用，並非真正的志在隱逸山林，他們的怡情山
水，是與享樂縱欲結合在一起。他們一方面要享樂、求財，聚會縱樂，但又不
甘於被認為是世俗之士，又要清高之名，遂藉著山林別館之隱為幌子，雖然他
們極其聲色之娛，卻也得了一個高隱的清名，他們既要貪財，又要有官位，出
仕以聚斂，他們所要的名，一個是風流高雅士之清名，這可由清談玄虛來獲得
高名望，另一個名，是要官名，要居高位，在朝中居顯職。此時的士人，由於
門第的庇蔭與九品官人法的實施，多能於朝中居顯職，士人也以官名事功為重。

　　此時的士人，在求名求利之餘，也欲求自全，其於多變的政治環境中為保
全身家性命，處心積慮想辦法保全自身，如顧榮在司馬冏門下當主簿，司馬冏
殘忍驕橫，顧榮「懼及禍，終日昏酣，不綜府事」，在離開司馬冏門下後，他「在
職不復飲酒」，但當他被問及「何前醉而後醒邪？」時，其為避禍，又更加痛飲
酣醉。其飲酒只為避禍全身，內心十分痛苦，在與友人的書信中云：「恆慮禍及，
見刀與繩，每欲自殺，但人不知耳。」，可見在當時的政治旋渦中，士人為求保
全生命而縱酒放肆、不與政事，或是依阿無心以應世。另一個例子是王衍的「狡
兔三窟」之計，其處心積慮安排了三個地方以作為退路，〔註88〕他因憂慮自己
的安危，思以自保，於是他以中國已亂，須有文武大臣鎮守四方為理由，說動
當時掌權的東海王司馬越，並推薦自己的弟弟王澄為荊州刺史，族弟王敦為青
州刺史，事成之後，他說：

荊州有江、漢之固，青州有負海之險，卿二人在外，而吾留此，足
以為三窟矣。〔註89〕

此巧營三窟之計，正為保全身家，而全無忠蹇之節，可以說完全以自我身家為
念，為當時士人求自全的明顯例子。這也是魏晉時期特殊多變的政治環境下，

〔註87〕嚴可均輯：《全晉文》，冊上，卷33，〈石崇・思歸嘆〉，頁333。
〔註88〕關於王衍的狡兔之計，於後有所敘述，此不復贅言。
〔註89〕楊家駱：《新校本晉書并附編六種》，冊2，卷43，〈列傳第十三・王戎傳附王
　　　　衍傳〉，頁1237～1238。

士人爲了求生命的存續所作的努力，爲了保護自身與家族，士人常藉飲酒或不務世事來遠禍全身，由於名節觀念的式微，此時士人也不以全道而犧牲生命爲榮，他們貪戀生命，因爲生命是一切享樂的基礎，即便是如嵇康的耿直之士，願爲他的理念犧牲生命，但在臨刑之時也會眷戀生命，〔註90〕何況是平日只以個人前途爲念的庸庸士人呢？

西晉時人，既要享樂，又要高名，就如同余嘉錫在《世說新語箋疏》中所說的：

> ……要之魏晉士大夫雖遺棄世事，高唱無爲，而又貪戀祿位，不能決然捨去。遂至進退失據，無以自處。良以時重世族，身仕亂朝，欲當官而行，則生命可憂；欲高蹈遠引，則門户靡託。於是務爲自全之策。居其位而不事其事，以爲合於老、莊清靜玄虛之道。我無爲而無不爲，不治即所以爲治也。〔註91〕

郭象玄學明顯地反應出士人的這種心態與需求，其調和自然與名教，在自然與名教之中取得一個平衡，無形中也反映出西晉士人兼求放達高逸與名教體制中的身分地位。羅宗強在他的《玄學與魏晉士人心態》一書中云：

> 我們爲西晉士人的心態描繪了一幅什麼樣的圖畫呢？貪財、用心於和善於保護自己，縱欲，求名，怡情山水和神往於男性的女性美。……這是一種完全轉向世俗的自我心態，那種以老莊思想爲依歸的、帶著很大理想成分的、與宇宙泯一的自我完全消失了。……士人們完全回到了現實中來，因之他們也就不再爲內心的矛盾所苦惱，不再爲理想人生與現實環境的距離而悲哀。他們的理想人生，就在現實之中。他們是這樣的一代人：他們要在現實中得到他們所需要的一切歡樂與享受，得到他們精神上和物質上的一切滿足，即使這個現實環境污濁混亂，他們也要在這污濁混亂中尋找自己欲望的滿足，要在這污濁混亂中盡可能輕鬆地生活下去。他們並不存在改變這個

〔註90〕 在《晉書・嵇康傳》中記載：「康將刑東市，……康顧視日影，索琴彈之，曰：『昔袁孝尼嘗從吾學〈廣陵散〉，吾每靳固之，〈廣陵散〉於今絕矣！』」，在向秀的〈思舊賦〉中云：「昔李斯之受罪兮，嘆黃犬而長吟；悼嵇生之永辭兮，顧日影而彈琴。託運遇於領會兮，寄餘命於寸陰。」見楊家駱：《新校本晉書并附篇六種》，冊2，卷49，〈列傳第十九・嵇康傳〉，頁1374；〈向秀傳〉，頁1375。

〔註91〕 余嘉錫：《世說新語箋疏》，〈言語18〉中案語，頁80。

> 污濁混亂的現實的任何願望。〔註92〕

郭象思想雖兼融名教與自然，但他乃藉著自然以落實到現實名教中，他主張「無心」，可以「順有」，即處廟堂之上無異於山林之中，高舉「至至者不虧」，以其能無往而不適，何處不逍遙，所以他的境界論是在現實生活中實現，在名教中體現自然。雖然他將名教的產生歸之於自然的生發，但他的重心放在世俗的名教之中，人須生活在現實世界，須受名教之約束。他的思想，反映出西晉士人重視世俗的心態，西晉士人所表現與重視的，都是現實層面的考量，由基本的求生存，及求自全之心態，較之漢代重氣節而輕生命有著顯著的不同，而求財貪欲都屬人的欲望與生理層面的滿足，即使在面對山水之美的審美情趣上，西晉士人對於山林園澤，也只當成是他們遊宴聚會的場所，山中別館是他們享樂之處，一點也沒有隱士清高簡樸之風。而對名位的追求，更是落在現實方面的外在聲譽地位之追求。所以郭象玄學，一方面反映出西晉士人要求身名俱泰的心理，一方面也道出西晉士人落實在現實層面的追求。

二、郭象「適性安命」論對東晉士人心態的影響

郭象玄學綜結了西晉思想，且爲東晉玄學的開端，對東晉初期的政治產生很大的影響力，其影響不止在士人的思想層面，且擴及政治層面。正因爲他的思想溝通了名教與自然的分歧，爲當時的政權穩固提供有力的思想基礎，影響了主政者的政策決定，在任繼愈《中國哲學發展史》一書中提到：

> 玄學對於實際的政治也并不是毫無功用可言的。中原淪陷，晉室南渡，王導輔助晉元帝在江東建立功業，就是根據玄學思想特別是根據郭象所闡發的那種內聖外王之道。……後來這種政策爲桓溫、謝安相繼執行，成爲東晉王朝的一項國策。〔註93〕

郭象玄學運用在政治上，解決了名教與自然間的對立與衝突，予東晉之治道，提供有力的思想基礎。

（一）偏安思想

一般來說，中國傳統士人價值觀裏，於國破家亡之際，常是士人發奮圖強，

〔註92〕羅宗強：《玄學與魏晉士人心態》，頁266。
〔註93〕任繼愈：《中國哲學發展史》，頁255～256。

欲報國事之時，此時忠君愛國思想，往往甚於治平時期。東晉渡江後，起初士人在面對山河變色，國破家亡之際，感慨良多，上自皇帝，〔註94〕下自士人，對於這種打擊，多是惶惶不安，百感交集，如衛玠的形神慘顇，〔註95〕名士間的新亭對泣，〔註96〕但這種哀傷國事之風，很快地便被偏安的思想所掩蓋，西晉時期流行的玄風與生活方式，再度在江左復熾。少數東晉士人雖有收復中原的抱負，但是往往得到的，不是支持，而是反對如潮的聲浪，如庾亮準備北伐時，蔡謨就上疏論其不可。殷浩北伐，王羲之亦提出反對，遺浩書加以阻止，殷浩北伐失敗復圖再舉時，王羲之又遺浩書，云：

> 政以道勝寬和爲本，力爭武功，作非所當，因循所長，以固大業。

勸殷浩放棄淮水流域，退守長江。並上書會稽王司馬道子，勸其阻止殷浩北伐，認爲須自視能力，當時江左並沒有收復中原的能力，其云：「以區區吳越經緯天下十分之九，不亡何待！」。桓溫北伐時，孫綽亦上疏論其非，認爲應保住江左爲上策，其云：

> 植根於江外數十年矣，一朝拔之，頓驅蹠於空荒之地，提挈萬里，逾險浮深，離墳墓，棄生業，富者無三年之糧，貧者無一餐之飯。田宅不可復售，舟車無從而得，捨安樂之國，適習亂之鄉，出必安之地，就累卵之危，將頓仆道途，飄溺江川。〔註97〕

這些言論，反映當時朝野上下瀰漫著偏安一隅的思想，不思積極進取，對偏安江左的情勢，很快便適應了。

　　東晉偏安，除了現實上的因素，以當時江左的形勢而言，也未具有恢復中原的力量，但東晉士人之所以能如此快速地接受此一偏安的局面，並且迅速在江左發展玄言玄風，延續西晉時的生活方式，與當時流行在士人之間的玄學思潮有很大的關聯。如衛玠在渡江之後，到了豫章，繼續清談，《世說·賞譽》篇中提到：

〔註94〕余嘉錫：《世說新語箋疏》，〈言語29〉中記載：「元帝始過江，謂顧驃騎曰：『寄人國土，心常懷慚。』」，頁91。

〔註95〕余嘉錫：《世說新語箋疏》，〈言語32〉「衛洗馬初欲渡江，形神慘顇，語左右云：『見此芒芒，不覺百端交集。苟未免有情，亦復誰能遣此！』」，頁94。

〔註96〕余嘉錫：《世說新語箋疏》，〈言語31〉「過江諸人，每至美日，輒相邀新亭，藉卉飲宴。周侯中坐而歎曰：『風景不殊，正自有山河之異！』皆相視流淚。唯王丞相愀然變色曰：當共勠力王室，克復神州，何至作楚囚相對？」，頁92。

〔註97〕嚴可均輯：《全晉文》，冊中，卷61，〈孫綽·諫移都洛陽疏〉，頁636。

> 王敦爲大將軍，鎮豫章。衛玠避亂，從洛投敦，相見欣然，談話彌
> 日。於時謝鯤爲長史，敦謂鯤曰：「不意永嘉之中，復聞正始之音。
> 阿平若在，當復絕倒。」〔註98〕

而這位風姿俊美，微言達旦的名士，即是在初渡江時形神慘悴，百端交集的
衛玠。正因爲這種思想，瀰漫在整個朝野之間，使得士人習於苟安，不思報
家國之仇，當時朝野間的情形可以由御史中丞熊遠的上疏中看出端倪，其云：

> 今逆賊猾夏，暴虐滋甚，二帝幽殯，梓宮未返。……而未能遣軍北
> 討，仇賊未報，此一失也。……而群官未同戚容於下，每有會同，
> 務在調戲酒色而已，此二失也。選官用人，不料實德，惟在白望，
> 不求才幹，鄉舉道廢，請託交行。今當官者以理事爲俗吏，奉法爲
> 苛刻，盡禮爲諂諛，從容爲高妙，放蕩爲達士，驕蹇爲簡雅，此三
> 失也。〔註99〕

士人間均以這種順時安命的思想來看待現實上的政治情勢，不僅士人之間如
此，主政者的政策也以平易寬和爲主。王導是在東晉初年對政局及士風有決
定性影響的人，爲東晉初期的領袖人物，主導東晉初期的政局，對東晉政權
的建立及穩固，有舉足輕重之地位，故《資治通鑑》胡三省注云：「當江東草
創之時，非王導之弘致遠識，不能濟也。」，他雖在新亭中愀然正色曰當共戮
力王室，克復神州，但事實上他的主要思想，是平衡與穩定，一切的爲政措
施，都在維持東晉局面，因此在各種問題的解決上，他往往採取包容、調和，
兼顧各方利益的解決方式，可以說，其寬和政策造就了江東百年偏安的局面。
《世說・政事》篇中即記載：

> 丞相末年，略不復省事，正封籙諾之。自歎曰：『人言我憒憒，後人
> 當思此憒憒。』〔註100〕

王導以政務寬恕，事從簡易作爲他的行政方針。他主張「鎮之以靜，群情自
安」，雖然這是當時政治環境上的現實考量，但這種寬和與穩定的思想，在一
定的程度上是受到郭象適性安命論中所謂「知止」、「虛靜」的修爲方式的影
響。

〔註98〕余嘉錫：《世說新語箋疏》，〈賞譽51〉頁450。
〔註99〕嚴可均輯：《全晉文》，冊下，卷126，〈熊遠・因災異上疏〉，頁1349。
〔註100〕余嘉錫：《世說新語箋疏》，〈政事15〉，頁178。

　　王導的思想，是玄儒兼修，他一方面推崇儒術，講求儒家的教化，以聖人經典為準則，其在東晉初建時，以為當時軍旅不息，學校未修而提出修建學校的主張，上書云：

> 夫治化之本，在於正人倫；人倫之正，存乎設庠序。庠序設而五教明，則德化洽通，彝倫攸敘，有恥且格也。父子、兄弟、夫婦、長幼之序順，而君臣之義固矣。《易》所謂「正家而天下定」者也。……自頃皇綱失統，禮教陵替頌聲不興，于今二紀。《傳》曰：「三年不為禮，禮必壞；三年不為樂，樂必崩。」而況如此其久者乎？……今若聿遵前典，興復教道，使朝之子弟，並入于學，……選明博修禮之士以為之師，隆教貴道，化成俗定，莫尚於斯也。〔註101〕

可知王導仍以儒家的禮樂教化為治化之綱，他以禮壞樂崩為憂心之事，認為聖人的教化被破壞故綱維不攝。是以有心振起，其以仁義禮教是一個人立身安家之基本，並提出孟軻的「未有仁而遺其親，義而後其君者」，說明儒家禮樂之治的重要性與對人心民風的影響。王導認為在這種人道喪亂，風俗不淳的時代，人須歸返聖人經典，反求諸己，以儒家的道理來修養自身，如此才能使浮偽的風氣消止，風俗復歸淳正。而要使儒家的經典廣為流傳，就要廣設學校，使得五教明，而德禮洽通。因此其以儒為宗的思想是相當明確的。

　　王導雖提倡儒術，欲以儒術正人心，但一方面他也參與了當時盛行於士人間的清談，且於清談名士間小有名氣，《世說新語‧企羨篇》中提到：

> 王丞相過江，自說昔在洛水邊，數與裴成公、阮千里諸賢共談道。
> 羊曼曰：「人久以此許卿，何須復爾？」王曰：「亦不言我須此，但欲爾時不可得耳！」〔註102〕

由此可知王導在西晉時已積極參與清談，且小有名聲，言談表現不俗，因此羊曼說「人久以此許卿」。雖然東晉初年清談活動不如西晉時頻繁，〔註103〕但王導仍在當時小規模的清談活動之間活躍著。王導對於清談的玄理也十分

〔註101〕嚴可均輯：《全晉文》，冊上，卷19，〈王導‧上疏請修學校〉，頁171～172。

〔註102〕余嘉錫：《世說新語箋疏》，〈企羨2〉，頁631。

〔註103〕西晉末期自西元三百年以後，期中十八年一直是內爭外亂頻繁，戰禍連連，幾無寧日。故而在知識份子間的大規模清談活動無法進行，只有偶爾有小規模的清談活動，正因為清談之音久不復聞，故而王敦聽聞衛玠清談，曰：「不意永嘉之中，復聞正始之音。」

熟悉，《世說新語‧文學篇》中提到王導在過江之後只談聲無哀樂、養生、言盡意三理，然而「宛轉關生，無所不入」，〔註104〕可見其對玄理有很深的了解。

東晉咸康之後，政局大致底定，王導這時開始與名士清談聚會，《世說新語‧文學篇》中記載：

> 殷中軍為庾公長史，下都，王丞相為之集，桓公、王長史、王藍田、謝鎮西並在。丞相自起解帳帶麈尾，語殷曰：「身今日當與君共談析理。」既共清言，遂達三更。丞相與殷共相往反，其餘諸賢，略無所關。既彼我相盡，丞相乃歎曰：「向來語，乃竟未知理源所歸，至於辭喻不相負。正始之音，正當爾耳！」明旦，桓宣武語人曰：「昨夜聽殷、王清言甚佳，仁祖亦不寂寞，我亦時復造心，顧看兩王掾，輒翣如生母狗馨。」〔註105〕

此次清談盛況是由王導發起的，延請諸人均為當時名士，由其清談答辯直至半夜三更的情況看來，可見其對清談的熱衷程度。在名理的答辯外，王導對提攜後進，延續正始清談之風的努力也顯而易見，〔註106〕他帶領東晉長大的後生青年體驗西晉清談的風貌與體驗實際談辯活動，對兩晉的清談有承先啟後的作用。由此可知，王導對玄理與清談也是十分重視，且有頗高的造詣。因此王導他一方面承續儒家的禮教人文思想，一方面又兼習玄理。一方面重教化，一方面又無為而治，主張鎮以和靜的政策，承續著郭象的名教與自然合一、跡冥圓融、出世與入世兼顧的理論。

在王導之後，張湛提出「順性論」，主要是吸收郭象的理論，發揮郭象「游外宏內」的精神境界，認為至人的境界就是與萬物并游，乘理而無心，他說：

> 稟生之質謂之性，得性之極謂之和，故應理處順，則所適常通；任情背道，則遇物斯滯。（〈黃帝〉注）

乘理也就是順性，無心就是無情，張湛認為，只要內心虛靜，不動不求，即能做到無心順性。「故物所以全者，皆由虛靜，故得其所安；所以敗者，皆由動求，故失其所處。」（〈天瑞〉注），只有無知無為，心寂然而無意想，才是真正的虛靜，也才能順性，人既要在世俗社會中生存，對於現實上所有的不

〔註104〕余嘉錫：《世說新語箋疏》，〈文學21〉「舊云：王丞相過江左，止道聲無哀樂、養生、言盡意三理而已。然宛轉關生，無所不入。」，頁211。

〔註105〕余嘉錫：《世說新語箋疏》，〈文學22〉，頁212。

〔註106〕唐翼明：《魏晉清談》，頁252～254。

安與離亂，要以無心順性的方式去對待。對於長期動亂，中原淪陷、士族的內部鬥爭、人命的朝不保夕，都須忘卻，以不知不爲，寂然無感的心態去面對，故對於國家的偏安江左，也別無他法，只有順應時勢，但求自保。在郭象順於時勢、安於性命思想的影響下，士人大都迴避現實，以這種玄虛的思想來自我安慰，由國破家難中尋求解脫。

（二）放曠思想

適性之說的另一影響，即是由隨順性情之思想流衍爲放縱之風，以肉體的享樂縱欲爲人生目標，在此時，也出現了許多放達之士，飲酒脫衣，靡爛終日。東晉名士仍多有「酣醼縱誕，窮歡極娛」，如處在西、東晉之交的八達，其放蕩行爲模仿竹林七賢而來，但是其無論是精神上或行止上都不堪與竹林七賢相提並論，只是藉著仿效七賢之名，來行縱欲之實。在當時以名士爲尚的情形之下，名士的舉止成爲一般士人模仿欣羨的對象。

在《世說・任誕》篇中提到：

> 周伯仁風德雅重，深達危亂。過江積年，恆大飲酒。嘗經三日不醒，時人謂之「三日僕射」。〔註107〕

> 諸阮皆能飲酒，仲容至宗人閒共集，不復用常杯斟酌，以大甕盛酒，圍坐，相向大酌。時有羣豬來飲，直接去上，便共飲之。

> 阮宣子常步行，以百錢掛杖頭，至酒店，便獨酣暢。雖當世貴盛，不肯詣也。

> 張季鷹縱任不拘，時人號爲江東步兵。或謂之曰：「卿乃可縱適一時，獨不爲身後名邪？」答曰：「使我有身後名，不如即時一杯酒！」

> 畢茂世云：「一手持蟹螯，一手持酒杯，拍浮酒池中，便足了一生。」

> 溫太眞位未高時，屢與揚州、淮中估客樗蒱，與輒不競。嘗一過，大輸物，戲屈，無因得反。與庾亮善，於舫中大喚亮曰：「卿可贖我！」庾即送直，然後得還。經此數四。

> 王佛大嘆言：「三日不飲酒，覺形神不復相親。」〔註108〕

〔註107〕余嘉錫：《世說新語箋疏》，〈任誕28〉，頁744。

〔註108〕以上引文見余嘉錫：《世說新語箋疏》，〈任誕12〉，頁734；〈任誕18〉，頁737；〈任誕20〉，頁739～740；〈任誕26〉，頁744；〈任誕52〉，頁763。

在〈王忱傳〉中記載王忱「任達不拘，末年尤嗜酒，一飲連月不醒，或歎三
日不飲，便覺形神不相親。婦父有慘，忱乘醉弔之，婦父慟哭，忱與賓客十
許人，連臂被髮裸身而入，繞之三匝而出。」。而周顗在當時亦是享有高名的
名士之一，其往紀瞻處觀伎，顗意欲私通紀之愛妾，竟當眾露其醜穢，毫無
羞愧之色。〔註109〕周顗有風流才氣，兼美姿容，但他在言行舉止及生活上之
放蕩不拘，謝鯤謂其：「卿類社樹，遠望之，峨峨拂青天；就其視之，其根則
群狐所托，下聚溷而已！」，指出周顗於私德上毫不檢束的放縱舉止，雖外表
上看似端然儀表，風流瀟灑，實際上卻非如此。而周顗對於自己放縱言行，
與「親友言戲，穢雜無檢節」的行為舉止，不但沒有反省之意，反而說：「吾
若萬里長江，何能不千里一曲。」〔註110〕，以大形不顧細節，說明自己的任
誕是合於天性的，若刻意加以掩飾修正，反而不合自然，而人有好逸惡勞、
趨利避害、享樂的需求，不應加以節制，而應順應自己天性的喜好去行事。
由於這些名士的帶動風潮，與玄風的瀰漫朝野，士人群起效尤，朝野一片輕
浮放蕩之風。

　　當時放蕩之士，還有胡毋輔之、王澄、謝鯤、庾敳、阮脩、王敦、光逸、
畢卓、王尼、羊曼等人。在《世說·德行》中記載：「王平子、胡毋輔國諸人
皆以任誕為達，或有裸體者。」，劉注引王隱《晉書》云：

　　……貴游子弟阮瞻、王澄、謝鯤、胡毋輔之之徒，皆祖述於籍，謂
　　得大道之本。故去巾幘，脫衣服，露醜惡，同禽獸，甚者名之為通，
　　次者名之為達。〔註111〕

《晉書》云胡毋輔之：「性嗜酒，任縱不拘小節。」，〔註112〕羊曼「任達穨縱，
好飲酒」，〔註113〕當時的貴族子弟，以名士的放達為風尚，飲酒作樂，調戲婦
女，《抱朴子·疾謬》篇中記載貴族子弟酒後聚眾闖入別人家中，「謔戲醜褻」，

〔註109〕余嘉錫：《世說新語箋疏》，〈任誕25〉注引鄧粲《晉紀》「王導與周顗及朝士
　　　　詣尚書紀瞻觀伎。瞻有愛妾，能為新聲。顗於眾中欲通其妾，露其醜穢，顏
　　　　無怍色。有司奏免顗官，詔特原之。」，頁742。
〔註110〕余嘉錫：《世說新語箋疏》，〈任誕25〉，頁742。
〔註111〕余嘉錫：《世說新語箋疏》，〈德行23〉注引王隱《晉書》，頁24。
〔註112〕楊家駱：《新校本晉書并附編六種》，冊2，卷49，〈列傳第十九·胡毋輔之傳〉，
　　　　頁1379。
〔註113〕楊家駱：《新校本晉書并附編六種》，冊2，卷49，〈列傳第十九·羊曼傳〉，
　　　　頁1382。

對婦女作出越禮的行為，且一時蔚為風尚。《晉書‧謝鯤》傳中記載鯤任達不拘，「鄰家高氏女有美色，鯤嘗挑之，女投梭，折其兩齒。時人為之語曰：任達不已，幼輿折齒。鯤聞之，傲然長嘯曰：『猶不廢我嘯歌。』」〔註114〕。而畢卓也是放達之士，他好飲酒，在任職吏部郎時，常常飲酒廢職，從其言論中可以明顯地看出享樂主義的人生觀，其云：「得酒滿數百斛船，四時甘味置兩頭，右手持酒杯，左手持蟹螯，拍浮酒船中，便足了一生矣。」，以飲酒享樂為人生滿足的目標，這與以往士人以國家為己任，憂國憂民的心態已不可同日而語。

《晉書》中又記載：

> 輔之與謝鯤、阮放、畢卓、羊曼、桓彝、阮孚散髮裸裎，閉室酣飲已累日。逸將排戶入，守者不聽，逸便於戶外脫衣露頭於狗竇中窺之而大叫。輔之驚曰：「他人決不能爾，必我孟祖也。」遽呼入，遂與飲，不捨晝夜。時人謂之八達。〔註115〕

八達值諸王亂爭時，所行或仍有自晦之用意在，及過江之後的士人，言行與西晉無異，縱酒享樂，沈於安逸，〔註116〕時「太子在東宮，與溫嶠、庾亮並有布衣之好，郭璞亦以才學見重，埒於嶠亮，論者美之。然性輕易，不修威儀。嗜酒好色，時或過度。著作郎干寶常誡之曰：『此非適性之道也。』璞曰：『吾所受有本限，用之恆恐不得盡。卿乃憂酒色之為患乎？』」〔註117〕。郭璞的思想，明顯受到郭象命論的影響，他以人之所受，有一定的限度，即郭象所說的「天性所受，各有本分，不可逃，亦不可加」(〈養生主〉注)，種上天賦予的生命與性分，無法由人自行決定，因此，在這種前提下，所謂的安命，

〔註114〕楊家駱：《新校本晉書并附編六種》，冊2，卷49，〈列傳第十九‧謝鯤傳〉，頁1377。

〔註115〕楊家駱：《新校本晉書并附編六種》，冊2，卷49，〈列傳第十九‧光逸傳〉，頁1385。

〔註116〕東晉時的士人之放達，與西晉在行為上有著相似之處，但是其內含卻有著很大的不同，戴逵在其〈放達為非道論〉中云：「若元康之人，可謂好遁跡而不求其本，故有捐本珣末之弊，舍實逐聲之行。是猶美西施而學其顰眉，慕有道而折其巾角。所以為慕者，非其所以為美，徒貴貌似而已矣。夫紫之亂朱，以其似朱也。……然竹林之為放，有疾而為顰者也。元康之為放，無德而折巾者也。」

〔註117〕《世說新語》中記載其：「不持儀檢，形質穨索，縱情嫚惰，時有醉飽之失。友人干令升戒之曰：『此伐性之斧也』。璞曰：『吾所受有分，恆恐用之不盡，豈酒色之能害！』」〈文學76〉注引《璞別傳》，頁257。

即是順任自己的性分。自己的性分如何，依於此而行止，不加以節制禁止，這才是所謂的適性之道，郭璞即以自身的性分是輕易、不修威儀、嗜酒好色，故以縱酒享樂爲自身的適性安命之道，他並且說用之恆恐不得盡，有一種及時行樂的意味在，認爲壽夭有時而盡，人生在世，既無法掌控自己性命，也無法藉由外在或內在的修爲來補救，那又何妨自任其性，及時行樂。只有順性，才能安命，此時士人傾向於過度地縱欲享樂，比之西晉放誕之風，有過之而無不及。

這種縱欲享樂的思想，亦反映在張湛的《列子》注中，在《列子・楊朱》篇中可以看出，此篇宣揚的重點，是以爲人生既短暫而痛苦，有意義的時間不過十幾年，在這短暫的歲月中，應盡情享受，不應受禮法的限制，也不須顧慮死後的名譽，應把握這短暫而有限的時光，縱欲享樂。

張湛《列子》注中的人生觀分爲二部分，一是安命；一是肆情，〔註118〕其在〈力命〉注中對命的解釋是：

> 不知所以然而然者，命也，豈可以制也？

> 生死之理既不可測，則死不由物，生不在我，豈智之所如？〔註119〕

其以人的命運不可改變，人須信命、安命，命是「冥中自相驅使，非人力所制」的。其對命的看法，顯然受到郭象的影響，主張命對人的決定作用，故不須貴生也不須養身，一切聽任命運安排，他的這種思想是「任而不養」思想的延續，也爲縱欲主義作了最好的注解。他的觀點與郭象的命論相似，認爲人應順性而爲。但人的天性是好逸惡勞，喜甘食美色，故而隨順自我的本性而不加節制，很容易就流於縱欲放蕩，而這種放縱形骸的風氣又因爲有玄學理論作爲根柢，士人以此爲據，更加地無所顧忌。

魏晉時期是注重個人意識，也是自我覺醒的一個時代，而此時期，受到政治因素及老莊思想的影響，精神上的解放與肉體上的佚樂是十分明顯的特徵，從竹林七賢的放達不拘到八達的縱欲肆情，都是放曠之風的延續。

（三）朝隱之風

郭象論述應世的態度，以無心故能應世，雖身處朝廷，但若能無心順物，

〔註118〕在許杭生《魏晉玄學史》中將張湛的人生觀分爲「命定論」與「肆情論」，其云：「張湛的人生觀有兩個方面，一是『命定論』，一是『肆情論』。」，頁442。

〔註119〕楊伯峻撰：《列子集釋》，卷6，〈力命篇〉，「命曰……自富自貧。」句張湛注，頁193；「然而生生死死，……智之所無奈何。」句張湛注，頁203。

則能無異於身處山林之中，其在〈逍遙遊〉注中云：

> 世以亂故求我，我無心也。我苟無心，亦何爲不應世哉！然則體玄
> 而極妙者，其所以會通萬物之性，而陶鑄天下之化，以成堯舜之名
> 者，常以不爲爲之耳。〔註120〕

郭象的說法，不以隱爲高，仕爲劣，統合了隱與仕，以無心順世的方法將原
本相對的二者結合起來，提出若是「體玄極妙」者，則能無往而不可，如此
不論是出而爲仕或在山爲隱，皆是沒有分別的，他在儒家的入世與道家的出
世之間架起一座橋樑，將西晉時已存在的朝隱風氣予以合理化的解釋。

　　這種靜躁、出處皆能自得的思想，普遍存在士人心中，名士王羲之在〈蘭
亭集序〉中即云：

> 夫人之相與，俯仰一世，或取諸懷抱，悟言一室之内，或因寄所托，
> 放浪形骸之外。雖趣舍萬殊，靜躁不同，當其欣於所遇，暫得於己，
> 快然自足，曾不知老之將至。及其所之既倦，情隨事遷，感慨繫之
> 矣。〔註121〕

他以人生在世，在各種場合皆能得到自足之樂，無論是在那種場合，所遇何
事，只要能自適性分，安於現狀，就可以自足。王羲之雖然不如其他名士般
放曠不拘，而是以其風流才俊之姿行世，但其思想中，也有所謂的順應本性
即能自適逍遙的思想。郭象在〈秋水〉注中云：

> 命非己制，故無所用其心也。夫安於命者，無往而非逍遙矣，故雖
> 匡陳羑里，無異於紫極閒堂也。〔註122〕

〈逍遙遊〉注亦云：

> 夫聖人雖在廟堂之上，然其心無異於山林之中，世豈識之哉！徒見
> 其戴黃屋，佩玉璽，便謂足以纓紱其心矣；見其歷山川，同民事，
> 便謂足以憔悴其神矣；豈知至至者之不虧哉！〔註123〕

〔註120〕郭慶藩輯、王孝魚整理：《莊子集釋》，冊上，卷一上，〈逍遙遊第一〉，「之人
　　　　也，……孰弊弊焉以天下爲事。」句郭象注，頁31～32。
〔註121〕嚴可均輯：《全晉文》，冊上，卷26，〈王羲之・三月三日蘭亭詩序〉，頁258。
〔註122〕郭慶藩輯、王孝魚整理：《莊子集釋》，冊上，卷六下，〈秋水第十七〉，「由處
　　　　矣，吾命有所制矣。」句郭象注，頁597。
〔註123〕郭慶藩輯、王孝魚整理：《莊子集釋》，冊上，卷一上，〈逍遙遊第一〉，「藐姑
　　　　射之山，有神人居焉，肌膚若冰雪，綽約若處子」句郭象注，頁28。

他如〈大宗師〉注：

> 故聖人常游外以宏內，無心以順有，故雖終日揮形而神氣無變，俯
> 仰萬機而淡然自若。〔註124〕

郭象的理論，指出在自然與名教間沒有界限之分，其統合了有待與無待，在任何地方，只要隨順本性，便沒有差別，大鵬與燕雀，均能隨順自性，無往而不自得，這種觀點，調合了儒道間的差異，使士人在朝廷中仍無異於處山林間，形成所謂「朝隱」的風氣。郭象一方面指出了人應順性而爲，才是自然，且提出只要適性，便能逍遙，外在環境對人內在心境並無影響。這種理論，使士人一方面任性自爲，耽於逸樂，一方面縮小了環境間的差異性。朝隱的想法也造成了朝士間的不務政事，居官無官官之事，《晉書‧王羲之傳》中提及王羲之在未出仕時與殷浩書：「吾素自無廊廟志。」，在出仕後又云：「不樂在京師，初渡浙江，便有終焉之志。」，由他終焉山林之志向，可窺其心志。

東晉許多士人雖在朝爲官，卻以遺事爲高，不務世事，此即是裴頠〈崇有論〉中所說的：「處官不親所司，謂之雅遠，奉身散其廉操，謂之曠達。」，「在官上位者不言經世致用之務，反而以熱中玄談，希企隱逸爲尚，官員間以玄遠之話語應對，並以此相高。

東晉朝廷中，充斥著許多不務世事，任性自爲的名士，他們性尚老莊，但又出來爲官，在朝期間仍然順任自己無爲即有爲的思想，不參與政事，從〈中興書〉所載：「桓沖引徽之爲參軍，蓬首散帶，不綜知其府事。」，可以窺見士風之不競。

而張湛受到郭象的影響，也提出了「至人」的理論，他以爲「至人」是內心虛靜，徹底消除是非、利害、物我、生死、內外種種差別，而能順時應物，正因如此，至人能物我兩忘，內外雙遣，可以不受任何條件的限制，能在一切條件中自由來往，他在〈黃帝〉注中云：

> 順性命之道，而不係著五情，專氣致柔，誠心無二者，則處水火而不
> 燋溺，涉木石而不挂硋，觸鋒刃而無傷殘，履危險而無顛墜。〔註125〕

是以張湛的思想，與郭象主張順性而爲，則無入而不自得的想法十分一致，

〔註124〕郭慶藩輯、王孝魚整理：《莊子集釋》，冊上，卷三上，〈大宗師第六〉，「彼，遊方之外者也；而丘，遊方之內者也」句郭象注，頁268。

〔註125〕楊伯峻撰：《列子集釋》，卷2，〈黃帝篇〉，「文侯曰：……文侯大說。」句張湛注，頁69。

只要順著本性，虛靜不求地對待外物，則能游於任何環境之中，外在的事物，對他並不產生影響。因此士人們只要隨順本性，本著虛靜之心，則在朝爲官，也無異於山林，此希企雅遠，不拘形跡，究其實，不過利其縱恣而已！

比較西、東晉時期的朝隱思想，可以發現在西晉初期至中期的朝隱思想，大部份是政治上的因素導致士人爲求自保，例如王衍雖然放曠，但其十分謹慎的爲自己鋪全後路。由於西晉初期的政權爭奪，士人雖然出仕爲官，但政局傾刻變換，讓士人無所適從，故在求自全的心態下，士人普遍地不務世事，在職而不盡責。在牽涉到個人安危的關鍵時刻，寧可捨去是非良知而依違兩可，《世說新語》提到王衍：

> 夷甫雖居台司，不以事物自嬰，當世化之，羞言名教。自臺郎以下，皆雅崇拱默，以遺事爲高。〔註126〕

王衍雖在朝爲官，卻以遺事爲高，不務世事，另一方面王衍爲著他的仕途處心積慮，細心安排退路，他的入仕，並非爲著經國爲念，而是爲了己身的地位。王衍在當時是名重一時，而崇尚雅遠，宅心事外的風流名士，但實際上他的機心很重，是個深謀遠慮之人，這是當時入仕名士常見的特徵，在羅宗強的《玄學與魏晉士人心態》一書中云：「王衍的一生，求瀟灑風流以自適，依阿無心以自全，機心入世以爲己，正是西晉名士的典型代表。」〔註127〕。而庾敳在當時，也是入仕而不務仕事，《世說‧賞譽篇》注引《名士傳》：「敳雖居職任，未嘗以事自嬰，從容博暢，寄通而已。是時天下多故，機事屢起，有爲者拔奇吐異，而禍福繼之。敳常默然，故憂喜不至也。」。裴楷之子裴憲亦是如此，史書上謂其：「歷官無幹績之稱，然在朝玄默，未嘗以物務經懷。」（《晉書‧裴秀傳附憲傳》），這種拱默無爲，從容寄通的風氣，泛染於士流間。

史稱向秀入晉後，「在官不任職，寄跡而已。」（《晉書‧向秀傳》），劉伶泰始初對策，「盛言無爲之化，時輩皆以高第得調，伶獨以無用罷。竟以壽終。」，阮咸「雖處世不愛人事，惟共親知弦歌酣宴而已。」（《晉書‧阮咸傳》），王戎他也是一位機心甚深，善於保全自己的人，史稱其「自經典選，未嘗進寒素、退虛名，但與時浮沉，戶調門選而已。」、「尋拜司徒，雖位總鼎司，而委事僚采。」（《晉書‧王戎傳》），故其得以壽終。因此求自全的心態，是當時政治環境下士人普遍的心理傾向。而比較西、東晉朝隱思想，東晉士人

〔註126〕余嘉錫：《世說新語箋疏》，〈輕詆11〉注引《八王故事》，頁834。
〔註127〕羅宗強：《玄學與魏晉士人心態》，頁246。

更多地受到社會佚樂風氣與玄學思想的影響，以居官無官官之事爲一種風尙與風流，尤其是受到郭象會通自然與名教的理論影響，這種心態更爲嚴重。郭象之結合名教與自然，廟堂與山林無異之說，使過江名士的朝隱之風氣得到理論上的根據，加速此風的興盛。

從裴頠的崇有論，到郭象的自生獨化說，顛覆了王弼、何晏建構的貴無論思想，建立出一套新的學說。而郭象的適性安命論影響東晉的，不止是在玄學思想方面，更深入到士人的生活之中，影響士人的一言一行，由政治到士風，都可以看到郭象玄學的影子。其所提倡的順性而爲，命定思想，使士人於政治、生活均有思想上的根據。東晉的偏安，使得西晉玄風得以繼續延續，這些都要歸因於王導的偏安政策，在羅宗強的《玄學與魏晉士人心態》中提到：「寬和政策造成一種穩定感，它固然沒有奮發進取的精神，然亦沒有亂亡的心理威脅。這種小氣候極利於滋生偏安心態。而正是這種偏安心態，使西晉玄風得以在江左繼續存在下去。」〔註128〕。郭象的命論，一方面使士人於心態上較易接受偏安局面，一方面又使士人順性縱情。而這種及時行樂，放曠縱情的思想又加深了偏安思想的形成，二者互爲表裏。在偏安的局面已成，適性安命的思想於社會上助長朝隱風氣，在士人的舉止上則表現爲達生任情與輕詆之風。

小　結

郭象以「自生獨化」的學說來論證「有」的存在與重要性，若「無」代表著道家思想，那麼「有」即代表著儒家名教思想，自郭象的融合二者，從此名教與自然是在一個等同的地位上來講。而他的「性成命定」之說，反映了魏晉時期命定論的思想，在命定之外，他還主張「安命」，這種隨順性分的說法，使士人安於命運，安於己分。而這種安命的思想對於主政者的安定朝野也帶來幫助，東晉初期的偏安思潮，可以說是受到這種和靖政策的影響。郭象的另一影響是他的「逍遙義」，以有待、無待同等逍遙，處魏闕無異於山林的說法，造成士人的阿無放縱。

郭象的思想，對於西晉士人的反映與對東晉的影響是全面且深遠的，它反映出西晉士人的安任，一方面求名、求利、求自全，一方面卻又要清談玄理以顯清高，自然與名教兼容的思想使得西晉士人的心態是「士當身名俱

〔註128〕羅宗強：《玄學與魏晉士人心態》，頁 314。

泰」，既要身體的享樂，又要官名與清名，但這一切需求，仍是落在現實層面
來講，他們求在現實面的一切滿足，這也是與東晉尋求超脫的思想最大的不
同點。

第四章　儒玄雙修思想的流變與特色

　　儒玄雙修是魏晉時期的思想主軸，本章首先探討魏晉時期儒玄雙修的思想歷程，由漢末糾浮華之風談起，至魏晉思想家們對於儒學與玄學之間的正反思辯，最後得出一個兼融之理路，由這種理路的修正來突顯當時儒學與玄學思想的衝突與融合。而後藉由當時幾位著名的思想家，由其言行與思想、文章，可以探究其思想的走向與風格之不同。

第一節　魏晉時期「儒道雙修」思想的蘊成

　　魏晉時期普遍有著「儒玄雙修」的思想，士人在玄風的影響下，過著清談玄虛的生活，但在另一方面，他們的思想中也有著儒學的內涵。魏晉士人思考的重心，在於調和儒道這兩大思想體系，欲從中找出兩者共存的方式與支撐這兩個體系的理論基礎，這從魏晉初期何晏、王弼調和儒道的思想，到郭象的合名教與自然，至張湛的貴虛思想，都顯示了魏晉士人在處理儒道關係上是趨向於融合兩者，欲在其中找到一個平衡點，並找出足以支撐魏晉士人思想與生活的理論基礎。在高峰的《魏晉玄學十日談》中提到：

> 可以說，玄學本非與儒學對立的思想，而且從其內在要素說，實際
> 是儒道結合的產物。這種結合的重要方面，即玄學的全部理論的宗
> 旨在于為儒家政治倫理原則提供本體論的根據。雖然玄學在表現形
> 式上是以自然為本，以名教為末，但是其實質則是從儒家治國平天
> 下的角度談論本體的，它認為統治者只有從種種具體的、繁冗的「末」

中超脫出來，才能真正把握整體提到、無限的、抽象的本體，而處理好自然與名教的本末關係，對于治國安邦有著十分重要的意義。……從層次上說，當時人們在高層次的精神追求方面，傾向于玄學的超脫和精神解放，而在低層次的社會規範上則仍以儒家名教為準則，故一人之身常可集玄儒兩家思想，……〔註1〕

又云：

……他們認為儒學有通六藝、重教化、定人倫、齊風俗的積極意義，是個人修身、齊家乃至治國、平天下的根本。對于道家學說，他們也并不排斥，強調要得老莊之學的自然情趣，主張要依禮而動，而不應疏狂肆縱。這種情況表明，盡管玄學在一段時間內有很大的影響，但在大多數知識分子的思想深處，儒學仍被視為安身立命之本。〔註2〕

魏晉士人之所以欲調和儒道兩家的思想，是因為一方面他們欲在精神方面得到一種解脫，從漢末的制式教條中解脫出來，而這時個人意識的覺醒，精神上的解放，使得他們不願再受到如漢代單一思想與教條的束縛，欲追求一更自由的思考方式〔註3〕。而玄學讓他們從關心國家政治的大我思想轉而回歸至個人生命的自覺，重視自我生命的小我思想，〔註4〕另一方面，社會與國家的維持，仍需要這些儒家名教思想予以規範，士人雖然欲追求個人自覺，但是生活在社會中的個人，仍不能失去名教禮制的規範，故儒家的名教之治，仍是需要的。魏晉士人在思考個人的自由時，也不能忘卻了維繫秩序的名教，因此魏晉士人思想的重大課題也就在調和儒道二家的思想，欲在其中找到一個平衡點，既能使社會在禮教的規範下不致脫序，也能得到精神上的自由，個人意識得以覺醒。從王弼到郭象、張湛，只是一再地修正理論，使融合儒道的思想更形成熟，且更符合魏晉時人的生活方式。他們在魏晉士人的生活

〔註1〕 高峰：《魏晉玄學十日談》（合肥：安徽文藝，1997年5月），頁235～236。

〔註2〕 同註1，頁255。

〔註3〕 趙輝提到：「人們將魏晉稱為『人的覺醒』的時期。應該說，儒教的衰落是魏晉『人的覺醒』的大前提。」，見氏著《六朝社會文化心態》（臺北：文津，1996年），頁29。

〔註4〕 在趙輝的《六朝社會文化心態》中提到：「玄學是人們追求自由和個性解放的理論武器。向秀的『厚生』，劉伶的放達，阮籍、鮑敬言的『無君論』，還有時人的重情和逍遙山水等，都是以玄學的『自然』學說為理論根據。」，同註3，頁40。

形態與生命形式中，努力地修正與改造前人思想，欲找出符合魏晉生活形態的思想模式，爲士人的生活找到一可以支撐的理論基礎。

這種修正的路線，可以從糾浮華之風談起，在魏明帝曹叡在位的太和、青龍、景初年間（公元 227～239 年），有所謂的浮華結黨之風，一批年輕的貴族士人，交遊結黨，活躍在政治與學術舞台上，形成一股風潮，並造成其他士人的仿效，在《三國志》中記載著他們當時交遊的情形：

> 是時，當世俊士散騎常侍夏侯玄、尚書諸葛誕、鄧颺之徒，共相題
> 表，以玄、疇四人爲四聰，誕、備八人爲八達，中書監劉放子熙、
> 孫資子密、吏部尚書衛臻子烈三人，咸不及此，以父居勢位，容之
> 爲三豫，凡十五人。帝以構長浮華，皆免官廢錮。〔註5〕

在上位者以爲這種浮華放蕩之風影響社會風俗，也會引起士人群起仿效，他們以這些浮華之士不誦詩書，仰慕道家的老、莊學說，使得經學廢絕，造成了十分嚴重的局面。且浮華之士皆是些虛僞不眞之人，專事交遊，而不務正業，導致毀教亂治，敗俗傷化的後果。其行爲佯狂疏放，浮誇不實，是當權者之所以視爲眼中釘的原由，朝廷在對這批浮華士作出免官的懲罰前，於太和四年，發出一道反浮華的詔書：

> 世之質文，隨教而變。兵亂以來，經學廢絕，後生進趣，不由典謨。
> 豈訓導未洽，將進者不以德顯乎？其郎吏學通一經，才任牧民，博
> 士課試，擢其高第者，亟用；其浮華不務道本者，皆罷退之。〔註6〕

這道詔書，本欲以此告誡這些浮華放蕩的士人，但顯然地，這道詔書並未發生它所應造成的功效，所以在太和六年，又有董昭的進諫明帝，要求對這些浮華士進行法律的制裁，其上奏云：

> 竊見當今年少，不復以學問爲本，專更以交游爲業；國士不以孝悌
> 清脩爲首，乃以趨勢游利爲先。合黨連羣，互相褒嘆，以毀譽爲罰
> 戮，用黨譽爲爵賞，附己者則嘆之盈言，不附者則爲作瑕釁。〔註7〕

這股糾浮華的言論，是欲糾正浮華放蕩之風，將思想與民情導向儒家名教之治

〔註5〕 陳壽撰，裴松之注：《三國志》，冊3，卷28，〈魏書·諸葛誕傳〉注引《世說
　　　新語》，頁769。
〔註6〕 陳壽撰，裴松之注：《三國志》，冊1，卷3，〈魏書·明帝紀第三〉，頁97。
〔註7〕 陳壽撰，裴松之注：《三國志》，冊2，卷14，〈魏書·董昭傳〉，頁442。

的規範。在糾浮華的呼聲中，提出的是回歸儒家的禮教之治，及孝悌與德行等觀念之重被提出與重視，但在這股倡名法之治的風氣中，由於太過於強調維繫社會倫常的名教與法治，而流於苛察累細，另一方面，魏世的法律太過嚴苛，自曹操執政時即崇尚法治，之後又有愈趨繁苛的趨勢，在《三國志‧魏書》中屢屢有這樣的記載：「軍國多事，用法深重」〔註8〕、「法禁峻密」〔註9〕、「苛法猶存」，〔註10〕在這些記載中說明了當時法律的嚴苛，用法過於深重與繁細，使得人民動輒得咎，統治者在此時也漸漸意識到嚴刑峻罰的弊端與不當之處，而有減輕刑罰的念頭，曹丕曾下詔輕刑：「今事多而民少，上下相弊以文法，百姓無所措其手足。」，〔註11〕在魏明帝青龍四年也曾下詔云：「法令滋章，犯者彌多，刑罰愈眾，而姦不可止。」，而欲「務從寬簡」。〔註12〕而當士人在思考人生問題時，有很大的部份受到政治環境的影響，一方面對當時糾浮華之舉流於苛察提出反省，一方面也欲糾正法律太過嚴苛的弊病，故此時有何晏、王弼貴無思想的提出，欲以老莊無為之道，糾正峻法之弊。且無為之說的提出，又可以使糾浮華所產生的過於激烈繁細之缺失得以得到糾正，老莊清靜無為的思想，也可以在某一程度上抑止當時虛華奢侈之風。

正始時期，何晏、王弼提出的貴無思想，以老莊的無為思想為主，企圖在名法之學專盛的背景下融入老莊學說，藉以修正其偏頗的缺失。王弼主張以道為本，以儒為末，提出「崇本息末」、「守母存子」的學說，以老莊思想去注解儒家經典。以道家的無為本、為母、為萬物之始源，其所言的以無為本，以有為末的思想，就是以道為本，以儒為末，但他雖然以道為本，仍以為儒家思想不能偏廢，必須是有、無並存而不廢。無是萬物生成存在的基礎，萬物依據道而生，自然界也依道而運行，所有的有，都是由無所生成的，所以在王弼的思想中，無是體，有是用，他將無提升到最高的位置，在有之上，而以無統有，但在以無為本的同時，他也努力將儒道思想予以調和，將其解釋為體用與本末的關係。且王弼強調「體柔居中」，道家思想主張柔弱至順，

〔註8〕 陳壽撰，裴松之注：《三國志》，冊3，卷25，〈魏書‧高堂隆傳〉，頁712。
〔註9〕 陳壽撰，裴松之注：《三國志》，冊3，卷25，〈魏書‧楊阜傳〉，阜以「今守功文俗之吏，為政不通治體，苟好煩苛，此亂民之甚者也。」，以為為政須去煩苛之治。頁705～706。
〔註10〕 同註6，明帝六月壬申詔語，頁107。
〔註11〕 陳壽撰，裴松之注：《三國志》，冊1，卷2，〈魏書‧文帝紀第二〉注引《魏書》，頁84。
〔註12〕 同註10。

以無爲爲主，而儒家則強調中庸之德，不偏不倚，不要太過與不及，居中的中庸之德爲儒家所強調。王弼看出了道家雖然能體柔至順，但往往易流於陰謀之術，無法居中，儒家雖能居中，但是又易流於執剛用直，過於躁競，所以王弼主張「體柔居中」，融和了儒道二家的優點，而予以統合，可見其欲調和儒道的居心。

　　王弼的調和儒道，也是在政治的因素上作出的考量，他欲以道家的自然無爲之治來挽救名教綱常的危機，並以此限制苛刻繁雜的法律，欲以清簡刑輕來治理天下，另一方面，他也欲以老莊清簡的思想來端正當時奢侈浮華之風。所以他提倡道家的無爲之治，他說：「故從事於道者以無爲爲君，不言爲教。」，〔註13〕而王弼講道家的無爲之治，其實是欲以此來維繫封建統治的既定秩序。其以爲所謂的等級差別、尊卑貴賤、仁義道德、法律節文，都是符合自然秩序的，是自然的一部分。其在《老子》注文中提到：「始制，謂朴散始爲官長之時也。始制官長，不可不立名分以定尊卑，故始制有名也。」，〔註14〕所以他將名教等禮制當成是自然的一部份，將儒家的名教與道家的自然結合，建立名分等級，一切的禮制名教，都是符合自然之道的。在王弼的觀念裏，儒家的聖人已被道家化，儒家的聖人有著道家的內涵，儒道二家，一個講有，一個講無，王弼用道家無的宗主去統御儒家的名教禮制。

　　王弼用道家無爲自然的思想，修正糾浮華所產生的過於偏向名法的弊病，爲了糾正名教之治的弊病，以道家無爲的思想來糾正它，但也使得他的理路又偏向道家。而道家思想貴無，容易流於虛妄不實，王弼貴無理論的提出，在當時造成一股風潮，而這種思想的盛行，也造成了虛無浮華風氣的再次興盛，士人藉著這個理論作爲放蕩的基礎，而有著各種放蕩不羈的行爲，這種風氣一旦盛行，士人又開始反思改進之路，而後裴頠的崇有思想欲對這種浮華放縱之風作一反省，又回歸到儒家之路，提出儒家的禮制思想，欲以此振時弊。

　　王弼、何晏貴無思想的提出，使士人的放蕩有了理論的根據，這種放縱之風，使得士人只務「口談浮虛，不遵禮法」、「仕不事事」、「尸祿耽寵」，在《裴頠傳》中記載：「王衍之徒，聲譽太盛，位高勢重，不以物務自嬰，遂相放效。」，使得當時「風教凌遲，儒學不振。」。這些名士的浮虛習氣，成爲一般士人仿效

〔註13〕樓宇烈校釋：《老子周易王弼注校釋》（臺北：華正，1983年9月），〈老子道德經注・上篇・二十三章〉，「故從事於道者，道者同於道」句王弼注，頁58。
〔註14〕同註13，〈上篇，三十二章〉，「始制有名」句王弼注，頁82。

的對象,社會上流斥著一股矜虛浮高之風。裴頠是儒學名士,他站在儒家禮教的立場上,深患時俗之放蕩,提出了崇有論,以此批駁何、王的貴無思想,在《晉書‧裴頠傳》中記載:「頠深患時俗放蕩,不尊儒術,……乃著崇有之論,以釋其弊,……王衍之徒,攻難交至,并莫能屈。」由於裴頠是針對何王的貴無思想予以辯駁,欲以儒家的名教之治來糾正道家虛無思想所產生的放蕩風氣,所以他又偏向了儒家的路線。但在魏晉時期,玄學的薰染已深,玄學與老莊之學,早已融入士人的生活與思想當中,與士人的生活息息相關。裴頠的崇有思想,過於強調儒家名教之治的重要,偏執於一端,於是到了西晉末年,有郭象調和崇有與貴無理論的出現。

郭象繼裴頠之後提出自生獨化說,論証有是自生獨化,無不能生有,他雖然在本體論與宇宙論上肯定有的獨立性,但另一方面他也努力調和儒道二家的思想,以「無心順有」、「跡冥圓融」的論點來論証儒道二家的思想原是可以相通的,他以為治理國家需要儒家的名教之治,因此名教的功能是十分重要的,其將儒家的名教融合在他的自然觀之中,把名教中的倫理關係,當作是自然的一部份,統合了儒家名教與道家的自然。郭象他以六經的名教倫常是「跡」,自然是「所以跡」,是所謂的「冥」,一切的萬事萬物都歸於「冥」。道家的無為思想,使得人在應物時不滯於事物之上,而能逍遙。但郭象認為真正的逍遙,是不分有待與無待的,只要心中無為自適,則能無入而不自得,達到逍遙的境界,所以無論是有還是無,都不妨礙逍遙的境界。郭象在說自然時,又不離開跡,這樣既保住名教的正面價值卻不執著於名教的形式之上,所以能夠達到圓通無礙的境界。

郭象以「無心順有」之說統合了儒道,並且達到一個理論上較為成熟的境界,他以名教即自然,自然與名教無異的說法,為當時的政治環境作註腳,但他的理論有很大的層面是落實在現實生活之上,他提出的名教即自然,處山林無異於魏闕之中的說法,實際地結合士人生活與現實政治。所以當他的理論提出後,雖然在某一程度上成功地結合了儒道關係,且與士人的實際生活產生極密切的結合,但是時至東晉,政治環境的轉變與士人心態的變化,郭象的實際學說已無法滿足當時士人的需求。東晉時士人的思想重心轉向關懷生死的問題,當時迅速傳播的宗教為士人解決了部分關於死亡的疑惑,而玄學也走向虛玄,追求精神方面的解脫,在馬良懷的《張湛評傳》中云:

> 到了東晉,情況則發生了變化。一是死亡恐懼的困擾,使人們紛紛

接受佛教，于其中尋找生死解脫之道。二是隨著佛教的迅速傳播，
蘊含在佛教之中的抽象思辨方法和深邃哲理深深地吸引了注重精神
享受的士大夫，誘導他們親近佛教。于是，名士與高僧、玄學與佛
教的關係變得日益密切。〔註15〕

因應當時時代環境，而有張湛貴虛思想的提出，他在王弼貴無思想與郭象自
生獨化思想的基礎下，融合兩者，以王弼的無爲本體，是萬物運行的規律，
但他又以爲有是自生的，不須依賴無以生，從而構成了他特有的調和思想。

張湛在他的《列子》注序文中很明白地指出：「其書大略明群有以至虛爲
宗，萬品以終滅爲驗。」，他以「虛」作爲一個最高的概念，如同「無」一般
是作爲萬物運行的法則，「無」雖然是萬物運行的規律，但他卻又承襲了郭象
的自生說，認爲有是自生獨化的，並非由無生出，無並不能生有，它只是一
個萬有共同的規律，他用這個調和的理論來統合崇有與貴無思想，也統合了
儒道二家，並在另一層面，提供東晉士人另一超越的思想空間，使得他們空
虛的心靈得以得到安頓。因爲在東晉時，社會動亂有增無減，人民生活不得
安寧，處在這種環境中的士人，由於現實環境中的無奈感，而縱欲已無法排
遣心中的苦悶，士人轉而追求心靈方面的提升與依歸，欲在這種亂世與無奈
的世俗中找到一個心靈的寄託，這時宗教，尤其是佛教，得到一個很好的發
展機會，而張湛的貴虛思想，對於生死解脫與人生問題、力與命的辯析，讓
東晉士人在心靈上找到一個寄託與歸宿，得以暫時得到安頓。

張湛也是調和儒道思想的，他在政治上主張任自然而順名教，心任自然，
外在行爲上順應名教，應物而不累於物，他認爲名教禮法有存在的必要性，
是應該保存的，但是在保存禮法的同時，不應受到它的約束，這是道家「爲
而不恃」的道理，他承繼了郭象調和儒道的思想，又給予這種思想一個超越
的境界，使當時虛浮空洞的人心得以安頓。東晉士人兼學儒道，他們以儒立
身，以玄虛應世，在立身處世上他們不放棄功名，個個身居朝廷顯要，在政
治上有很大的作爲，積極參與朝政，對當時的政治具有很大的影響，但在另
一方面，他們又以道家無爲玄虛之心應世，追求名士風範，逍遙自適。所以
東晉名士可以說是眞正體現儒玄雙修思想的實踐者，他們在名教與自然中，
都能有所表現，不若郭象的政治思想，雖提出處山林無異於魏闕之言，但這

〔註15〕馬良懷：《張湛評傳》，頁 78。

種朝隱的思想充其量只是有官位之名而無爲政之實,居官無官官之事。而當時的放蕩之士雖有風流之名,但其行爲舉止往往是流於放縱虛浮,縱欲而已,並沒有得到精神上眞正的逍遙,所以郭象等同名教與自然,適性逍遙之說,並沒有讓當時士人得到眞正的逍遙自適,這種當下便是的理論只給予他們縱欲與不事政務的藉口。但到了東晉,名士們不僅在事功上得到很大的成就,並且在精神上也能夠達到一個安適、優閒的境界,使得儒玄得以充分地交融。

第二節　西、東晉之交儒玄雙修之主要代表人物

　　魏晉時期的思想基本上是兼綜儒、道,儒玄雙修,士人處在這個時期,無論他以何種思想爲宗,不可避免地也會受到另一種思潮的影響。此時期標榜以儒學爲正統,但反對玄虛之學的人,在某一程度上亦受到玄學的影響。這一方面是因爲玄學在魏晉時期已是一個基本且深入人心的思想,另一方面這些批判玄學的儒學之士,本身也須對玄學有所了解,才能對其批判,故儒者實際上也通玄學。例如陸氏家族是世代伏膺儒術的儒學大族,但陸雲卻也談老,〔註16〕且參與士人間的談辯。在當時,清談的發展日趨精緻,義理之精與辭采之美爲士人所重,在談辯之時,名士不但要精於義理,還須使言談辭藻精美,言語優美如詩。故在陸雲與荀隱相會時,無可避免地須以言語爭勝一番,〔註17〕可知陸雲雖是儒學大族,但也須以清談與士人酬答相會。而裴頠著有《崇有論》,以此爲基礎,批判玄學的貴無思想,反對道家學說的無,但事實上他卻是一位玄學名士。干寶對玄學放誕言行十分痛恨,但他曾注解三玄中的《周易》,且積極參與玄學形神之爭,主張「神不滅論」。而孫盛雖著〈老聃非大賢論〉,王坦之著〈廢莊論〉,均抨擊老、莊思想的敗壞人心,

---

〔註16〕　《晉書·陸雲傳》中云其本無玄學,而後迷路遇王弼家,自此談老殊進,「初,雲嘗行,逗宿故人家,夜暗迷路,莫知所從。忽望草中有火光,於是趣之。至一家,便寄宿,見一年少,美風姿,共談《老子》,辭致深遠。向曉辭去,行十許里,至故人家,云此數十里中無人居,雲意始悟。却尋昨宿處,乃王弼家。雲本無玄學,自此談《老》殊進。」,楊家駱:《新校本晉書并附編六種》,冊2,卷54,〈列傳第二十四·陸雲傳〉,頁1485～1486。

〔註17〕　「荀鳴鶴、陸士龍二人未相識,俱會張茂先坐。張令共語。以其並有大才,可勿作常語。陸舉手曰:『雲閒陸士龍。』荀答曰:『日下荀鳴鶴。』陸曰:『既開青雲覩白雉,何不張爾弓,布爾矢?』荀答曰:『本謂雲龍騤騤,定是山鹿野麋。獸弱弩強,是以發遲。』張乃撫掌大笑。」余嘉錫:《世說新語箋疏》,〈排調9〉,頁789。

無益於社會，但他們二人又都通善易、老，均是玄學名士。

在當時裴楷與山濤、王戎等均是一時名士，在《晉書》中記載其精通《老》、《易》，長於清談玄言，〔註18〕是玄學名士之一，他不僅精於清談玄理，參與清談活動，且具名士優雅風姿，時人謂之「玉人」，〔註19〕其風姿神貌有超脫飄逸之氣，容止外表俊爽脫俗。鍾會稱其「清通」，有清逸之氣，其行為舉止表現出風流飄逸的名士之風，但於外表的風姿神韻之外，他也有不羈禮教的一面，〔註20〕其與名士交遊時，無視於禮教的束縛，率性而為，依自己的心性而行，不以禮法自居。裴楷在行止上表現為一玄學名士，體現玄風，但他在回答皇帝對為政之道的疑問時，卻以儒家名教思想來回應他。〔註21〕關於為治之道與施政措施方面，裴楷以儒家的堯舜之治為治世的典範，任賢為重，提倡儒家的正道，而斥賈充等小人之徒。因此裴楷雖在行為上以道家玄虛之風應世，崇信玄學，精通玄理與清談，任心而動、不顧毀譽，但在為政時，他卻以儒家名教作為立政之支柱，表明自己是「俗中人，故以儀軌自居」，明顯以儒家禮教作為立身與事功的基礎。這說明了西晉名士，在立身與應世上的不同態度與兼融儒道的思想表現。

著有《崇有論》的裴頠，他的崇有思想是在深患老莊思想之虛浮，足以破壞世道人心的基礎上提出的，他認為何晏、王弼及竹林七賢等人，服膺老莊思想，只知口談玄虛，不以禮法為度，且放蕩不拘，以致於世道人心陵遲，所以他在提倡儒家禮教之治，重振世道的前提下，提出崇有思想，〔註22〕並以儒家

〔註18〕 「楷明悟有識量，弱冠知名，尤精《老》《易》，少與王戎齊名。……吏部郎缺，文帝問其人於鍾會。會曰：『裴楷清通，王戎簡要，皆其選也。』於是以楷為吏部郎。」楊家駱：《新校本晉書并附編六種》，冊2，卷35，〈列傳第五‧裴秀傳附裴楷傳〉，頁1047。

〔註19〕 《晉書》本傳記載：「楷風神高邁，容儀俊爽，博涉群書，特精理義，時人謂之『玉人』，又稱『見裴叔則如近玉山，映照人也。』」，同註18，頁1048。

〔註20〕 《晉書》中記載：「楷性寬厚，與物無忤。不持儉素，每遊榮貴，輒取其珍玩。雖車馬器服，宿昔之間，便以施諸窮乏。……人或譏之，楷曰：『損有餘以補不足，天之道也。』安於毀譽，其行己任率，皆此類也。」，同註19。

〔註21〕 《晉書》中記載：「帝嘗問曰：『朕應天順時，海內更始，天下風聲，何得何失？』楷對曰：『陛下受命，四海承風，所以未比德於堯舜者，但以賈充之徒尚在朝耳。方宜引天下賢人，與弘正道，不宜示人以私。』」，同註19。

〔註22〕 「頠深患時俗放蕩，不尊儒術，何晏、阮籍素有高名於世，口談浮虛，不遵禮法，尸祿耽寵，仕不事事；至王衍之徒，聲譽太盛，位高勢重，不以物務自嬰，遂相放效，風教陵遲，乃著崇有之論以釋其蔽曰：『……居以仁順，守

禮教之治端正風俗，救世俗之弊。他在《崇有論》中提到儒家的仁義禮智之修養，以爲居仁由義，行動不違禮節，忠信待人，是聖人爲政處世的準則。在此他推崇儒家學說與孔子之言，認爲只有儒家的學說可以糾正世俗之弊，並可挽救頹靡的風俗。裴頠於思想上崇儒學而輕老莊，但在崇儒思想的背後，他又是當時著名的玄學名士，參與士人間的清談活動，且精於談辯。〔註 23〕在本傳中記載裴頠清談時辭論豐博，可見得裴頠他對於清談內容的三玄十分熟悉，故於談辯時才能引辭豐博，且論點充分，理足以服人，成爲當時清談之林藪。據當時史料記載，可以見得裴頠是善於談辯的清談名士，精於名理，且連當時玄學名士王衍，在推薦當時談玄名士時，每提及裴頠，認爲他是與其不相上下的清談家。在《晉諸公贊》中亦提及裴頠的談理可與王衍相提並論，此外，裴頠不但在清談的名理上引辭勝人，論理精湛足以服人，且亦喜好談辯，與弟裴邈清言終日達曙，在士人眼中他的談辯是經日不竭的，可見

以恭儉，率以忠信，行以敬讓，志無盈求，事無過用，乃可濟乎！……是以立言藉於虛無，謂之玄妙；處官不親所司，謂之雅遠；奉身散其廉操，謂之曠達。故砥礪之風，彌以陵遲。放者因斯，或悖吉凶之禮，而忽容止之表，瀆棄長幼之序，混漫貴賤之級。其甚者至於裸裎，言笑忘宜，以不惜爲弘，士行又虧矣。……』」楊家駱：《新校本晉書并附編六種》，冊 2，卷 35，〈列傳第五・裴秀傳附裴頠傳〉，頁 1044～1045。

〔註 23〕「樂廣嘗與頠清言，欲以理服之，而頠辭論豐博，廣笑而不言。時人謂頠爲言談之林藪。」，同註 22，頁 1042。

「……後樂廣與頠清閒欲説理，而頠辭喻豐博，廣自以體虛無，笑而不復言。」余嘉錫：《世説新語箋疏》，〈文學 12〉注引《晉諸公贊》，頁 202。

「諸名士共至洛水戲。還，樂令問王夷甫曰：『今日戲樂乎？』王曰：『裴僕射善談名理，混混有雅致。……』」《世説新語箋疏》，〈言語 23〉，頁 85。

「中朝時，有懷道之流，有詣王夷甫咨疑者。值王昨已語多，小極，不復相酬答，乃謂客曰：『身今少惡，裴逸民亦近在此，君可往問。』」《世説新語箋疏》，〈文學 11〉，頁 201。

「頠弘濟有清識，稽古善言名理。履行高整，自少知名。……」《世説新語箋疏》，〈言語 23〉注引《冀州記》，頁 85。

「裴頠談理，與王夷甫不相推下。」《世説新語箋疏》，〈文學 11〉注引《晉諸公贊》，頁 201。

「邈字景聲，……少有通才，從兄頠器賞之，每與清言，終日達曙。自謂理構多出，輒每謝之，然未能出也。……」《世説新語箋疏》，〈雅量 11〉注引《晉諸公贊》，頁 355。

「鍾士季目王安豐……謂裴公之談，經日不竭。……」《世説新語箋疏》，〈賞譽 5〉，頁 419。

「王丞相過江，自説昔在洛水邊，數與裴成公、阮千里諸賢共談道。……」《世説新語箋疏》，〈企羨 2〉，頁 631。

其對清談的熱衷程度，已到了終日談辯不休的癡迷境界。裴頠身為一個儒學名士，且以反老莊玄言為立論重點，卻又為參與清談的玄學名士，可見其於當時玄學風行的背景下，亦受玄風之影響，積極參與當時極為興盛的清談，且對玄學有很深程度的了解。可見得當時無論是儒學名士或是反玄之士，在一定的程度上，都受到玄學的影響，而兼通儒、道。

又如東晉時的范宣是儒學名士，對於老、莊學說所引致的弊病深惡痛絕，對正始以來，世尚老莊，逮晉之初，竟以裸裎為高的世風十分反感。但另一方面，他著有《易論難》，且對《老》、《莊》二書十分熟悉。〔註24〕范宣傳列於《晉書》〈儒林傳〉中，可見其是以儒學名世，亦為當時著名的儒者。他提出「不談莊老」之說，但在與人對談時，卻能隨口說出莊子的語句出於那一章節，可見其對《莊子》的嫻熟程度。其云《莊子》是幼時所讀，由此可知魏晉時期老、莊思想深入士族人心的程度，士人幼時即受到玄學的影響，且對玄學著作——三玄，均十分熟悉。這些人猶是標榜儒學為尚的儒學名士，何況是主張玄學的名士們，對於老、莊思想的精熟程度，更是我們難以想像的。

東晉是儒玄雙修思想發展最為圓融的時期，當時名士在名教與自然間找到了調和點，成功地發展出屬於他們這個時代的生活與思想方式，他們在政事方面追求事功，參與政事，並且身居顯要，而在應世方面，又以道家的無為自適思想作為處世原則，追求真正的逍遙自適。因此這一時期的名士風姿是獨特的，具有很大的時代意義。吳慕雅〈張湛《列子注》貴虛思想研究〉一書中提到：

> 在《晉書》卷七十〈卞壺傳〉的記載可知當時朝廷有三類人，第一類便是像卞壺這一類的人，以務實為主，一味的維護禮教，……而第二類人就是為人所批評的「貴游子弟」，……另外一種人就是採折中傾向的一派人，如王導、庾亮等人，而成為東晉政治主流的也是在於這些人，王導、庾亮這些人被稱為中興名臣，他們一方面提倡復興名教的種種措施，可是另一方面也追求自然的人格表現，仍保有清談之風，他們努力在自然與名教間尋求一理想的調和模式，因此王導有「以勳德輔政」的評譽，而陶侃亦讚美庾

〔註24〕「客有問人生與憂俱生，不知此語何出。宣云：『出《莊子‧至樂》篇。』客曰：『君言不讀《老》、《莊》，何由識此？』宣笑曰：『小時嘗一覽。』時人莫之測也。」楊家駱：《新校本晉書并附編六種》，冊3，卷91，〈列傳第六十一‧儒林‧范宣傳〉，頁2360。

亮「非惟風流，兼有爲政之實」（《晉書》卷七十三〈庾亮傳〉），
因此這類人受到大家的歡迎，不論是崇實或放達派皆能接受。而
東晉整個的士風也是受群體意識的制約而發展的，個人的發展大
體仍不脫離整個群體所規範的模式，所以東晉整個士風都朝這種
自然與名教調和的理想人格典範發展的。如李充、王坦之雖都不
滿玄風浮華虛誕的弊病，但二人儒道合一的思維模式仍是一樣
的。〔註25〕

當時的學術主流，是儒學與玄學並重，尤其在東晉，這種玄禮雙修的風氣更
盛。當時士人主張儒玄雙修，認爲儒學與玄學應並行不悖，兩者沒有衝突，
這些名士採取折中的方式，既要名教來作爲施政的基礎，又要追求自然，表
現自我的獨特風格，既要事功，又要風流。當時曹毗著有《對儒》，主要是認
爲儒玄各有妙用，其云：

> ……在儒亦儒，在道亦道，運則紆其清輝，時申則散其龍藻，……
> 故五典克明於百揆，虞音齊響於五絃，安期解褐於秀林，漁夫擺鉤
> 於長川。如此則化無不融，道無不延，風澄於俗，波清於川。……
> 何有違理之患，累眞之嫌！〔註26〕

其以儒道各有妙處，二者各有用處，就如同百工事物各有其用，只要各個事
物都運用得時，用的恰當，就能達到調和，所以儒玄能各自作用，在這種情
形下，既不違背自然，也合於名教。而與王導同時的李充，著有《學箴》，其
以儒學爲末，老莊爲本，本末可以互補，其云：

> 道德喪而仁義彰，仁義彰而名利作，禮教之弊，直在茲也。……老
> 莊是乃明無爲之益，塞爭欲之門。……聖教救其末，老莊明其本，
> 本末之途殊而爲教一也。
>
> 道不可以一日廢，亦不可以一朝擬，禮不可以千載制，亦不可以當
> 年止。〔註27〕

〔註25〕吳慕雅：《張湛《列子注》貴虛思想研究》（政治大學中文所碩士論文，1995
年6月），頁2。

〔註26〕楊家駱：《新校本晉書并附編六種》，冊3，卷92，〈列傳第六十二·文苑·曹
毗傳〉，頁2388。

〔註27〕楊家駱：《新校本晉書并附編六種》，冊3，卷92，〈列傳第六十二·文苑·李
充傳〉，頁2389～2390。

李充認為道家思想是事物的本，儒家名教是事物之末，本末雖在外在表現上不同，但其所致之理是相同的，並且他以為道與禮都有存在的必要，不可廢於一時。它們之中所存在的道理，更不是一朝一夕所能擬寫出來的，說明了它們在時代的演變中之所以可以延續的重要性與不可偏廢之理。除此之外，王坦之、戴逵、江惇、王導、謝安等當時名士也都持有儒玄雙修的思想，可知儒道互補的思想已成為當時的一種思潮。

　　雖然西、東晉均是儒玄雙修的思想，但從郭象到張湛，其思想的轉折，恰好可以表現出這個時代思想與士人心態的轉變。西晉末期，士人的思想多是作為政治的註解，並且落實在現實層面，而到了東晉，過江之後給予士人國破家亡的打擊，與寄居江東的危懼不安感，士人的惶恐感受使他們需要一種精神層面的理論來安定心靈，於是在東晉時，玄虛的思想開始風行，宗教也開始深植人心，而有著與西晉思想不同的風貌。

　　以下選擇西晉過渡至東晉時期較有代表性的名士，就其言論與性行加以檢別，而將其分為二方面論述，一方面是較注重現實層面，其思想與行為較為落向現實政治，這類之名士在思想與行為上較接近郭象的現實性；另一方面則是較重視生死超脫的問題，關心己身的生命歸趨，重視生命情調，這一類的名士，思想上較接近張湛的超越性。

一、較注重現實層面的思想家

（一）樂廣 ── 名教中自有樂地

　　提出名教中自有樂地的樂廣，他也是儒玄兼修的，在《晉書》本傳中說他：

> 性沖約，有遠識，寡嗜慾，與物無競。尤善談論，每以約言析理，以厭人之心，其所不知，默如也。

> 裴楷嘗引廣共談，自夕達旦，雅相欽挹，歎曰：「我所不如也。」……尚書令衛瓘，朝之者舊，逮與魏正始中諸名士談論，見廣而奇之，曰：「自昔諸賢既沒，常恐微言將絕，而今乃復聞斯言於君矣。」命諸子造焉，曰：「此人之水鏡，見之瑩然，若披雲霧而睹青天也。」王衍自言：「與人語甚簡至，及見廣，便覺己之煩。」其為識者所歎美如此。

> 廣與王衍俱宅心事外，名重於時。故天下言風流者，謂王、樂為稱

首焉。〔註28〕

由《晉書》本傳中的記載，我們可知樂廣他宅心事外，與物無競，並且長於名理，與當時名士裴楷談論，楷自嘆不如，且讓衛瓘聞其言而奇之，衛瓘以爲在當時正始玄風已沒落，沒想到在聽聞樂廣的玄談後，如復聞正始之音，因而對樂廣十分敬重。可見得樂廣之清談造詣很高，可以比美正始玄音，且其清談之玄理亦十分高致。而其在玄談之外，也有道家玄遠之風，不與物競，個性清沖簡樸，思想清明玄遠，在其幼時，夏侯玄見而覺其神姿朗徹。若由其行徑觀之，其言行舉止、修爲與思想，明顯地受到當時道家思想與玄學風潮的影響，有著道家高逸的習氣。但細查其言論，從其見到當時放達之士之縱放不拘而提出「名教中自有樂地」之言論，又明顯兼容了儒家的思想。這說明了他並不排斥儒家的名教思想，甚至是兼容儒道二家，在名教之中，安置道家的精神義涵，亦不排斥儒家禮樂教化的規範。所謂大隱隱於市，只有在煩瑣的名教規範下，還能保有自在清明之心志者，才是眞正的體玄之人，故而樂廣他雖內崇老莊思想，但也出仕爲官，優遊於朝廷之上，將儒家名教與道家清簡無爲予以融合，並且身體力行之。

（二）謝鯤──居身於可否之間

在《晉書‧謝鯤傳》中云：

> 鯤少知名，通簡有高識，不修威儀，好老、易，能歌善鼓琴，王衍、嵇紹並奇之。

謝鯤善於清談，精於《老》、《莊》、《易經》三玄，不慕功名，不拘禮法，是風流玄虛之士，他心境遠暢而恬淡榮辱，對世俗的功名富貴十分淡泊。而他任達的行徑可以由他在調戲鄰家婦女而被梭投中，折其兩齒，面對時人的嘲笑，竟傲然長嘯曰：「猶不廢我嘯歌」見出。他曾被王敦引用，但是他看出王敦有很大的野心，「知不可以道匡弼，乃優遊寄遇，不屑政事，從容諷議，卒歲而已。每與畢卓、王尼、阮放、羊曼、桓彝、阮孚等縱酒。」，〔註29〕因其明白王敦無法與之共事，不可與其談論匡弼天下之事，所以便無心於政事，與畢卓、王尼等人縱酒荒放。在《晉書‧謝鯤傳》中又提到：

〔註28〕楊家駱：《新校本晉書并附編六種》，冊2，卷43，〈列傳第十三‧樂廣傳〉，頁1243～1244。

〔註29〕楊家駱：《新校本晉書并附編六種》，冊2，卷49，〈列傳第十九‧謝鯤傳〉，頁1378。

　　鯤不徇功名，無砥礪行，居身於可否之間，雖自處若穢，而動不累高。

《晉書》中提到他居身於可否之間，可見其無爲之心應世，若老子的虛懷若谷，自處若穢，不以己之名氣相高，平日優遊於山林之中，無心於政事，他之所以無心爲政，有一部分也是因爲他知道王敦有造反之心，爲避政治災禍，隱居山林、縱酒爲樂，但事實上，他對世事還是有一定程度的關心，他在王敦勢盛之時，敢於勸諫他，若是一般貴遊逸樂之士，是不會有如此氣節的。在《世說新語‧規箴篇》中記載著：

　　謝鯤爲豫章太守，從大將軍下石頭。敦謂鯤曰：「余不得復爲盛德之事矣。」鯤曰：「何爲其然？但使自今以後，日亡日去耳！」敦又稱疾不朝，鯤諭敦曰：「近者，明公之舉，雖欲大存社稷，然四海之內，實懷未達。若能朝天子，使群臣釋然，萬物之心，於是乃服。仗民望以從眾懷，盡沖退以奉主上，如斯，則勳侔一匡，名垂千載。」時人以爲名言。〔註30〕

謝鯤勸諫王敦須以政體爲重，不可篡逆，要以臣子之禮節對待君上，以順從人民的期望，使民以德，這樣才能使天下得以安治。在王敦將行篡逆之時，謝鯤還勸王敦入朝覲見皇上，並冒著被殺戮的危險自願相陪，〔註31〕可見其剛直之性格，與不屈於權貴之個性。因此謝鯤雖爲八達之一，且愛好老莊思想，慕尚隱居山林以優遊自在，但他在爲政上仍有著儒家以君上爲重與忠義的高尚之志。

（三）江惇──動靜不違禮法

　　著有〈通道崇檢論〉的江惇，他一面「以爲君子立行，應依禮而動」，一面提倡「儒玄兼綜」。在江淳本傳中言其：

　　孝友淳粹，高節邁俗。性好學，儒玄並綜。每以爲君子立行，應依禮而動，雖隱顯殊途，未有不傍禮教者也。若乃放達不羈，以肆縱爲貴者，非但動違禮法，亦道之所棄也。〔註32〕

〔註30〕余嘉錫：《世說新語箋疏》，〈規箴12〉，頁561。

〔註31〕「鯤爲豫章太守，王敦將肆逆，以鯤有時望，逼與俱行。既克京邑，將旋武昌，鯤曰：『不就朝覲，鯤懼天下私議也。』敦曰：『君能保無變乎？』對曰：『鯤近日入覲，主上側席，遲得見公，宮省穆然，必無不虞之慮。公若入朝，鯤請待從。』敦曰：『正復殺君等數百，何損於時？』遂不朝而去。」余嘉錫：《世說新語箋疏》，〈規箴12〉注引《晉陽秋》，頁561。

〔註32〕楊家駱：《新校本晉書并附編六種》，冊2，卷56，〈列傳第二十六‧江統傳附

他以爲君子是以儒家的禮教爲立身的規範，凡事須依禮而動，故鄙棄那些放達不守禮法的人，認爲他們違背了儒家的禮教，也同樣的不合道家的思想，因爲眞正的體道之人，不應是以放達爲生活的態度。故江惇一方面主張依禮而行，一方面又能體會道家思想的義涵，並非只是外在行爲的放達，此無形中已爲正確的應世態度樹立良規。

（四）王導 —— 務存大綱，不拘細目的憒憒之政

王導在當時身繫國脈民命，他在東晉渡江後主導了東晉整個政局的走向，施政方針也穩定東晉的政局，造成偏安的局面。其主張鎮之以靜、鎮之以和，以和、靜作爲施政的主要方向，〔註33〕故爲政清靜寬和，實行「網漏吞舟」、「憒而不察」的寬縱政策，在《晉書・庾亮傳》中云：「時王導輔政，主幼時艱，務存大綱，不拘細目。」，〔註34〕其以不拘細節、大局爲重的方針引導政局的走向。

《晉陽秋》亦云：

> 峻既誅，大事克平之後，都邑殘荒。溫嶠議徙豫章，以即豐全。朝士及三吳豪傑，謂可遷都會稽，王導獨謂「不宜遷都。建業，往之秣陵，古者既有帝王所治之表，又孫仲謀、劉玄德俱謂是王者之宅。今雖凋殘，宜修勞來旋定之道，鎮靜群情。且百堵皆作，何患不克復乎！」終至康寧，導之策也。〔註35〕

在思想上，他以儒家名教之治來治國，鼓勵禮教，重視興建學校，重視儒家的禮樂教化，以儒家的德禮人倫作爲思想的中心。他重視儒家的道德觀，五倫之序先明白了之後，再推至君臣之義，這正是儒家由內而外的倫理觀。他強調須先由修身做起，擴而至家、國、天下，如果人人都能反求諸己，那麼浮僞的風氣也就無法存在，社會風氣會由於人人的自身嚴於律己而轉向敦厚樸實，其認爲當時社會風氣之所以如此委靡浮華，是因爲儒家禮教不興的緣故。王導推崇儒術，講求儒家的教化，以聖人經典爲準則，其以儒爲宗的思

惇傳〉，頁 1539。

〔註33〕楊家駱：《新校本晉書并附編六種》，冊3，卷65，〈列傳第三十五・王導傳〉「導爲政務在清靜，每勸帝克己勵節，匡主寧邦。」，「及賊平，……導曰：『……今特宜鎮之以靜，群情自安。』」，頁 1746；1751。

〔註34〕楊家駱：《新校本晉書并附編六種》，冊3，卷73，〈列傳第四十三・庾亮傳〉，頁 1921。

〔註35〕余嘉錫：《世說新語箋疏》，〈言語102〉，頁 156。

想是相當明確的，主張興建學校是為了要使儒家的禮樂教化有所延續。

　　王導雖崇尚儒家教化，但一方面他也受到當時玄風瀰漫的影響，對清談活動十分熱衷，日常行止亦有老莊清靜無為之風範，在《晉書・王導傳》中云其「簡素寡欲，倉無儲穀，衣不重帛。」，以道家清檢無為的思想作為生活的原則，故其在為政上主張清靜無為，在生活上主張簡樸自然。且他對清談玄理也十分在行，時常參與當時盛行於士人間的清談，因此王導他一方面承續儒家的名教思想，一方面又兼習玄理，清言暢達，可說是兼融儒、道二家，玄儒兼修。在孔毅著的《魏晉名士》一書中提到：

> 王導之所以在政治上採取清淨寬和的政策，完全是受玄學思想的影響。……「舊云，王丞相過江，止道《聲無哀樂》、《養生》、《言盡意》三理而已，然宛轉關生，無所不入。」所謂「三理」即嵇康之《聲無哀樂論》，述其理想的政治是「無為之治」，「簡易之教」、「玄化潛道，天人交泰，蕩滌塵垢，群生安逸」；嵇康著《養生論》認為若導養得理，以盡性命，那麼長壽則可善求之。而「自厚者所以喪其所生，其求益者必失其性」。故萬物皆得順應自然。歐陽建著《言盡意論》，與王弼《言不盡意論》對立，反對唯心論的先驗論和不可知論，有一種強烈的務實精神。王導於眾多的玄學理論著述中，特好此三者，這正是他一生政績中將清談與政治完美結合的理論基礎。

而王導雖是東晉初年結合儒道思想的重要人物，但是觀其文章，少有思想義理性的文章出現，而多政論性的文章，如〈上疏論諡法〉、〈議復肉刑〉、〈上疏請修學校〉，或是一些與士人朝士間的應酬性文章，文章中充滿著儒家的治世與禮教思想，思想性不高，也沒有思考及人生義理的問題。因此其思想可以說是偏向政治關懷方面，而少觸及人生及自我的關懷。由此可以看出，在東晉初期，士人在儒道思想的結合方面，仍是以政治作為考量，以外在的事功與內在的清簡心性為融合儒道思想的主要要件，士人思想所著重的，大部份以國家的政治作為考量重心，較少思及人生及生命歸趨的問題。

（五）庾亮——非唯風流，兼有為政之實

　　而「風格峻整，動由禮節」的庾亮，也「善談論，性好莊老」，他也是以儒家的禮法自守，崇尚儒家的精神教化，且嚴以自律，另一方面他又具有玄

學名士的風流之姿。庾亮美姿容，「風情都雅」，與當時名士王導、孫綽、溫嶠、殷浩、王胡之等人均有交往，而善於名理清談。其名士之風流，在《晉書・庾亮傳》中記載道：

> 亮嗷菹，因留白。侃問曰：「安用此爲？」亮云：「故可以種。」侃於是尤相稱歎云：「非惟風流，兼有爲政之實。」

陶侃本因蘇峻之亂對庾亮深懷不滿之情，但是在見到庾亮的風姿神韻之後，對其完全改觀，與之「談宴竟日，愛重頓至」，並且嘆其兼有爲政之實與名士之姿。而庾亮在政事之外，也好談辯，其與當時名士交遊清談，亦興致不淺：

> 亮在武昌，諸佐吏殷浩之徒，乘秋夜往共登南樓，俄而不覺亮至，諸人將起避之。亮徐曰：「諸君少住，老子於此處興復不淺。」便據胡牀與浩等談詠竟坐。〔註36〕

> 後來年少，多有道深公者。深公謂曰：「黃吻年少，勿爲評論宿士。昔嘗與元明二帝、王庾二公周旋。」

> 《高逸沙門傳》曰：「晉元、明二帝，游心玄虛，託情道味，以賓友禮待法師。王公、庾公傾心側席，好同臭味也。」〔註37〕

由以上故事，可知庾亮同時俱備了儒家尚名實與道家清言玄虛之特質。庾亮在爲政上，不同於王導與謝安的寬和之政，而是任法裁物，以峻整重禮爲主，以治實著稱，對王導的憒憒之政，他是持反對意見的，可知他是儒家事功型的人物，動靜皆不離禮節，以方正自守之態度處世，其「風儀偉長，不輕舉止」，〔註38〕史傳上記載：

> 先是，王導輔政，以寬和得眾，亮任法裁物，頗以此失人心。

> 明帝問謝鯤：「君自謂何如庾亮？」答曰：「端委廟堂，使百僚準則，臣不如亮。一丘一壑，自謂過之。」〔註39〕

> 明帝問周伯仁：「卿自謂何如庾元規？」對曰：「蕭條方外，亮不如

〔註36〕以上引文同註34，頁 1919～1924。

〔註37〕以上引文見余嘉錫：《世說新語箋疏》，〈方正45〉及劉注引《高逸沙門傳》，頁 323。

〔註38〕余嘉錫：《世說新語箋疏》，〈雅量17〉「庾太尉風儀偉長，不輕舉止。」，頁 358。

〔註39〕余嘉錫：《世說新語箋疏》，〈品藻17〉，頁 513。

臣；從容廊廟，臣不如亮。」〔註40〕

其爲方正嚴整，動靜由禮之人，於政事方面以勤謹聞名，故當時士人，皆以他爲百官之準則，爲端正廟堂之器。王導曾勸他治理天下可以稍微清簡一些，但他卻以爲王導的遺落世事，天下亦未以爲允當。以他一個重視事功，且尊法重禮的士人，卻也受到當時玄虛之風的影響，雅好玄虛，可見儒玄雙修的思想，在當時已蔚爲風潮。故孫綽爲庾亮寫的碑文中即云：「公雅好所託，常在塵垢之外。雖柔心應世，蠖屈其跡，而方寸湛然，固以玄對山水。」，〔註41〕就是說明他這種處廟堂無異於山林之中的柔心應世之道。

（六）桓溫──聽禮而悟玄門

桓溫是繼庾亮之後主政的權臣，初時，庾翼曾向晉明帝推薦，言桓溫少有雄略，希望明帝勿以常人遇之，常婿畜之，應委以方、鎮之任，托其弘濟艱難之勛。桓溫有十分強烈的入世之志，這可以由他屢次上疏，欲北伐進取中原看出，最後他力排眾議，出師北伐，在北伐之後，他要求朝廷爲他加九錫，這一般是要禪位之前的一個先聲。因此桓溫的事功之心，表現在外欲北伐建功於外，內欲篡位以成其私，其對事功抱著強烈進取的意念，屬於事功型的人物。他對當時東晉浮靡放蕩的世風感到心痛，對當時名士坐談玄虛，不思國家之計的行爲無法苟同，他在爲簡文帝撫軍時上疏云：「……臣雖所存者公，所務者國，然外難未弭，而內弊交興，則臣本心陳力之志也。」，〔註42〕他以東晉士人不思家國之計，徒思清談而不顧外有強敵環伺，內又百弊叢生的情形十分反感，對這些不務實際的士人，他心中有無限的感慨，在《世說新語‧排調》中記載著：

> 桓大司馬乘雪欲獵，先過王、劉諸人許。眞長見其裝束單急，問：「老賊欲持此何作？」桓曰：「我若不爲此，卿輩亦那得坐談？」〔註43〕

在這則記載中傳神地對比出他的進取事功之心，與士人的清談閒適之情。而桓溫在北伐時，與僚屬登平乘樓，眺望中原，慨然曰：「遂使神州陸沈，百年

〔註40〕余嘉錫：《世說新語箋疏》，〈品藻23〉，頁516。
〔註41〕余嘉錫：《世說新語箋疏》，〈容止24〉注引孫綽〈庾亮碑文〉，頁618。
〔註42〕楊家駱：《新校本晉書并附編六種》，冊4，卷98，〈列傳第六十八‧桓溫傳〉，頁2570。
〔註43〕余嘉錫：《世說新語箋疏》，〈排調24〉，頁800。

丘墟，王夷甫諸人，不得不任其責。」，〔註44〕他以名教的捍衛者批評崇尚自然的王衍不守禮法，不以事物自攖，認爲這些任誕之人須爲西晉的滅亡負一部分責任。並且桓溫在隆和初年的上疏中曰：

> ……勤農桑之務，盡三時之利，導之以義，齊之以禮，使文武兼宣，信順交暢，井邑既修，綱維粗舉。然後陛下建三辰之章，振旂旗之旌，晃旒錫鑾，朝服濟江，則宇宙之內誰不幸甚！〔註45〕

念念不忘以儒家的禮、義治國，他認爲要以義訓導人民，用禮來規順人民，國家才會「信順交暢」，因此他在治國理念方面，是以儒家禮教思想來作爲治國的方針，無論在思想或行爲方面，表現出來的，都是儒家積極進取，以事功爲重的典型人格。〔註46〕但桓溫在聽講《禮記》時，卻又由此而悟玄門，在《世說新語・言語》中記載劉惔和桓溫聽講《禮記》時的對話：

> 劉尹與桓宣武共聽講《禮記》。桓云：「時有入心處，便覺咫尺玄門。」
> 劉曰：「此未關至極，自是金華殿之語。」〔註47〕

他在聽講《禮記》時，聯想到玄學，並且自然而然的將儒學與玄學聯想一起，可見得他在儒學的思想之中，不可避免地，也受到玄風的影響，而這種影響，是十分自然且深刻地深入到他的思想之中，致使他自然而然地將儒學與玄學作一聯想比附。可見桓溫深受當時儒道合一、名教即自然思想的影響，而桓溫與當時名士的交流往來亦十分密切，他曾應王導之邀參與名士間的清談，與王述、王濛、殷浩、謝尚一起清談答辯，因此他雖是事功顯著，進取心重，但仍受到當時玄學思潮的影響。

二、較注重精神層面的思想家

（一）戴逵 —— 禮度自處、倡言玄心

　　戴逵雖然寫有〈放達爲非道論〉，常以禮度自處，但實際上他也愛談論名理，倡言玄心，在《晉書・戴逵》傳中，記載謝玄上疏：

〔註44〕余嘉錫：《世說新語箋疏》，〈輕詆11〉，頁834。
〔註45〕楊家駱：《新校本晉書并附編六種》，冊4，卷98，〈列傳第六十八・桓溫傳〉，頁2574。
〔註46〕余嘉錫：《世說新語箋疏》，〈豪爽9〉「桓公讀《高士傳》，至於陵仲子，便擲去曰：『誰能作此溪刻自處！』」，表現出其積極入世的思想，頁602。
〔註47〕余嘉錫：《世說新語箋疏》，〈言語64〉，頁123。

> 「伏見譙國戴逵希心俗表，不嬰世務，棲遲衡門，與琴書爲友。雖
> 策命屢加，幽操不回，超然絕跡，自求其志。」……王珣又上疏曰：
> 「逵執操貞厲，含味獨游，年在耆老，清風彌勁。」〔註48〕

可知他雖性高潔，以禮度自處，棄鄙放達之人，但他所棄鄙的，是那些仿效
放達而無實質精神內涵之人。他認爲竹林七賢的放曠是有疾而爲顰者，對其
行爲是予以推崇的，且他自己也服膺道家清靜無爲，不務世事的思想，以隱
居山林爲志，其於〈閒游贊〉一文中云：

> 昔神人在上，……載之以大猷，覆之以玄風，使夫淳樸之心，靜一
> 之性，咸得就山澤，樂閒曠，……況物莫不以適爲得，以足爲至，
> 彼閒游者，奚往而不適，奚待而不足。故陰映巖流之際，偃息琴書
> 之側，寄心松竹，取樂魚鳥，則澹泊之願，于是畢矣。〔註49〕

說明自身喜好山水之樂，以其閒靜個性，十分適合在山林中過著閒曠的生活，
其云「物莫不以適爲得，以足爲至」，而他以爲世間事物，只要合於自身本性，
自足其性，則能無往而不自得，而他的本性，正是適於閒居山林，遊放閒蕩
的，只此他在山林水澤中覺得十分自適自在。他以在樹林巖流中遊居，伴著
琴棋書畫生活，寄心於松林竹柏中，養魚飼鳥以取樂，爲畢生心願，其於心
態上是以隱居爲志的閒曠之人。

　　戴逵一方面以禮度自處，一方面又希心玄遠，以隱爲志，他以爲這二方
面是沒有衝突的，且儒道二家思想各有所長，並不偏袒任何一家，其云：

> 儒家尚譽者，本以興賢也，既失其本，則有色取之行。懷情喪眞，
> 以容貌相欺，其弊必至於末僞。道家去名者，欲以篤實也，苟失其
> 本，又有越檢之行。情禮俱虧，則仰詠兼忘，其弊必至於本薄。夫
> 僞薄者，非二本之失，而爲弊者必托二本以自通。〔註50〕

其以儒道二家的思想原本沒有缺失，儒家的崇尚名節，是爲了要舉出賢德之
人，道家的除去外在名位，是爲了要回歸人的自然本質，這兩個用意原本是
好的。但士人若是用儒道二家的思想卻失其本旨，則會流於色取之行與越檢

〔註48〕楊家駱：《新校本晉書并附編六種》，冊3，卷94，〈列傳第六十四·隱逸·戴
　　　　逵傳〉，頁2458～2459。
〔註49〕嚴可均輯：《全晉文》，冊下，卷137，〈戴逵·閒游贊〉，頁1485。
〔註50〕楊家駱：《新校本晉書并附編六種》，冊3，卷94，〈列傳第六十四·隱逸·戴
　　　　逵傳〉，頁2458。

之行，就如同虛僞與淺薄本非儒道的缺失，是因爲人們曲爲之解而失其本旨所產生的流弊，而那些爲弊者也會假托儒道之名來印證自己的行爲。所以他兼重儒、道思想，認爲兩者應並行而不能偏廢。

其在〈竹林七賢論〉中稱讚樂廣的「名教中自有樂地」之說，其云：「樂令之言有旨哉：謂彼非玄心，徒利其縱恣而已。」〔註51〕樂廣因見王平子、胡毋彥國諸人之任放不羈，形骸不修，而云：「名教中自有樂地，何爲乃爾也。」，他以爲眞正懂玄心的人，不須靠外在的形骸放浪來表現自己的不同於俗，而是可以在名教中融合玄理玄心，外崇儒而內崇道。戴逵十分贊同樂廣的論點，他認爲王平子諸人實際上並非眞正體玄之人，他們只是利用這些思想做爲縱欲的理論基礎。戴逵認爲眞正有玄心之人，是能在名教之中體會老莊玄旨，兼融二者，即身處名教之中，但心卻是體玄，而清靜玄遠，只有在名教之中而不被束縛，且能如處在自然之中那麼優遊自在的人，才是眞正有道之士，他以玄心，溝通了自然與名教，使二者合而爲一。

而戴逵在以玄心溝通儒道之餘，也受到東晉時期探討生死問題，思考生命問題的影響，探討力與命的問題，其於〈與遠法師書〉中云：

> ……皆以禍福之來，由于積行，是以自少束修，至于白首，行不負于所知，言不傷于物類，而一生艱楚，荼毒備經，顧景塊然，不盡唯己。……始知修短窮達，自有定分，積善積惡之談，蓋是勸教之言耳。〔註52〕

在這篇文章中，戴逵云前人以爲禍福之報應，是由於人的積行所致，人的行爲導致人的禍福，於是自小便十分謹愼言行，勤於修養德行，在行爲上不違背規範，在言語上不傷及其他，一生中均戰戰兢兢地不敢犯錯，但是行至如此，仍然一生艱苦，毫無福份可言，戴逵因以人的窮達命運，是早已決定的，人的積行善惡並不能影響人的得福與得禍，他認爲這些福善禍淫之說，只是一種勸世之言，並不符合現實情形。他的力命思想，是一種宿命論的觀點，這與東晉時期的命定思想相符合。魏晉士人受到當時時代混亂，朝不保夕的情形影響，在提及力命問題時，均以爲人的積行無法改變既定的命運，人力的作用對於命運是微不足道，且命運是不可抗拒的，戴逵也持這種看法，而

〔註51〕余嘉錫：《世說新語箋疏》，〈任誕13〉注引《竹林七賢論》，頁735。
〔註52〕嚴可均輯：《全晉文》，冊下，卷137，〈戴逵‧與遠法師書〉，頁1483。

這種思考人生、命運的問題，在東晉時期，結合玄虛思想及宗教，更加地興盛。

（二）王羲之——終焉山林的悠遊之志

在《晉書·王羲之傳》中云：

> 羲之雅好服食養性，不樂在京師，初渡浙江，便有終焉之志。會稽
> 有佳山水，名士多居之，謝安未仕時亦居焉。孫綽、李充、許詢、
> 支遁等皆以文義冠世，並築室東土，與羲之同好。〔註53〕

王羲之任情風流，與當時名士孫綽、許詢等寄情山水，隱居山林，以遊山玩水為樂，並且為文以誌，羲之嘗作〈蘭亭集序〉記載了他的心志在優遊適性，充分表露其對於寄情山水、悠閒自得的生活之自足。他主張各以自己的方式去找尋自己的自適之道，各人處世的方式雖有很大的不同，但是求逍遙自適的目地卻是相同的，所以他欣然面對自己所遇的各種遭遇，快然自足於所遇，而不知老之將至，這種不以外物攖紲其心的境界是很高的，其也認為只要順從自己的心性、個性，找尋自己適合的方式，就可以得到自在逍遙，可以無入而不自得，其以道家無為之心應世，以順性為重。其心向山林，以隱居為志，在朝廷徵召他出仕時上書云：「吾素無廊廟志。」，而於去官隱居之後，十分滿意自己的生活，據《晉書》本傳中記載：

> 羲之既去官，與東土人士盡山水之游，弋釣為娛。又與道士許邁共
> 修服食，採藥石不遠千里，徧游東中諸郡，窮諸名山，泛滄海，歎
> 曰：「我卒當以樂死。」〔註54〕

他盡情於山水，得山水浪遊之樂，竟忘形自得，有若神仙。他在〈與謝萬書〉中提到：

> 古之辭世者，或被髮佯狂，或污身穢迹，可謂艱矣。今僕坐而獲免，
> 遂其宿心，其為慶幸，豈非天賜。〔註55〕

可見他完全是道家淡泊心志、隱逸山林的志向，熱愛大自然，情性真率。雖

〔註53〕楊家駱：《新校本晉書并附編六種》，冊3，卷80，〈列傳第五十·王羲之傳〉，
　　　　頁2098～2099。

〔註54〕楊家駱：《新校本晉書并附編六種》，冊3，卷80，〈列傳第五十·王羲之傳〉，
　　　　頁2101。

〔註55〕嚴可均輯：《全晉文》，冊上，卷22，〈王羲之·與謝萬書〉，頁208。

然如此，但他在出仕爲官時也並非朝隱不理朝政之士，其在殷浩北伐時上書力諫以爲不可，並提出一番道理，以爲東晉當時尚無北伐之力。《晉書》中記載當時東土饑荒，朝廷賦役繁重，羲之每每上疏，爲民喉舌，力勸朝廷清簡賦役，與民便利。

在王羲之的文章中，有一部分是政論性的文章，顯示他在從政時，對政事與民情的關心，且在某些文章中，有著強烈的濟世之志，如在〈又遺殷浩書〉中提到：

> 願思弘將來，令天下寄命有所，自隆中興之業。政以道勝寬和爲本，力爭武功，作非所當，因循所長，以固大業，想識其由來也。自寇亂以來，處內外之任者，未有深謀遠慮，括囊至計，而疲竭根本，各從所志，竟無一功可論，一事可記，忠言嘉謀棄而莫用，遂令天下將有土崩之勢，何能不痛心悲慨也。……宜更虛己求賢，當與有識共之，不可復令忠允之言，常屈於當權。……今亟修德補闕，廣延群賢，與之分任。……〔註56〕

此篇文章中，王羲之提到爲政之道應以寬和爲主，他以爲國家至今沒有一個深謀遠慮之人統權大局，而是各自爲政，使得至今國家沒有建設，也無事功可論，在上位者不能採納忠言，只聽從小人之言，亦令人痛心。在這種情形下，天下將面臨土崩瓦解之勢，王羲之認爲救弊之道，在於求賢良方正，使忠允之言充溢於朝廷，且在上位者廣修德行，以補正缺失，再廣招賢人與之分任天下大事，如此則天下之治可以得矣。在另一篇文章〈遺謝安書〉中，王羲之提到他對刑罰制度的看法，他認爲應以刑罰充當勞役以得到最大的經濟效益。〔註57〕他實際的提出爲政的主張，認爲將有罪之人集中移至一地，集中管理，可以防止犯人叛逃，且以勞役抵消罪刑，一方面可以免於殺戮，

〔註56〕 嚴可均輯：《全晉文》，冊上，卷22，〈王羲之・又遺殷浩書〉，頁206～2047。
〔註57〕 「……百姓流亡，戶口日減，其源在此。又有百工醫寺，死亡絕沒，家戶空盡，差代無所，上命不絕，事或十年、十五年，彈舉獲罪無懈息，而無益實事，何以堪之。謂自今諸死罪原輕者及五歲刑，可以充此，其減死者，可長充兵役，五歲者，可充雜工醫寺，皆令移其家以實都邑。都邑既實，是政之本，又可絕其亡叛。不移其家，逃亡之患復如初耳。今除罪而充雜役，盡移其家，小人愚迷，或以爲重於殺戮，可以絕姦。刑名雖輕，懲肅實重，豈非適時之宜邪。」嚴可均輯：《全晉文》，冊上，卷22，〈王羲之・遺謝安書〉，頁208。

另一方面這些犯人可以從事勞動生產，對政府有很大的經濟效益。王羲之的政論，顯示他深明政務。對於任內的事物，他也盡心參與，並且期望以德治天下，政務以寬和為主。這些為政的方針與思想，都是受到儒家德治觀念的影響，但他一方面又以隱居為志，可見得羲之雖然熱愛山林，不以廟堂為志，但在為官時，亦盡力作好為官的本份，不似其他朝隱之士只以逸樂為重，不理朝政。可以說，王羲之在出與處，事功與隱逸之間取得了一個良好的平衡點。

　　儒玄雙修是西、東晉普遍的思想模式，但在東晉時，士人更為著重精神層面的提昇，而與西晉時的重實際有所區分，王羲之也是如此，他在玄儒之間取得良好平衡之際，進而追求心靈的提升，欲找到一個可以安置心靈與精神的處所，其於〈蘭亭詩序〉云：

> 向之所欣，俯仰之間，已為陳迹，猶不能不以之興懷，況修短隨化，終期於盡，古人云，死生亦大矣，豈不痛哉，每覽昔人興感之由，若合一契，未嘗不臨文嗟悼，不能喻之於懷。固知一死生為虛誕，齊彭殤為妄作。後之視今，亦猶今之視昔。悲夫，故列敘時人，錄其所述，雖世殊事異，所以興懷，其致一也。〔註58〕

在〈蘭亭詩序〉中，王羲之在讚賞美景之餘，歸返內心，因觀物而興懷，思及人生的最後歸趨，即死生的問題，他對於人之必然面臨死亡，有著很大的感慨。他認為人的遭遇是隨造化而定，但無論遭遇如何，人都必然面臨著死亡的威脅，所以他對於死生是人生中最大問題的這種說法，感到心有同感，故每讀古人文章，知道古人興懷感悲的原因，也是因為無法對死亡問題釋懷，不覺心有戚戚焉而心生悲痛。正因為他對於死亡問題的無法看破，所以他以為那種齊一生死的說法是虛誕不實的，將長壽與夭折都看作是沒有差別的說法更令他無法接受。他認為對人生消逝的悲嘆與無法接受是古今皆同，故對這種哀傷之情發出感嘆。王羲之在寫景之文中，寄寓心中感慨，由當前美景而思及人生的死生問題，思及人的最終歸宿。在東晉中期，士人普遍有著對人生的不安及對生命的更高反省，省思死生問題，欲找到一安定心靈的歸宿。王羲之在賞玩山水之餘，思及此一嚴肅的人生問題，對人生「終期於盡」的哀痛，是他所以感傷興懷的主要原因，由此我們可以看出東晉士人與西晉士

〔註58〕嚴可均輯：《全晉文》，冊上，卷26，〈王羲之・三月三日蘭亭詩序〉，頁258。

人的思想走向之不同，東晉時人對於生死問題的看重，與西晉的重實際、以政治爲導向，有著本質上的差異。

（三）王坦之——唯變所適的應變觀點

著有〈廢莊論〉的王坦之，以著述論說來評擊老莊思想的浮妄不實，其「尤非時俗放蕩，不敦儒學，頗尚刑名之學。」，站在儒家禮教的立場來反對老莊思想的虛妄與無益於世道人心。但事實上，王坦之對於道家的思想十分精通，他通善易、老，嫻熟老莊思想，在他的一篇文章〈將之廣陵鎮上孝武帝表〉中其提到：

臣聞人君之道，以孝敬爲本，臨御四海，以委任爲貴，恭順無爲，則盛德日新，親杖賢能，則政道邕睦。〔註59〕在這篇文章中，王坦之以爲人君的爲政之道，是以儒家的孝悌思想爲根本，這是作爲一個人最基本的德行，何況是作爲一國之主的國君。而國君在治理國家時，要能委任賢人，讓他們能發揮己之所長，而國君所需作的，就是委任賢人任職四方，不去干涉他們的政治理念，一切都以恭順無所作爲，任其自然爲主，只要國君自己保持孝敬恭儉的德行，以無爲之心順世，政治自然能上軌道，國家自然能長治久安。王坦之的這種思想，可以說是結合了儒、道的思想，而予以融合，他以儒家的德行觀念爲個人的根本，是內在的修行，對外以道家無爲之心應物，認爲以無爲謙虛之心應物，才是政道的根本，其由外在與內在統合了儒道，因此他在〈與殷康子書論公謙之議〉文中也提及：

> 夫天道以無私成名，二儀以至公立德。立德存乎至公，故無親而非
> 理，成名在乎無私，故在當而忘我。此天地所以成功，聖人所以濟
> 化。由斯論之，公道體于自然。故理泰而愈降，謙義生于不足，故
> 時弊而義著。〔註60〕

其在〈廢莊論〉中云：

> ……莊子之利天下也少，害天下也多，故曰魯酒薄而邯鄲圍，莊生
> 作而風俗頹。禮與浮雲俱征，僞與利蕩並肆，人以克己爲恥，士以
> 無措爲通，時無履德之譽，俗有蹈義之愆。驟語賞罰不可以造次，

〔註59〕 嚴可均輯：《全晉文》，冊上，卷29，〈王坦之・將之廣陵鎮上孝武帝表〉，頁282。

〔註60〕 嚴可均輯：《全晉文》，冊上，卷29，〈王坦之・與殷康子書論公謙之議〉，頁283。

> 屢稱無爲不可與適變。雖可用于天下，不足以用天下人。……若夫
> 利而不害，天之道也；爲而不爭，聖之德也。群方所資而莫知誰氏，
> 在儒而非儒，非道而有道，彌貫九流，玄同彼我，萬物用之而不既，
> 疊疊日新而不朽，昔吾孔老固已言之矣。〔註61〕

王坦之著〈廢莊論〉，抨擊莊子思想的無益於世道人心，利天下者少，而害天下者多。他之所以說害天下，是說老莊思想所造成的虛浮之風，造成天下風俗的頹壞，奸僞日生，士人無措於言行，以放達爲通，無視於禮教的存在。但王坦之的廢莊，並非是批判莊子思想，而是批判莊子思想所造成的弊病，他認爲老莊思想本身並無問題，有問題的是那些曲爲之解的士人本身，及那些不識老莊思想本源的人，其云「雖可用于天下，不足以用天下人」，正是說明老莊思想，可以用來作爲國君對應世事的無爲順性之道，但卻不能用在教育人民，作爲士人主要思想之上，因爲道家思想容易流於虛浮不實，若是不能理解老莊思想本質的人，很容易曲爲之解，而產生很大的流弊，所以他在國君的治世上主張老莊無爲之治以應世，在其他方面卻抨擊老莊思想所產生的弊病，正是這個緣由。

　　而王坦之兼綜儒道的思想，也可以從他「唯變所適」、「玄同彼我」的觀點中看出端倪，他之所以要批評莊子，不是因爲他對於莊子思想有所反對，而是他以爲光是老莊思想不足以應變世事，只能拘於一方，這在當時的時代，是有所不足的。

（四）謝安——鎮靜朝野的風流宰相

　　謝安是繼桓溫之後執權之宰相，他不僅是知名的政治家，並也是東晉著名的清談家，他和王導一樣，主張清靜無爲之政，在繆鉞先生的文章中提到：

> 昔人論東晉賢相，王導之後，當推謝安。謝安亦以清談名士居宰輔
> 之任，其政治成績，勝於王導，魏晉清談家所理想的政治家，謝安
> 庶幾近之。〔註62〕

謝安雖在當時有很大的事功，但他初時並不以出仕爲志，而是志在山林，他直至四十幾歲時才出仕爲官，在《中興書》中云：

> 安先居會稽，與支道林、王羲之、許詢共遊處。出則漁弋山水，入

〔註61〕嚴可均輯：《全晉文》，冊上，卷29，〈王坦之・廢莊論〉，頁284～285。
〔註62〕孔毅：《魏晉名士》中引繆鉞先生言，頁156。

則談說屬文，未嘗有處世意也。〔註63〕

由此可知謝安有著優遊山林的心願，他原本以隱居山林為樂，嚮往山林中的隱士生活，出外則遊山玩水，賞玩山景河湖，入則與當時名士共相賞談，引文作對，十分閒適安逸。他曾往臨安山中，坐石室，臨濬谷，悠然嘆曰：「此去伯夷何遠！」，表現出安於隱士生活的心境。但在他四十歲時，謝氏家族由於謝萬被廢黜，而有後繼無人之威脅，並且朝廷屢次徵辟，謝安於是出仕為官。〔註64〕他出仕後，於朝政上也大有作為，他繼王導之後，實行清簡之政，使得朝野安靜，並且在對外的戰事上，肥水之戰以寡敵眾的戰果使得東晉轉危為安，得以存續。因此謝安在外事功顯著，內又崇玄思，尚清談，一派名士從容優遊風範，可以說是當時儒玄雙修的代表人物。因此在孔毅的《魏晉名士》中亦云：

> 如同王導奉行網漏吞舟的寬鬆政治一樣，在當時政局中，清談家的「無為而治」，能起到穩定民心，安定朝野的作用。從這方面來講，謝安是將名教與自然、清談與政治較好結合的典範。〔註65〕

謝安身為玄學名士，也精於清談，在《世說新語‧賞譽篇》中記載：

> 謝太傅未冠始出，西詣王長史，清言良久。去後，苟子曰：「向客何如尊？」長史曰：「向客亹亹，為來逼人。」

「亹亹」是形容談論時之健談，「為來逼人」，是指其談鋒銳不可當，有逼人之狀，而王長史是指王濛，苟子是王濛之子王修，這二人均為東晉初年的清談名士，由此可見謝安之善於清談，談鋒之健，使當時清談名士以其「為來逼人」。

而其在文章〈與支遁書〉中云：

> 思君日積，計辰傾遲。知欲還剡自治，甚以悵然。人生如寄耳，頃風流得意之事，殆為都盡。終日戚戚，觸事惆悵，唯遲君來，以晤言消之，一日當千載耳。〔註66〕

〔註63〕余嘉錫：《世說新語箋疏》，〈雅量28〉注引《中興書》，頁369。

〔註64〕「初，安優游山水，以敷文析理自娛。桓溫在西蕃，欽其盛名，諷朝廷請為司馬。以世道未夷，志存匡濟，年四十，起家應務也。」余嘉錫：《世說新語箋疏》，〈賞譽101〉注引《續晉陽秋》，頁477。

〔註65〕孔毅：《魏晉名士》，頁161。

〔註66〕嚴可均輯：《全晉文》，冊中，卷83，〈謝安‧與支遁書〉，頁882。

在這篇與支遁的酬答文章中，謝安表現出對支遁的思念之情，且在文章中，他也提到對人生的不安惆悵感，認為人生如寄，如寄居一地的浮萍，飄浮不定，無法決定自己的去向。而以往所喜好的、執著的事物，一瞬間也都如浮雲一般地過去了，他思及此，而終日心生感傷、惆悵，他的這種感觸，與王羲之在〈蘭亭集序〉中對人生的感觸是相似的，可見在當時，士人對人生都有一種不安的感觸，以其無法掌握，而常懷危懼，這是東晉時期普遍影響士人心態的思想。而東晉時，士人們心態上轉趨閒適，以一種優遊的態度處世，謝安即是如此，謝安的名士風範，表現在他的日常行為舉止之中，在《世說新語》中記載著：

> 謝太傅盤桓東山時，與孫興公諸人泛海戲。風起浪涌，孫、王諸人色並遽，便唱使還。太傅神情方王，吟嘯不言。舟人以公貌閒意說，猶去不止。既風轉急，浪猛，諸人皆諠動不坐。公徐云：「如此，將無歸！」眾人即承響而回。於是審其量，足以鎮安朝野。〔註67〕

> 桓公伏甲設饌，廣延朝士，因此欲誅謝安、王坦之。王甚遽，問謝曰：「當作何計？」謝神意不變，謂文度曰：「晉祚存亡，在此一行。」相與俱前。王之恐狀，轉見於色。謝之寬容，愈表於貌。望階趨席，方作洛生詠，諷「浩浩洪流」。桓憚其曠遠，乃趣解兵。王、謝舊齊名，於此始判優劣。〔註68〕

謝安風流灑脫，其表現在外的閒適優遊行為與心境上之閒靜，為當時士人所仿效與賞識。在他與諸名士們海上泛舟時，忽有狂風大浪，名士們懼怕不已，欲回航避風，只有謝安十分鎮靜地嘯詠，神色不變，直至風浪過大，他才徐徐地說：「不如回去吧。」，當時朝野對他的鎮靜十分佩服，認為他有安定社稷之才。而他的這種風度，也可從桓溫的酒宴中看出，當時桓溫設計欲誅殺謝安、王坦之，而延請他們入宴，王坦之十分恐懼，只有謝安神色自若，宴席中仍自在地詠詩，桓溫驚訝其曠達與鎮靜，打消了殺他們的念頭。在淝水戰時，謝安也表現出鎮靜朝野的才能，在朝野一片驚恐之情中，他早已安排好對策，悠閒地與謝玄對奕，甚而在捷報傳來時，謝安神色不變，繼續下棋，他的鎮靜從容與閒適優遊，實是東晉士人風流之代表人物。

〔註67〕余嘉錫：《世說新語箋疏》，〈雅量28〉，頁369。
〔註68〕余嘉錫：《世說新語箋疏》，〈雅量29〉，頁369。

（五）孫盛——善言名理、著述經典

孫盛在渡江名士中亦是善言名理之人，在當時他與殷浩齊名，據《晉書·孫盛傳》中記載：

> 及長，博學，善言名理。于時殷浩擅名一時，與抗論者，惟盛而已。
> 盛嘗詣浩談論，對食，奮擲麈尾，毛悉落飯中，食冷而復暖者數四，
> 至暮忘餐，理竟不定。盛又著醫卜及《易象妙於見形論》，浩等竟無
> 以難之，由是遂知名。〔註69〕

可見孫盛在當時為清談玄理的大家，但其在清談玄理之外，對儒家的思想亦投注了很大的心力，在他的文章中，有很大部份是儒家名教思想的體現，而評論老莊思想的文章也佔了一部份，在〈和洽論選用不宜專尚儉節〉一文中，他提到：

> 昔先王御世，觀民設教，雖質文因時，損益代用，至于車服禮秩，貴
> 賤等差，其歸一揆。魏承漢亂，風俗侈泰，誠宜仰思古制，訓以約簡，
> 使奢不陵肆，儉足中禮，進無蜉蝣之制，退免采莫之譏，如此則治道
> 隆而頌聲作矣。夫矯枉過正則巧偽滋生，以克訓下則民志險隘，非聖
> 王所以陶化民物，閑邪存誠之道。和洽之旨，于是允矣。〔註70〕

孫盛的思想是偏向儒家禮教之治的，從他的文章中可以看出他在政治與治世方面，仍以儒家思想為依歸，他以為君王治理天下，應該習古制之崇尚約簡，以簡約之治來治世，如此則可以矯正奢靡的風氣，合於儉約之風。他在其他文章中亦云：「夫君使臣以禮，臣事君以忠，是以上下休嘉，道光化洽。」，〔註71〕「昔者先王之以孝治天下也，內節天性，外施四海，存盡其敬，亡極其哀。」，〔註72〕可見得他在政治方面以儒家的忠義之德、孝道來作為治理國家的根本。儒家思想在他來說，是維繫國家綱常的一個重要力量，而儒家的禮教思想，也是治國的重要方針，因此他對儒家名教思想是十分看重的。在這種情形下，他一反當時視老子為大賢的說法，以為老子並非如一般

〔註69〕楊家駱：《新校本晉書并附編六種》，冊3，卷82，〈列傳第五十二·孫盛傳〉，頁2147。

〔註70〕嚴可均輯：《全晉文》，冊中，卷63，〈孫盛·和洽論選用不宜專尚儉節〉，頁656。

〔註71〕嚴可均輯：《全晉文》，冊中，卷63，〈孫盛·曹公掾屬往往加杖何夔畜毒誓死無辱〉，頁655。

〔註72〕嚴可均輯：《全晉文》，冊中，卷63，〈孫盛·文帝居喪大饗〉，頁657。

士人認爲的具有這麼神聖的地位，他在〈老聃非大賢論〉一文中，以貴無與崇有的缺失，來說明儒道之間的關係，其云：

> 按老子之作，與聖教同者，是代大匠斲駟拇咬指之喻；其詭乎聖教者，是遠救世之宜，違明道若昧之義也。六經何常闕虛靜之訓，謙沖之誨哉？孔子曰：「述而不作，信而好古，竊比于我老彭。」尋斯旨也，則老彭之道，以籠罩乎聖教之內矣，且指說二事而已，非實言也。……昔裴逸民作《崇有》《貴無》二論，時談者或以爲不達虛勝之道者，或以爲矯時流遁者，余以爲「尚無」既失之矣，「崇有」亦未爲得也。道之爲物，唯恍與惚，因應無方，唯變所適。……是以洞鑒雖同，有無之教異陳，聖致雖一，而稱謂之名殊，自唐虞不希結繩，湯武不擬揖讓，夫豈異哉？時運故也。而伯陽以執古之道，以御今之有；逸民欲執今之有，以絕古之風，吾故以爲彼二子者，不達圓化之道，各矜其一方者耳。〔註73〕

在孫盛的文章中，其先肯定在儒家思想中，也存在著虛靜之理，與謙沖之道，以爲儒家並非如世人所認爲的只以名教立身，以禮制爲主，它的內涵中，也包含著中庸之道，訓導人謙虛、虛靜的道理。他在這裏，雖然表面上是以儒家哲學高於老子思想，將老子的地位貶低，但事實上，他卻不自覺地溝通了儒道二者，將老子的道，貫注於儒家的思想之中，〔註74〕他將老子學說的精義，籠罩於孔子體系之內，倡言二者並非不同的，而是理趣相通。眞正的道，是不分儒、道的，它存在於二者之中，這就是孫盛所說的道之「因應無方、唯變所適」，道並沒有一定的形式，它因應事物，隨著形勢而變化。孫盛以爲無論是「崇有論」或是「貴無論」都沒有達到眞正事物的本旨，尚無之說失之於虛誕，而崇有之說又不能達到其所要達到虛勝的要求，〔註75〕這兩者都沒有達到眞正的道，眞

〔註73〕嚴可均輯：《全晉文》，冊中，卷63，〈孫盛·老聃非大賢論〉，頁653～654。

〔註74〕「孫盛將虛靜、謙沖的訓誨「籠罩」在聖教之內，貌似對老莊的貶抑，其實已經在孔顏聖教的內涵裡注入了玄學的會通精神。」參考周大興：〈孫盛的玄學及其對老子的批判〉，《鵝湖學誌》，第十四期，頁47。

〔註75〕「在孫盛的心目中，「貴無」與「崇有」分別代表兩種截然相異的立場，前者猖狂其言，矯枉過正，可以老聃爲代表：「足知聖人禮樂非玄勝之具，不獲已而制作耳。而故毀之何哉」；後者則拘滯不化，猶如裴頠的矯時流遁，「不達虛勝之道」。孫盛認爲貴無說執古御今，崇有論執今絕古，都是各矜一方，不達圓化之道。這裡所謂的「圓化之道」，也就是他屢屢強調的「大聖乘時」、「運形斯同」（〈老聃非大賢論〉），「堯孔之學，隨時設教」、「理中自然」（〈老子疑

正的道，是如水或空氣一般，沒有一定的形體與形式，而能所適皆宜，因應萬物。因此孫盛以爲崇有與貴無都是各執一方之說，眞正的道，融合於儒家禮教思想與道家無爲的思想之中，其實他們的內涵是相同的，只是名稱上的殊異罷了。孫盛在這裏溝通了儒道間的差異，以儒道在本質上是相同的，所不同的只是它們呈顯於外的形式與稱謂，他在儒家思想之中融入了老子的虛靜之理及謙沖之旨，從而消解了儒道之間的差異，使其歸於融合。

（六）孫綽 —— 出處同歸、隱顯如一

孫綽是東晉時人，是東晉玄言詩的代表詩人，著有〈遂初賦〉，其在序文中云：

> 余少慕老莊之道，仰其風流久矣，卻感於陵賢妻之言，悵然悟之。
> 乃經始東山，建五畝之宅，帶長阜，倚茂林，孰與坐華幕擊鐘鼓者
> 同年而語其樂哉！〔註76〕

由序文中可知〈遂初賦〉是詠隱居之樂的，孫綽在序文中表示其甚慕老莊之道，以隱居山林爲高尚而棄鄙功名仕途，由此可推他是希企隱逸，視富貴爲浮雲者，在《晉書‧孫綽傳》中云其：

> 博學善屬文，少與高陽許詢俱有高尚之志。居于會稽，游放山水，
> 十有餘年，乃作〈遂初賦〉以致其意。

在《世說新語》中也記載其性向玄勝：

> 撫軍問孫興公：「……卿自謂何如？」曰：「下官才能所經，悉不如
> 諸賢；至於斟酌時宜，籠罩當世，亦多所不及。然以不才，時復託
> 懷玄勝，遠詠老、莊，蕭條高寄，不與時務經懷，自謂此心無所與
> 讓也。」〔註77〕

問反訊〉）的因應玄同之理。此一因應之理，乃是「洞鑒雖同，有無之教異陳」，「值澄停之時，則司契垂拱；遇萬動之化，則形體勃興」。孫盛雖然明文批判老子的執古御今，知道而未能體道，其實正是吸收了《老子》「道之爲物，唯恍與惚」的宗旨，將老子之道「籠罩」乎聖教之內，這和何晏王弼認爲老子是有的精神其實是相同的。不同的是，孫盛所瞭解的因應群方唯變所適的思想，只是行藏道一、跡冥無異的成說、因時損益之理，未能作進一步的理論發揮。」同註72，頁52～53。

〔註76〕嚴可均輯：《全晉文》，冊中，卷61，〈孫綽‧遂初賦（序）〉，頁635～636。
〔註77〕余嘉錫：《世說新語箋疏》，〈品藻36〉，頁521。

由這些史傳上的文辭記載，可以想見孫綽是老莊思想的服膺者，並且託懷玄遠，無心應事。但後來孫綽卻出朝爲官，官任庾亮參軍、王羲之右軍長史、永嘉太守等，頗有事功，並且積極參與政事，在桓溫欲遷都洛陽時，他上表力諫，認爲不可如此，其於〈諫移都洛陽疏〉一文中，力諫移都洛陽的不可行：

> ……陛下且端委紫極，增修德政，躬行漢文簡樸之至，去小惠，節游費，審官人，練甲兵，以養士滅寇爲先，十年行之，無使隳廢，則貧者殖其財，怯者充其勇，人知天德，赴死如歸，以此致政，猶運諸掌握。……〔註78〕

此一分析實是符合東晉當時的局勢，他以爲晉朝立都已久，人心已定，若一旦遷都，不但勞民傷財，且使已安定的政局又出現亂象，人民已經安定的生活將要面臨很大的變動，這對國家會出現不好的影響。他認爲讓國家善治最好的方式，是皇帝自身的修養德行、實行漢文帝時的黃老簡樸之治、節制國家的開銷、精簡人事，並鍛練甲兵、舉用賢人，那麼國家的政治上軌道，是指日可待的。他以爲國君的爲政，仍需以國君的修德養性、行簡樸之治爲主，若是不知修養自身與行簡約之治，冒然遷都不但勞民，也不切實際，對政局毫無幫助，反而弄巧成拙。但這一上疏卻使桓溫十分不悅，譏諷他說：「致意興公，何不尋君《遂初賦》，知人家國事邪！」，〔註79〕諷刺他原是意欲隱居，並爲文以明其志，現卻又出來干預國事，實是矛盾之舉。

謝安之弟謝萬曾作〈八賢論〉與孫綽，在文中論述漁父、屈原、季主、賈誼、楚老、龔勝、孫登、嵇康這四隱四顯，大意是以處者爲優，出者爲劣，而孫綽答以只要「體玄識遠」，則「出處同歸」。可見孫綽認爲只要是能心存玄思，那麼無論身在何處，都與處在山林無異，隱或顯都是沒有差別的，他以此來表明自己雖身處朝廷，爭取事功，卻心存無爲玄遠之思。其以道家虛玄思想應世，以隱居爲志，卻又出朝爲官，關心國事，兼融儒道的思想是十分明顯的。

孫綽身處東晉，此時除儒玄會通外，已有佛教思想的滲入，孫綽的思想，就帶有濃厚的三教合流色彩。在東晉時，士人對生死觀念的思考，與不安感受

〔註78〕嚴可均輯：《全晉文》，冊中，卷61，〈孫綽‧諫移都洛陽疏〉，頁637。
〔註79〕楊家駱：《新校本晉書并附編六種》，冊2，卷56，〈列傳第二十六‧孫楚傳附綽傳〉，頁1547。

的日增，使得虛玄之風與宗教日益興盛，張湛的貴虛思想，與佛教的興盛，都
是在這種背景下發展。而孫綽處於此時代中，也受到這種思想背景的影響，有
著儒、釋、道合流的思想，其在〈遊天台山賦〉一文中云：

> ……忽出有而入無。于是遊覽既周，體靜心閑。害馬已去，世事都
> 捐。……暢以無生之篇，悟遣有之不盡，覺涉無之有間。泯色空以
> 合迹，忽即有而得玄，釋二名之同出，消一無于三幡。恣語樂以終
> 日，等寂默于不言，渾萬象以冥觀，兀同體于自然。〔註80〕

在這篇文章中，孫綽融合了有、無，與佛教的色空思想，他以「出有入無」、
「忽即有而得玄」來等同儒道，說明二者是同出一體的，名稱雖異，但實質
卻是相同的，他又「泯色空以合跡」，將佛教的色空思想也融合於儒道，而在
文末將三者同體于自然，將三者等同。

在他的〈喻道論〉中，他也融合了儒、釋、道三教思想，他以為三者在
本質上是相同的，就如同事物的首尾與本末。他以儒、佛在本質上相同，佛
教思想是根本，而表現在外的，是以儒家名教禮治來呈顯，但他在解釋佛教
思想時，又常以道家的語言或思想來解釋，造成了混同三教的情形，為了使
佛教易於讓人接受，他說明了在天地間有著各種思想，儒、道思想只是其中
之一，人應該樂於接受其他的思想，開闊自己的眼界，他以天地之間虛空遼
遠，充滿各種物類，他們各有自己的見識與限制，都只能看到其知見所及的
範圍，如悠游在水中的魚蝦，他們無法了解陸地之上的事物，飛翔在天際的
鳥類，無法了解海洋、水流之事，井蛙自得於小小的一口井中，他無法理解
有廣大無際的溟海，翻飛於數尺之高的小燕雀，也無法了解大鵬鳥的沖天之
翼。是以我們一般人身處世俗的教化之內，所觀察學習到的，就是周公、孔
子的言行思想，所以一般人都會以為所謂最高的德行就是堯舜之德，只有老
莊的思想才能窮盡微言大義，不會去注意到在這些思想之外還有其他的思
想，其於〈喻道論〉中云：

> 夫佛也者，體道者也；道也者，導物者也；應感順通，無為而無不
> 為者也。無為，故虛寂自然；無不為，故神化萬物。萬物之求卑高
> 不同，故訓致之術或精或麤。悟上識則舉其宗本，不順者復殃。……
> 所謂為而不恃，長而不宰，德被而功不在我，日用而萬物不知，舉

茲以求，足以悟其歸矣。或難曰：周孔適時而教，佛欲頓去之，將
何以懲暴止姦，總理群生者哉？答曰，不然，周孔即佛，佛即周孔，
蓋外內名之耳。故在皇爲皇，在王爲王，佛者梵語，晉訓「覺」也。
「覺」之爲義，「悟物」之謂，猶孟軻以聖人爲先覺，其旨一也。應
世軌物，蓋亦隨時，周孔救極弊，佛教明其本耳，其爲首尾，其致
不殊，即如外聖有深淺之迹，堯舜世夷，故二后高讓，湯武時難，
故兩君揮戈，淵默之與赫斯。其跡則胡越，然其所以迹者，何嘗有
際哉？故逆尋者每見其二，順通者無往不一。〔註81〕

他認爲佛是所謂的體道者，可以應感萬物，無心於萬物，但萬物卻得以善治，
是因爲佛以虛寂自然的心態應物，無所作爲於萬物，但萬物卻得以自生自長，
不受到干涉，反而能全其性，孫綽在這裏以道家爲而不恃、長而不宰的思想
來解釋佛教，以這種無爲之心來說明佛教思想，可見他企圖以道釋佛的用心，
他完全以老莊道家思想的無爲之道來解釋佛教作用在萬物之中的道理。除此
之外，他說明了周孔即佛、佛即周孔，又再次將儒、佛等同，他認爲周公、
孔子的禮教之治是用以救世之弊，用來止奸除弊，而佛教是明事理之根本，
所以雖然在外在形式上有所不同，但是在本質與內涵上，二者是沒有分別的，
這有如一事的首尾，雖然看似二端，但實是一物，就如同外王之道，有各種
不同的作法，堯舜用禪讓的方式尋求賢者、商湯與武王的起義革去暴君，或
禪讓或革命，方法不同，但是都是爲了人民的福祉，雖然這些作法表面上看
起來是相反的，甚至是南轅北轍的，但是其內在宗旨卻是相同的。這就如同
胡、越在南北二地，相差甚大，卻同在域中。

　　在東晉之時，佛教開始有它的影響力，而從西晉時延續下來的玄風並不
因此而停止，因而在原本的玄學思想中，士人的思想加入了佛學的影響，造
成了佛玄會通的情形。當時的佛學，因爲初入中土，須藉助本土的文化來傳
播佛教思想，因此以玄解佛的情形所在多有，這也加速了玄佛的會通。孫綽
生於這個時代，其思想明顯地受到玄學與佛學的影響，而在其文章中，明顯
可見儒佛交通之跡，他以周公、孔子等同於佛，來宣揚佛理，並且呼籲士人
除了本土的思想之外，要放開眼界去迎接外界的學說與思想。他其實是要宣
揚佛教思想的，但是他用儒家的觀點來解釋佛學，甚至借用問答的方式，破

〔註81〕嚴可均輯：《全晉文》，冊中，卷61，〈孫綽‧喻道論〉，頁642～643。

除一般人對佛教的誤解，一般人以為佛教與儒學是對立的，因為儒家講孝道，佛教卻要人放棄人倫，捨去親情的束縛，〔註82〕孫綽以玄學來溝通兩者，反以為佛教是所謂內在的本體道理，而儒學是外在的表現形式，兩者外表看來南轅北轍，但實際上道理卻是統一的，若是能明白這層道理，就可以將儒佛溝通起來。這明顯地是受到當時名教與自然相即，溝通二層學術的影響，在西東晉之交，郭象將二者的關係定位為相互依附，成功地溝通了二者，東晉的孫綽也運用此等模式，將儒佛會通起來，而其橋樑，就是當時的玄學思想，因此他的思想，可以說是兼融了玄、儒、佛三者。由此我們可知，在當時，士人的思想傾向於思考玄虛、生命本質或宗教方面的哲學問題，在孫綽的思想中也將老莊思想加入了虛玄的色彩，〔註83〕這與張湛的貴虛思想互相呼應，反應出時代的思想模式與風氣。

（七）顧愷之 —— 傳神寫照的繪畫理論

顧愷之是東晉時的藝術巨匠，在當時他的成就已受到普遍的承認，具有很高的聲望，〔註84〕在《歷代名畫記・論顧陸張吳用筆》中，張彥遠提到：

> 顧愷之之迹，緊勁聯綿，循環超忽，調格逸易，風趨電疾；意存筆
> 先，畫盡意在，所以全神氣也，……顧陸之神，不可見其盼際，所
> 謂筆跡周密也。〔註85〕

〔註82〕〈喻道論〉中云：「或難曰，周孔之教，以孝為首，孝德之至，百行之本，本立道生，通于神明，故子之事親，生則致其養，沒則奉其祀，三千之責，莫大無後，體之父母，不敢夷毀，……而沙門之道，……，剔剝鬚髮，殘其天貌，生廢色養，終絕血食，骨肉之親，等之行路，背理傷情，莫此之甚。而云弘道敦仁，廣濟群生，斯何異斬刈根本而修枝幹，而言不殞碩茂。……答曰，此誠窮俗之所甚惑，倒見之為大謬，諸嗟而不能默已者也，夫父子一體，惟命同之，故母嚙其指，兒心懸駭者，同氣之感也，其同無間矣。……故孝之為貴，貴能立身行道，永光厥親，若葡匐懷袖，日御三牲，而不能令萬物尊己，舉世我賴，以之養親，其榮近矣。夫緣督以為經，守柔以為常，形名兩絕，親我交忘，養親之道也。既已明其宗，且復為客言其次者，夫忠孝名不並立，……梁之高行，毀容守節，宋之伯姬，順理忘生，並名冠烈婦，德範諸姬，秉二婦之倫，免愚悖之譏耳，率此以談，在乎所守之輕重可知也。」嚴可均輯：《全晉文》，冊中，卷61，〈孫綽・喻道論〉，頁643～644。

〔註83〕〈喻道論〉中云：「無為，故虛寂自然；無不為，故神化萬物。」嚴可均輯：《全晉文》，冊中，卷61，〈孫綽・喻道論〉，頁642。

〔註84〕「顧陸等畫，古今共寶，有國所珍。」張彥遠撰：《歷代名畫記》（臺北：商務，1966年），卷1，〈敘畫之興廢〉，頁24。

〔註85〕張彥遠撰：《歷代名畫記》，卷2，〈論顧陸張吳用筆〉，頁67～71。

在〈論畫六法〉中提到：

> 上古之畫，迹簡意澹而雅正，顧陸之流是也。〔註86〕

在〈論畫體工用搨寫〉中說：

> 唯顧生畫古賢，得其妙理，對之令人終日不倦。凝神遐想，妙悟自
> 然，物我兩忘，離形去智，身固可使如槁木；心固可使如死灰，不
> 亦臻於妙理哉，所謂畫之道也。〔註87〕

唐代評論家李嗣真評顧愷之：

> 顧生天才傑出，獨立亡偶。……思侔造化，得妙物於神會，足使陸
> 生失步，荀侯絕倒。

張懷瓘說：

> 顧公運思精微，襟靈莫測，雖寄迹翰墨，其神氣飄然在煙霄之上，
> 不可以圖畫間求象人之美，張得其肉，陸得其骨，顧得其神，神妙
> 亡方，以顧為最。〔註88〕

張彥遠說：

> 傳寫形勢，莫不妙絕。〔註89〕

謝安以其「以為有蒼生以來未之有也。」，〔註90〕由此可知，顧愷之在當時及
後代所受到的推重及時譽之高。顧愷之在繪畫之外，其提出的理論也十分具
有代表性，在這裏我們由其在《世說新語》中所提出的「傳神寫照」來看他
繪畫的特色：

> 顧長康畫人，或年不點目精。人問其故？顧曰：「四體妍蚩，本無關
> 於妙處；傳神寫照，正在阿堵中。」

所謂的「傳神寫照」，即是顧愷之提出的一個重要繪畫理論，其繪畫時注重人
物的神韻，由形體的描寫傳達出一個人物的精神特質，與其獨特的神韻。其

〔註86〕張彥遠撰：《歷代名畫記》，卷1，〈論畫六法〉，頁51～52。

〔註87〕張彥遠撰：《歷代名畫記》，卷2，〈論畫體工用搨寫〉，頁76。

〔註88〕以上引文參看張彥遠：《歷代名畫記》卷5，中引李、張諸語，其中陸生指陸
　　　　探微，為宋明帝時名畫家，荀侯指荀勗，張指張僧繇，為梁武帝時名畫家，
　　　　頁181～183。

〔註89〕張彥遠撰：《歷代名畫記》，卷5，〈晉〉，頁177。

〔註90〕「謝太傅云：『顧長康畫，有蒼生來所無。』」余嘉錫：《世說新語箋疏》，〈巧
　　　　藝7〉，頁719。

重視的，不單是外在形貌的摹擬，而是以神韻表達爲更高一層的境界。顧愷之作畫，是以人物真實感情的表達爲主，補捉人物的性格或人物與環境中契合之機會，用一些微小的細節來顯現人物的精神。如上文所引的點睛之說，眼神正是最能傳達出一個人神韻的地方，顧愷之深明此點，故以眼神爲傳達人的內心情感與精神的一扇窗，是以須慎重其事，直至真正捕捉到此人的神韻之後，再下筆作畫。

再則如顧愷之爲裴楷畫像時，爲其頰上加了三根毫毛，爲謝鯤畫像時，將其置於巖石之間，在《世說新語》中如此記載著：

> 顧長康畫裴叔則，頰上益三毛。人問其故？顧曰：「裴楷儁朗有識具，正此是其識具。」看畫者尋之，定覺益三毛如有神明，殊勝未安時。

> 顧長康畫謝幼輿在巖石裏。人問其所以？顧曰：「謝云：『一丘一壑，自謂過之。』此子宜置丘壑中。」〔註91〕

顧愷之繪畫時，著重環境與人相應之氣質，精確地表達出人物的氣質神韻。

在歷代名畫記中也提到顧愷之爲了捐錢，替寺廟畫了一幅維摩詰像，待要點睛之時，任群眾群聚參觀，但開戶之後，壁畫「光照一寺」，竟使得「施者填咽，俄而得錢百萬」，其將維摩居士的病容畫到「清羸示病之容，隱几忘言之狀」的程度。唐代詩人杜甫見了畫稿之後嘆說：「虎頭金粟影，神妙獨難忘」，其高妙之筆，使維摩詰的病中之容與超然神態躍然紙上。

顧愷之作畫時主張須先理解創作對象的性格、個性，並要由其生活中捕捉表現個性的關鍵細節，以求傳神。其提出了形與神的問題，而其所提出的神，並非一般所說的精神，而是一種具有審美意義的超脫神韻，亦是魏晉時期一種獨特的鑑賞人物的標準，與當時所注重的風姿神韻有密不可分的關係。

在傳神寫照之外，顧愷之又提出了「遷想妙得」的說法，「遷想」是藝術的想像，其要求畫家在作畫前有充分的創作構思，并有充分的藝術想像。只有在神思的遷想中獲得具藝術感染力的想像，創作品才能有神妙之處，才能傳神。而這種想像的過程，充滿了精神性的感悟，是一種創作者與創作對象之間精神與心靈的交流，創作者藉由此種交流，感悟創作對象的特出之處，進而能表現出其神韻特質。其在繪畫的技法之上，加進了情感、思想與想像

〔註91〕余嘉錫：《世說新語箋疏》，〈巧藝9〉，頁720；〈巧藝12〉，頁722。

的因素，使得繪畫脫離了以往只重視描模形體的巢臼，〔註 92〕認爲在形體的模寫之外，更重要的是要追求精神方面神韻的表達，形體的描寫只是爲了達到傳達神韻的一個途徑，顧愷之在〈論畫〉中主張：

> 凡生人亡有手揖眼視而前亡所對者。以形寫神而空其實對，荃生之用乖，傳神之趨失矣。空其實對則大失，對而不正則小失，不可不察也。一像之明昧，不若悟對之通神也。〔註93〕

他在這段話中指出創作者須由生活中的眞實面來看藝術形象，即所謂「實對」，實對就是西洋繪畫中的寫生，面對著一物體，先由其外形的實地描模作起，來做爲繪畫的初步學習，因爲顧愷之認爲繪畫的神韻要靠眞實的外形來傳達，若外形與實際形體相差太多，那麼神韻也無從表達，故須要由外形來悟神，就是所謂的「形不具而神不生」，也與魏晉玄學中的「得意忘言」、「得魚忘荃」等理論相似。所謂的「以形寫神」，是指通過對人物形象的典型描繪來傳達人的性格、精神特徵，神是通過形來表現的，形是神的基礎，故在描繪人物形態時須精細入微地觀察，才能達到傳神的目的。張彥遠在《歷代名畫記》中提到顧愷之的繪畫理論：

> 若長短、剛軟、深淺、廣狹與點晴之節，上下、大小、釀薄，有一毫小失，則神氣與之俱變矣。〔註94〕

繪畫與語言一樣是一個傳達意念的工具，在傳達時須要靠精確的語言與圖象來表達，在得到其神韻與意義之後，繪畫技巧與語言的形式也就不是那麼重要了，所以形是達到神的一個工具。

顧愷之「傳神寫照」的理論，代表東晉時期重視神韻的思想，在落實的形體與超越的神韻之間，顧愷之主張以形寫神，形體是到達神韻的一個工具，這種在繪畫理論上對於神韻的重視，無形中也表現出東晉時期一個思想上的大方向——對於超脫於現實層面的精神層面之重視。

小　結

儒玄雙修的思想影響著魏晉士人甚深，主要是儒家名教在維繫綱常上有

〔註92〕魏晉以前的繪畫作品，如漢代是要求眞實地描寫生活，要求寫實並且具體地描寫事物，繪畫的題材以社會現象、貴族與平民生活、宗教與神話故事爲主。

〔註93〕張彥遠：《歷代名畫記》，卷5，〈晉〉，頁188。

〔註94〕張彥遠：《歷代名畫記》，卷5，〈晉〉，頁188。

著它的必要性，而玄學思想在當時已深入人心，不可移易，故魏晉思想大致上沿著這個理路而行，從漢末的糾浮華，到王弼的「崇本舉末」，竹林的「越名教而任自然」，裴頠的崇有思想，至郭象統合自然與名教，都在修正這個理路。在這種儒玄雙修的背景之下，西晉末期以至東晉初期的士人，都兼重儒家事功與玄學清談，既要在政治上求功名，又要閒適自在的生活情趣，而在當時士人之中，也有安任與超脫的分別，樂廣、庾亮、桓溫、王導等人較為重視現世生活，雖也有閒適思想與優適之情，但是對於生命的歸趨與精神上的超脫較無反思。而戴逵、王羲之、孫盛、孫綽等人對於生命則有較多的思考與反省，並希望藉此達到精神上的超脫，在這方面，是較接近於張湛的。

第五章 超脫與肆情的糾結──張湛玄學

東晉張湛的《列子》注，總結了當時的玄學思潮與士人風尚，他的總結東晉思想，反映在他的學說中兼融崇有、貴無，與佛教思想。三教合流是東晉時的思想歸趨，佛教思想傳入之後與本土的玄學思想合流，佛教借助玄學學說來緣解其義理，使得佛教中國化，而名士們在談玄之時，也援引佛教的理論。不僅學術上如此，當時名士們也與僧人交往甚密，甚至僧人也參與清談，玄佛的交流頻繁且密切。

在這種三教合流的背景下，張湛將三方思想結合起來，形成一個獨特的思想體系。張湛的思想，在貴無與崇有的基礎上，加入外來的佛教思想，將道家的無，以虛玄的方式呈現，並且結合郭象的自生說，成為一個兼融的思想體系，這使張湛在東晉時處於一個總承的學術地位。他與郭象一樣，處於一個總承與開啟的重要地位，既總承東晉時的玄學思想，予以兼融整理，一方面又開啟東晉之後的南北朝，之後的思想，主要是承續著三教合流的理路來進行，故其思想有著承先啟後的地位。

張湛的思想，承續儒玄雙修的思想模式，而更著重於生死超脫問題的思辯。其由至虛的宇宙論導向力與命的辯析，從而有「達生肆情」這種肆放性情的人生觀提出，本篇論文著重的是張湛的超脫思想，欲從他的思想中，看出其所反映的東晉思想大概，及當時的士人心態。

第一節 至虛的宇宙觀

在形上思想方面，張湛他鎔鑄了玄學中的崇有與貴無兩派的思想，一方

面接受了貴無派以無為本體的思想，一方面又受到郭象物自生的觀念影響，以為物是忽爾而自生的，因此其宇宙觀是二元論的思想模式，其將世界分為二個層面，一是太虛之域；一是有形之域。所謂的太虛之域，是無，是靜，無始無終、不生不滅，是永恆與無窮；而有形之域，是有，是動，生生化化、循環往復，是短暫而有限的，有形之域的存在，須依賴無以運轉，但無卻不能生有，它只是作為一個萬物生化的根據，或是說是萬物生成變化的規律，而並非能生化萬物。〔註1〕張湛以無為萬物之本的觀點來自於王弼的貴無思想，但他又否定王弼有生於無的觀點，在自己的貴無思想中容納了向、郭的自生獨化論，認為有、無是不相生的，其在〈天瑞〉注中云：

> 謂之生者，則不無；無者，則不生。故有無之不相生，理既然矣，則有何由而生？忽爾而自生。忽爾而自生，而不知其所以生；不知所以生，生則本同於無。本同於無，而非無也。此明有形之自形，無形以相形者也。天地無所從生，而自然生。〔註2〕

> 形、聲、色、味皆忽爾而生，不能自生者也。夫不能自生，則無為之本。無為之本，則無當於一象，無係於一味；故能為形氣之主，動必由之者也。〔註3〕

> 有之為有，恃無以生，言生必由無，而無不生有。此運通之功必賴於無，故生動之稱，因事而立耳。〔註4〕

由其注文中可以明白看出他統合了郭象與王弼思想，建立了自己的一套理論，他認為有無不相生，無不能生有，而有是自生的，並且這種自生，是符合自然之理的，而在這種自生自化的現象背後，有一個運通之理存在，萬物的生化雖不由之，但是它卻是萬物運行生長所必須依賴的，這就是「無」，所有的動、有，都賴之以運行。他這種以無為本，以「至無」為形氣之主，萬變之宗的觀念是由王弼的貴無思想而來。張湛以無為萬物生成變化的規律及

〔註1〕 參見馬良懷：《張湛評傳——兼容三教，建立二元》（南寧：廣西教育出版，1997年7月）中論張湛的宇宙觀，頁80。

〔註2〕 楊伯峻撰：《列子集釋》，卷1，〈天瑞篇〉，「夫有形生於無形，則天地安從生？」句張湛注，頁5～6。

〔註3〕 楊伯峻撰：《列子集釋》，卷1，〈天瑞篇〉，「故有生者，……有味味者。」句張湛注，頁10。

〔註4〕 楊伯峻撰：《列子集釋》，卷1，〈天瑞篇〉，「無動不生無而生有」句張湛注，頁18。

根據，而他以各種事物的生成變化都有一定的形式和趨勢，這種趨勢張湛把它叫做「理」，在〈周穆王〉注中其云：

> 夫生必由理，形必由生。未有有生而無理，有形而無生。生之與形，形之與理，雖精麤不同，而迭爲賓主。往復流遷，未始暫停。是以變動不居，或聚或散。撫之有倫，則功潛而事著，修之失度，則跡顯而變彰。〔註5〕

他以萬物都遵循著「理」而生長變化著，這種「理」，也是萬物的依歸，他在〈天瑞〉注中云：

> 方員靜躁，理不得兼；然尋形即事，則名分不可相干；任理之通，方員未必相乖，……，凡滯於一方者，形分之所閡耳。道之所運，常冥通而無待。〔註6〕

他指出萬事萬物都有他們個別的「理」，有他們各自所須遵循的路，因此「理」在各個事物上有其不同的形式，不同的事物有其不同的「理」，但是在各個不同的「理」之外，還有一個「至理」，也就是道。這個道，能夠兼容一切，做爲萬物運行的總理則，規律所有事物的發展，因此它是冥通而無待的。張湛由此引出其宇宙觀，其將世界分爲「太虛之域」和「有形之域」，這種理路，是其有無論的延續，「有形之域」，是標識著「有」的世界，即世界萬物，是運行不斷的，而「太虛之域」，即是所謂的「無」的境界，是一種永恆與靜止，它支撐著有形世界的運轉，爲有形世界的存在提供一個依據。張湛以無爲世界的本體，在其宇宙觀中呈顯爲一太虛之域，而有形之域，則是郭象崇有思想的影響，有形之域的萬物自生自長，忽爾自生。在他觀念中，無是無法生出有的，但有與無之間又有其聯結性，無作爲有的宗主，張湛在〈天瑞〉注中云：

> 至無者，故能爲萬變之宗主也。

> 不生者，固生物之宗。不化者，固化物之主。〔註7〕

無是萬物生滅變化的宗主，故可以知張湛他以有形爲萬物生長的世界，無形

〔註5〕楊伯峻撰：《列子集釋》，卷3，〈周穆王篇〉，「冬起雷，夏造冰。飛者走，走者飛。」句張湛注，頁100。

〔註6〕楊伯峻撰：《列子集釋》，卷1，〈天瑞篇〉，「故天地之道……此皆隨所宜而不能出所位者也。」句張湛注，頁9。

〔註7〕楊伯峻撰：《列子集釋》，卷1，〈天瑞篇〉，「皆無爲之職也」句張湛注，頁10；「不生者能生，不化者能化」句張湛注，頁2。

則是道的境界，他以不生者、無形的道作爲有形世界的根據，有形世界之所以能夠生生化化，循環往復地生息，是因爲它依賴著一個絕對的、永恆的、無窮的道，也就是太虛之域，爲它提供存在的依據，此即「無形以相形」，雖然無形並不能生出有形，無形也並不進入有形的世界，但它們卻是依附而存在的，有形世界的存在，須賴無以立。而萬物恃之運行的道，張湛也稱其爲「太易」，其云：

> 所謂易者，窈冥惚恍，不可變也；一氣恃之而化，故寄名變耳。

> 是以聖人知生不常存，死不永滅，一氣之變，所適萬形。萬形萬化而不化者，存歸於不化，故謂之機。機者，羣有之始，動之所宗，故出無入有，散有反無，靡不由之也。〔註8〕

至虛、至無的太易，並不直接生化萬物，而有形之物的生生化化，主要是由氣的聚散來決定的，此即所謂的「一氣恃之而化」。這種氣聚爲生，氣散而化的思想，用在張湛有形之域的這個理論上，爲「有形者自形」，找到一個有力的理論根據，從而消解了貴無論中以無生有的理論模式，而使得有之自生自化的獨化論能夠前後一致。〔註9〕

在有形之域中，萬物循環變化，往復不已，因此有的形式表現爲一種周而復始、循環往復、無窮變化的過程，他也將傳統的循環理論歸納到他的觀念之下，其云：

> 既涉於有形之域，理數相推，自一之九。九數既終，乃復反而爲一。反而爲一，歸於形變之始。此蓋明變化往復無窮極。〔註10〕

> 今之所謂終者，或爲物始；所謂始者，或是物終。終始相循，竟不可分也。

> 乾坤含化，陰陽受氣，庶物流形，代謝相因，不止於一生，不盡於一形，故不窮也。〔註11〕

〔註8〕 楊伯峻撰：《列子集釋》，卷1，〈天瑞篇〉，「易變而爲一」句張湛注，頁7；「萬物皆出於機，皆入於機。」句張湛注，頁18。

〔註9〕 參見馬良懷：《張湛評傳——兼容三教，建立二元》中論氣之說，頁92～93。

〔註10〕 楊伯峻撰：《列子集釋》，卷1，〈天瑞篇〉，「一者，形變之始也」句張湛注，頁8。

〔註11〕 楊伯峻撰：《列子集釋》，卷5，〈湯問篇〉，「殷湯曰：……惡知其紀？」句張湛注，頁147；「含萬物也故不窮」句張湛注，頁149。

他以為萬物是變化往復，無窮無極的，就如同一至九的循環反覆，而九的終，也是一之始，一物之終，也可能是另一物的開始，這種終與始之間的循環，也是一種延續的過程，正因為有這種變化往復，終始相循的過程，所以有形之界才能沒有窮盡一直延續下去，而不僅止於一世一形。張湛有形之域的理論，在其思想中占有很重要的地位，一方面建立了二元論的宇宙觀，一方面也為其儒道互補的政治思想提供了一個很重要的理論根據，因為其以有形界之規律是運動、變化，是反覆的循環往替，而在張湛的政治思想中，他認為社會的發展，也是同樣的受到此規律的支配，一治一亂、一反一復，而在治世時與亂世時須用不同的統治方法來變通，因此在為政上不能固守一家，而是要根據社會或亂或治的情形來採用或儒或道的統治手段，儒家與道家交替使用，互為補充，如此可以確保政治局勢的穩定和社會的正常發展。

張湛的思想基礎，在他的《列子》注序文中很明白地表示，他說「群有以至虛為宗，萬品以終滅為驗」，表明了他的貴虛思想。所有的萬物，終究會歸原到虛，即是無的境界，萬有是暫時的、且不斷生滅變化的，所有的事物，最後都會返回到至虛的境界。張湛承繼了王弼的貴無思想，認為「無」是萬物背後的最終原理，張湛將「虛」作為群有生滅變化的最終依據，雖然群有本身是自生自化、自爾獨化而循環不已，但它們最終還是會歸返至「太虛」。這個「虛」的理念，支撐了張湛整個的玄學體系，無論在天道觀或人生觀上，「至虛」的概念可說是其理論的核心。

「至虛」的學說是張湛思想的本體論，由此可以擴展到他的政治論上，由「至虛」而導引至「無為順性」的政治思想，在政治上張湛主張以無為之心應對事物，則能無處不通。關於張湛的政治思想，在其〈仲尼〉注中提到：

> 以一國而觀天下，當今而觀來世，致弊豈異？唯圓通無閡者，能惟變所適，不滯一方。

> 都無所樂，都無所知，則能樂天下之樂，知天下之知，而我無心者也。居宗體備，故能無為而無不為也。

> 夫聖人既無所廢，亦無所用，廢用之稱，亦因事而生耳。故俯仰萬機，對接世務，皆形迹之事耳。冥絕而灰寂者，固泊然而不動矣。

〔註12〕

〔註12〕楊伯峻撰：《列子集釋》，卷 4，〈仲尼篇〉，「而魯之君臣日失其序，……其如

他試圖調和自然與名教的差異，儒家的聖人，在他的理解裏，是無所用心於世事。他認為只有圓通應物，心不掛礙於物，並且能夠變通而不拘於一處的人，才是體道之人，而所謂的體道之人，是無心應物的，因為能無心順物，故能無為而無不為，無所不適。因此張湛的聖人觀，基本上是融合了儒家的聖人觀念與道家的無為思想，他以為世事沒有所謂的有用與無用，有用與無用取決於個人的觀點，並非絕對的，而是相對的。因此有用與無用，並不能印證一件事的價值，因而若是事物沒有對錯、廢用等相對的概念，那麼人也就不用對事物或現象有所執著，用在政治理念之上，就是無心順物，無心於世務的政治思想。

正因為圓通無礙，所以能唯變所適，無入而不自得，張湛在他的宇宙觀中認為宇宙是變動不已、循環往復的，在政治上他也提出政治是一治一亂，交替循環不已的，處在變動不定的政治環境中，最佳的方式是以不變應萬變，所以以無為之心，所適皆宜，無論處在何種環境之中，無心順物，則能與物無傷，而得以保全自身。故而張湛是在道家無為的基礎上，提出這種無心順世，唯變所適的政治觀。

第二節　達生肆情的人生哲學

一、命定論〔註13〕——命非己制，智力無施

張湛以「至虛」作為其理論的根據，其在〈天瑞〉注中云：「今有無兩忘，萬異冥一，故謂之虛。」，他以為唯有達到「虛」的境界才是精神的逍遙解脫，萬事萬物都是有生有滅，循環不已的，只有「至虛」才是永恆不滅的絕對存在，所有事物在最終也都須返回「至虛」的境界。而在人生觀方面，張湛以為「生化之本歸之於無物」，所有萬物在最終都是歸於虛無，事物最終都返歸於虛，回返至生命的本然狀態，故張湛云：「夫生者，一氣之暫聚，一物之暫靈。暫聚者終散，暫靈者歸虛。」，就是說明這個道理。

張湛以為生是氣的暫時聚合，這種聚合終會離散，因此他要人在生死方

天下與來世矣？」；「無樂無知，是真樂真知」；「曰，孔丘能廢心而用形」句　張湛注，頁115～117。

〔註13〕在許杭生《魏晉玄學史》中認為張湛的人生觀有兩個方面，『命定論』與『肆情論』。

面戳破死亡的陰影，因為生與死不過是氣的聚合離散而已。而張湛在提出這種超脫的思想時，他一方面要人超越生死的束縛；一方面要人把握短暫的時光，盡情享樂。張湛也認為命運掌控一切，渺小的人力無法對命運作出任何改變，人能做的，只是隨順命運，依照自己的本性而行。因此張湛一方面立一個至虛的超越理論，一方面落實在人世間而要人盡情享受生命，其在〈力命〉注中提到：

> 命者，必然之期，素定之分也。雖此事未驗，而此理已然。若以壽夭存於御養，窮達係於智力，此惑於天理也。
>
> 萬物皆有命，則智力無施。
>
> 此皆冥中自相驅使，非人力所制也。
>
> 夫死生之分，脩短之期，咸定於無為，天理之所制矣。但愚昧者之所惑，玄達者之所悟也。〔註14〕

可知張湛的思想中，有很濃厚的命定論色彩，他以為命運是生而決定的，人後天的任何作為，包括修德與積善都無法改變既定的命運，而這種決定個人一切的命運，是由天理所決定的，張湛說「咸定於無為」，就是說這種命運是自然而然，天生即如此的，並非人為所能改變，並且這種命運，是自然界的一部分，與自然界一同運行，就如同萬物生長、發育一般地有著自己的規律。而萬物之間的聯繫也有一定的法則，順從著這個法則，則自然界的萬物可以運行不斷，人存在自然界中，也受到這個自然之理的規範，因此天理雖看似無所作為於萬物，但它卻有著一套運行的法則，人的命運，就是在這法則的規範之中。因此在張湛命定論的背後，有著一套宇宙與自然運行的法則支撐著他的思想，這套法則，以「虛」為最高的內涵，「至虛」主宰著宇宙萬物的生育發展，對於人的主宰，則以命定論的思想呈現。

二、肆情論 —— 得盡當生之樂

由於這種命定的想法，張湛以為人的生命既無法由自己掌握，且生命的長壽不可求，人可以作的，就是順從自己的性分，盡量作自己喜歡的事，掌

〔註14〕楊伯峻撰：《列子集釋》，卷6，〈力命篇〉，「力命第六」句張湛注，頁192；「朕豈能識之哉？」句張湛注，頁193；「召忽非能死，……不得不用。」句張湛注，頁198；「盧氏曰……亦有知之者矣。」句張湛注，頁205。

握有限的人生盡情揮灑。一方面也是當時時局的混亂與士人的朝不保夕，使這種縱欲的思想瀰漫，張湛在〈楊朱〉注中云：

> 夫生者，一氣之暫聚，一物之暫靈，暫聚者終散，暫靈者歸虛，而好逸惡勞，物之常性。故當生之所樂者，厚味、美服、好色、音聲而已耳。而復不能肆性情之所安，耳目之所娛，以仁義為關鍵，用禮教為衿帶，自枯槁於當年，求餘名於後世者，是不達乎生生之趣也。〔註15〕

他以為生與死只是氣的暫時聚合與離開，氣的聚合，終會有離散的時候，而氣離散之後，終歸於虛無，回歸至宇宙間，成為自然界的一部分，因此生、死只是氣的聚散，不用太過拘執於其中，應當隨順之，生而不喜，死而不憂。而張湛認為人的本性是好逸惡勞的，人生而喜好享樂，愛好美服、厚味，喜好美色與好聽的旋律，這是人的本性。現今以禮教束縛人性，使人不能盡情享受美色美食，不能放縱於耳目視聽的歡娛之中，這一切的束縛，只是為了要留一個清名於後世，卻使得在現世不能順從自己的情性而活，而須束縛自己的本性，讓自己處處受到限制，張湛認為這是不合乎人性，並且也不能了解生命的本意為何。他認為天生萬物，就是有著它的規律與命運，萬物只須順從著他的命運行走，而既然命運已定，人力無法改變，修德修行也無法使命運扭轉，那麼人能做的只是在自己有限的人生中發揮最高的密度，使人生不致虛度，所以他又說到：

> 任情極性，窮歡盡娛，雖近期促年，且得盡當生之樂也。惜名拘禮，內懷於矜懼憂苦以至死者，長年遐期，非所貴也。〔註16〕

> 若夫刻意從俗，違性順物，失當身之暫樂，懷長愁於一世；雖支體具存，實鄰於死者。〔註17〕

> 達於理者，知萬物之無常，財貨之暫聚。聚之，非我之功也，且盡奉養之宜；散之，非我之施也，且明物不常聚。若斯人者，豈名譽所勸，禮法所拘哉？設令久生，亦非所願。夫一生之經歷如此而已，

〔註15〕 楊伯峻撰：《列子集釋》，卷7，〈楊朱篇〉，「楊朱第七」句張湛注，頁216。
〔註16〕 楊伯峻撰：《列子集釋》，卷7，〈楊朱篇〉，「一日……非吾所謂養。」句張湛注，頁223。
〔註17〕 楊伯峻撰：《列子集釋》，卷7，〈楊朱篇〉，「矯情性以招名，吾以此為弗若死矣。」句張湛注，檢226。

或好或惡，或安或危，如循環之無窮。若以爲樂邪？則重來之物無
所復欣。若以爲苦邪？則切己之患不可再經。故生彌久而憂彌積也。
但當肆其情以待終耳。制不在我，則無所顧戀也。〔註18〕

他認爲人生短促，故且趨當生，奚遑爾後，對於短促的人生，人能作的，就
是盡情享受，盡當生之樂，放任自己的欲望與情性，隨順著欲念去走，窮盡
一切人生所能享受的歡愉與享樂，這才是人活在世上應該去追求的事，若只
是怕毀壞了自己的聲名，而處處拘於禮教的束縛，不敢放任情性，這麼地壓
抑自己，痛苦地過著矜持苦悶的生活，即使有著很長的壽命，也不令人羨慕。
張湛以爲拘禮之人，失卻了當下的享樂歡愉，得到一輩子的憂愁煩悶，若是
過著這種生活，雖是活著，也無異於死者。張湛的這種思想，主要是因爲受
到魏晉時期獨特的政治環境影響，當時不同於漢代的承平時期，混戰不斷，
爭伐頻仍，且政治上的迫害不斷，士人對於前途命運，有著不安與朝不保夕
的恐懼。這種在變動環境下所產生的焦慮心境，可以由張湛認爲達理之人，
乃能明白萬物無常之理的論點上看出，他以爲世事無常，世間事物轉瞬即變，
沒有一個固定安穩的局面，人的或安或危，財物的或聚或散，一生的經歷之
變化，都是無法預測的，所以若是拘泥於這些事物之上，得到就欣喜，失去
便悲傷，那麼活的愈久，所經歷失去的苦痛必然更多，痛苦必然更加深沈。
正是由於命運的主宰無所不至，無法由自己掌控，所以人所能作的就是放肆
其情，等待生命的終結。

　　張湛一方面看破生死，通達生命之理，一方面又要人在生時盡情享樂，
既超越又落實，在現實面上他要縱情肆樂，完全以人的感官佚樂爲重，他不
要求人要修德立行，遵守禮樂教化，或在德行上有所提升，而是完全以滿足
人的基本感官欲求爲主，在這方面看來他是完全的縱欲主義者，講求感官的
解放與滿足；但在另一方面，他又在生命的問題上主張超脫生死，將生與死
的界線解開，以「虛」的思想融涉了生與死。在超越與落實之間，看似是矛
盾的，但實際上卻是一體的兩面。

　　張湛的思想中，瀰漫著濃厚的虛無感，他的主張縱欲肆情，是因爲他體
認到生命的虛無與不可依恃，所有的一切不過是過眼雲煙，因而他要人在短

〔註18〕楊伯峻撰：《列子集釋》，卷7，〈楊朱篇〉，「及其病也，……以放於盡。」句
張湛注，頁228～230。

暫的現世盡可能滿足自己的各種欲望，這種縱欲的理論，是在破了之後才建立起來的，帶有一種看破生命眞相之後的無奈。而縱欲本身，因爲其建立在生命的無常感之上，所以是虛幻而不實的，這種虛無不安的感受，也許就如同竹林時期嵇康、阮籍的縱酒避世、荒誕無常，是一種藉著自身縱欲的麻痺來逃避眞實殘酷世界的行爲。

張湛的思想，反映了東晉時期的思潮，當時士人在思想方面，由於對時局的無力感與明瞭自身命運的不可掌握，欲尋求一種精神方面的超越。而人生最大的超脫，就是對生死的看破，所以張湛直接面對生死問題，想透過玄學與宗教的結合，尋求一個解脫之道。另一方面，在命運上無法由自我掌握的不安感，使得當時士人普遍抱持一種及時行樂的心態，因爲人的命運無法自主，壽夭無法由自身的修德立行與養生惜身改變，所以人的一切修爲都是無益的，正因爲無法自主，所以更要把握有限的時光；正因爲修德無法改變壽夭窮達，所以應隨順著人的本性，順著欲望而行，肆情而已。因爲這種種因素與背景，造成了一股在思想上豁達超脫，在行爲上卻放肆縱欲的風潮。

第三節　生死觀 —— 超脫生命的曠達思想

魏晉時期玄學理論的提出，很大的部分是由於玄學家欲爲政治找尋一理論基礎，再則爲因應當權者的需要而提出，在吳慕雅的〈張湛《列子注》貴虛思想研究〉一文中指出：

> 至於張湛「貴虛」理論的提出，實際上也是因應東晉門閥士族的需要，提供一精神天地使個體得以安頓。張湛「爲什麼『群有』要以『至虛』爲宗，就是要肯定在現實之外有一超現實的絕對存在，以便使『超生死，得解脫』成爲可能。」

明顯的，「超生死，求解脫」爲張湛注的著力點，如何解脫生死，無形中須向宗教靠攏，在湯一介的《郭象》一書中指出：

> 郭象注《莊子》的根本思想，就是他在「序」裡明確地提出的兩個基本命題：一是「上知造物無物，下知有物之自造」；二是「明內聖外王之道」。張湛注《列子》的根本思想也表現爲「序」裡的兩個基本命題：一是「群有以至虛爲宗」，二是「萬品以終滅爲驗」。……郭象哲學要解決的現實問題是如何調和「自然」和「名教」以鞏固

門閥世族的統治，這就是他所謂「內聖外王之道」的問題；張湛哲
學則是要解決個人生死、以求解脫的問題，即所謂「萬品以終滅爲
驗」，「神惠以凝寂常全」，這種企圖超生死的人生觀正是適應東晉當
權的門閥世族的需要。〔註19〕

魏晉時期思想理論的提出，很大部分是爲了當權者的需要，爲了替門閥士族
提出有力的理論根據，以支持門閥家族的存續與擁權。或是基於政治上的需
要，如一個思想太過興盛，以致引起了某些弊病，或導致社會風俗的敗壞，
而提出另一個補救的措施，例如從王弼、何晏的貴無論，到嵇、阮的越名教
而任自然，到裴頠的崇有論，至郭象調和自然與名教，都是一連串對政治的
提出論證或對前一個思想的修正，而這些思想，都與政治有密不可分的關係。
可以說，因爲政治或時代環境的緣故，而產生這些思想，因此這些思想是與
當時時代背景息息相關的，郭象思想的提出，是爲了調和儒道之間的差異，
將自然與名教等同，以處魏闕無異於山林之中的說法，來等同自然與名教，
並藉此以鞏固門閥士族的統治，而他的思想，是偏向政治層面的，是所謂的
內聖外王之道的問題。魏晉玄學的自然與名教之爭，到了郭象，達到了一個
調和的境界，但是到了東晉，有張湛貴虛思想的提出，這反映出東晉時期士
人在這方面的特殊需求。東晉時期，由於過江之後的國家動蕩，及士人初至
江南與當地土著的格格不入，導致士人普遍有種寄人籬下，惶惶不安的感受，
與在北方自己土地上自適自在的感受截然不同。而初至江東，又發生了許多
饑荒與內亂，使士人心裏普遍存在著不安的感受，在此時，士人多思及命運
的問題，在荒亂的時代中，人對於自己的命運無法掌握，因而命定論的思想
十分普及，一般均以爲人的渺小力量不足以改變命運，而這種無奈感，又使
得他們轉而思及宗教層面與生死超脫的問題。因而張湛思想，反映出當時的
時代思潮，其以貴虛爲思想的重心，提供一個高於現實的精神層面以讓當時
的士人在心靈上得以安頓，並論證一個超越現實的世界存在之可能，因此張
湛的思想，雖也是爲著東晉的門閥士族作服務，但他提供了更爲深層與超脫
的一面。因此張湛在政治方面的理論並非他的思想重心，他的思想，重在解
決當時士人所關懷的超脫問題上。由此我們可以知道，魏晉思想的重心，在
東晉時期，已由關懷政治轉而至關懷人生問題上，由外在的問題轉而至個人

〔註19〕湯一介：《郭象》（臺北：東大，1999年1月），第十二章，〈郭象與張湛〉，頁
195。

的問題，更為深刻地體現出魏晉時期注重個人，追求自我之文化特色。湯一介先生在《郭象與魏晉玄學》一書中云：

> 中國門閥世族到西晉元康之際可以說已經發展到頂點，從此以後，他們就走下坡路了。到東晉，門閥世族這個統治集團不再關心解決現實社會中的種種矛盾，而是更加著力地去虛構超現實的世界，企圖把現實社會中存在的種種矛盾統統推到那裏去解決。他們最關心的不再是社會現實問題，而是個人的生死解脫問題。〔註20〕

東晉士人於遊浪山水中去體會生命的消息盈虛，其生命感十分的濃烈，他們所追求與徘徊審顧的，是如何超越生死的侷限，以求永恆的解脫。他們思及生死的問題，關心人的精神如何超越、如何得到解脫，而把現實的一切放在一邊。因而此時期的思想家張湛，他所提出的理論，探討生命的學問，將一切歸結到一個虛玄之境上，用虛來解決一切現實上無法解決的問題。張湛在《列子》注的序文中也提到：「然所明往往與佛經相參，大歸同於老莊」，〔註21〕明白地指出，他的思想，事實上已與佛教思想有所參雜。因此我們可以看出，在東晉時期，思想的走向，已由現實方面轉向虛玄之面，並且有走向宗教的傾向，在當時，許多思想家都與僧人交往密切，甚至有些自己對佛經教義有很深的認識，而由於佛教與玄學的性質相近，兩者互相融合的情形也所在多有。

張湛的「虛」，不只代表著一個玄虛的境界，並且它也代表著一種生命之學，在吳慕雅著〈張湛《列子注》貴虛思想研究〉一書中指出：

> 道家哲學的「虛」，乃是將關注的重心放在對既有經驗之外，「虛」實際上也就是涵有一切世界的象徵，包含無限的可能，而「虛」代

〔註20〕 湯一介：《郭象與魏晉玄學》（臺北縣：谷風，1987年3月），〈四、東晉時期的玄學〉，頁71。

〔註21〕 宋濂在《諸子辯》中舉出列子的種種說法，將其一一與佛經作對比，其云：「（列子）又與浮屠言合。所謂「內外進矣，而後眼如耳，耳如鼻，鼻如口，無弗同也。心凝形釋，骨肉都融。……」非「大乘圓行說」乎？「鯢旋之潘為淵，止水之潘為淵，……」非「修習教觀」乎？「有生之氣，有形之狀，盡幻也。……」非「幻化生滅說」乎？「厥昭生乎濕，醯雞生乎酒，……萬物皆出于機，而入于機」，非「輪迴不息說」乎？「人胥知生之樂，未知生之苦；知死之惡，未知死之息」，非「寂滅為樂說」乎？「精神入其門，骨骸反其根，我尚何存？」非「圓覺四大說」乎？中國之與西竺，相去一二萬里，而其說若合符節，何也？」由於宋濂對於佛教經典較為熟悉，所以他並非單純地比附，而是能夠確實地看出二者的關係。

表著也正是生命之學。

在張湛的「虛」的意含中，可能它是代表一個境界，但它也代表著一種生命的狀態，生命在最初始時，是以一種渾沌的狀態呈現，每個生命在最初始時都是由無而有，由虛而實，都是渾沌不明的，而生命在由虛而有之後，又會復歸於虛無，如此循環反覆。因此，生命的本質，事實上是虛的，人並不能定義何時才是生命真正的存在，可能是活著之時，也可能死後才是生命的開始，而死後這種沒有形體依附的狀態，也是虛的，且人無法去測知它以何種形式存在，與現在有何不同。張湛以為生死是無法界定，且無法測知，所以他認為生死並非如一般人所認為的是生命的盡頭或開始，也許人的生死只是漫長旅途中的一個小歷程、小變化，因此他認為人要超越生死、才能得到解脫，不須懼怕死亡的陰影，也不須欣喜生命的到來，這些都只是生命中的一個經歷，並非生命的終結或開端。因此張湛的「虛」，事實上表示一種生命之學，他以這種關懷生命的思想，來作為其理論思想的重心，一方面解決東晉士人的迷惘困惑；一方面也表現出當時思想的重心所在。

在張湛的《列子》注文中，其思想是一貫的，我們從他的《列子》注序文及各篇的篇目注中就可以看出來，他的序文及各篇篇目注如下：

〈列子序〉

> ……其書大略明羣有以至虛為宗，萬品以終滅為驗；神惠以凝寂常全，想念以著物自喪；生覺與化夢等情，巨細不限一域；窮達無假智力，治身貴於肆任；順則所之皆適，水火可蹈，忘壞則無幽不照，此其旨也。然所明往往與佛經相參，大歸同於老莊。屬辭引類特與莊子相似。……

〈天瑞　第一〉

> 夫巨細舛錯，修短殊性，雖天地之大，羣品之眾，涉於有生之分，關於動用之域者，存亡變化，自然之符。夫唯寂然至虛凝一而不變者，非陰陽之所終始，四時之所遷革。

〈黃帝第二〉

> 稟生之質謂之性，得性之極謂之和；故應理處順，則所適常通；任情背道，則遇物斯滯。

〈周穆王第三〉

夫稟生受有謂之形，俛仰變異謂之化。神之所交謂之夢，形之所接謂之覺。原其極也，同歸虛偽。何者？生質根滯，百年乃終；化情枝淺，視瞬而滅。神道恍惚，若存若亡，形理顯著，若誠若實。故洞監知生滅之理均，覺夢之塗一；雖萬變交陳，未關神慮。愚惑者以顯昧為成驗遲速而致疑，故竊然而自私，以形骸為真宅。孰識生化之本歸之於無物哉？

〈仲尼第四〉

智者不知而自知者也。忘智故無所知，用智則無所能。知體神而獨運，忘情而任理，則寂然玄照者也。

〈湯問第五〉

夫智之所限知，莫若其所不知；而世齊所見以限物，是以大聖發問，窮理者對也。

〈力命第六〉

命者，必然之期，素定之分也。雖此事未驗，而此理已然。若以壽夭存於御養，窮達係於智力，此惑於天理也。

〈楊朱第七〉

夫生者，一氣之暫聚，一物之暫靈，暫聚者終散，暫靈者歸虛。而好逸惡勞，物之常性。故當生之所樂者，厚味、美服、好色、音聲而已耳。而復不能肆性情之所安，耳目之所娛，以仁義為關鍵，用禮教為衿帶，自枯槁於當年，求餘名於後世者，是不達乎生生之趣也。

〈說符第八〉

夫事故無方，倚伏相推，言而驗之者，攝乎變通之會。〔註22〕

張湛在第一篇〈天瑞〉的篇目注中提及「存亡變化，自然之符」，說明了萬物的存亡往復，生死變化，都是自然的一部份，萬物有生有化，但只有至虛的

〔註22〕楊伯峻撰：《列子集釋》，頁279；頁1；頁39；頁90；頁114；頁147；頁192；頁216；頁239。

無，是凝一而不變者。他說明了天地之中有各種大大小小不同的生物，生命形態與屬性各不相同，但即使是天地如此地大，萬物品目如此眾多，但是這些有生命之動物與他們所存在的環境，他們的存在與消逝、變化，都是一種自然。自然也就是一種道，這個道掌握了萬物的生滅變化，使他們以他們各自的形態生活著，而萬物隨時在變易，唯一不變的，是這個道，道是寂然至虛的，且它的本質是不變的，它這種特性，始終不變，並不會受到時間或空間的影響，四季運轉與陰陽終始都無法使它有所改變。所以張湛此章主要是要表明萬物的生滅，都是一種自然。

張湛在第一篇提出萬物都是順著自然之道而行之後，在第二篇又提出了人須「應理處順，則所適常通，任情背道，則遇物斯滯」的說法，他以為生物的自然之質叫作「性」，若能順著自然本性而行，則是「和」，所以若是能順著天生的理去行走，則能所適皆宜，若是背著自然之道而行，那麼就沒有辦法通達而會有所滯礙。此章說明了人須順生死，順著自然的性命之道去生活。

第三篇說明了萬物最終同歸於虛無的道理，張湛說萬物生而有謂之「形」，其間的變化謂之「化」，精神之間的流通謂之「夢」，形體之間的接觸謂之「覺」，這些都是生物所共有的屬性，但這些在最終，都是歸於虛無無物，因為所有的生物，都有其壽命年限，不管生命的長短，都有它終止的時候，所有的感覺感情，都會消失。所以能洞悉道理的人，就能明白生與死的道理是一樣的，這就與夢境與真實的界限很難去劃分一樣，而萬物的生滅變化，總是會歸於無物，這是不變的道理。

第四篇及第五篇用老莊「忘」及「無」的觀念，來說明真正的智者，是忘智而非用智，只有捨去知識及智慧，才能無為而無不為，他以為人須忘情任理，順任自然之理而不去使用人的智慧，忘去一切人為的智能，回歸自然的本性。其云「智之所限知，莫若所不知」，真正的智慧為無智，因為無智，所以能寂然玄照，無所根滯。

第六篇〈力命篇〉提到知命的問題，張湛以為命是「必然之期，素定之分」，他的命定論在此呈現，他說明了命不但是自然而然的，而且是已定的。人的命運，是帶有必然性的，即已定與不可改易，並且是生而如此，是自然的一部份。人的作為，並不能改變命運與天理的運行，一切都是已然決定的。

第七篇〈楊朱篇〉中，其由命定論轉而論述人的生命之虛渺不定與稍縱

即逝，因此人應肆情任性而行。其以爲生命只是氣的暫時聚合，而這種聚合終有散去的時候，終會歸於虛無，人的生命如此短暫，所以應當在有生之時，順任自己的情性去生活。而張湛認爲生物的本性，是好逸惡勞的，並且人皆愛甘美多味的食物、華美的衣服、美色與好聽的樂音，這是人之常情，若是不能在生時享受這些東西，讓自己的情性得到滿足，耳目得到娛樂，卻只是將自己束縛在仁義禮教的限制之中，在生時讓情性枯槁，只爲了求得身後的美名，這種行爲是很愚蠢的。

第八篇〈說符〉中，張湛提到變通之理，他以爲「事故無方」，天下之事瞬息萬變，沒有一定的常理，並且起起伏伏，倚伏相推，而對應的方式，就是順著事勢的變動來行走，所以若是能依伏變通，那麼即使是萬物變動不已，也不能使之錯亂。

從張湛的八篇篇目注與其《列子》注的序文中看來，其注《列子》，有其獨特的一套思想體系在運作著，其主要是圍繞著生死的問題來注解《列子》，因爲生死問題並非一般的實際問題，不能由現實層面去考量，也不像郭象等人的思想能由「有」的方面去解決，所以張湛只能從「虛」的方面去立論。由此，張湛承繼了道家無的思想，而建構出一個「至虛」的境界，他在序文中就提到此書的本旨是「群有以至虛爲宗，萬品以終滅爲驗，……窮達無假智力，治身貴於肆任」，因此從第一篇到第八篇，其有目地且順序地闡述他的思想，他先從萬物順從自然之道而行開始，從而說明這種道是人力無法違抗的，是天生而然的，要人安於自己的命運與性份，再則提到生命的飄忽無常，只是氣的暫時聚合，要人看破生死，並且順應著人的自然性分，即好逸惡勞的本性去生活，且最好的應世之道，就是要順應情勢，與時俯仰，要有變通之法。因此張湛的注文雖多，但實際上只圍繞著一個核心問題在打轉，那就是群有歸於至虛，生命的最終歸趨是虛無之境，其宇宙論、人生觀、政治思想，都是由這個主題而來，而他最終要解決的，是生命的問題。

第四節　生命的反思到情性的肆縱

張湛的貴虛思想，既要對生命有所反思，面對生死的問題，但另一方面，他又要肆情，主張情欲的縱放。這兩種說法，看似矛盾，又要精神上的超越，又要肉體上的逸樂，但事實上，張湛是要在達生之後才講肆情，所謂的達生，

就是明瞭生命的本質是虛幻無常的，萬物都處在一種虛的境界中，而生命的本質是虛、是循環的，生與死只是一種狀態，可能生是另一種形態的死，而死卻是另一種形態的生，在了解了生命的這種本質與無常之後，才能以達觀的態度去面對它，而不對其太過執著，這就是達生。而張湛的肆情，是要在達生的前提下發展的，他的肆情，不是無緣無故就提倡縱慾，而是要在思考過生命的本質，通達生命的道理之後，才講肆情，因為知道人生的無常，所以須盡當生之樂，順應著情性的本然而行，他認為這才是合乎自然的。所以他的達生肆情，是一先上達精神境界之後的落下，他還是要求人先在精神境界上有所反思。

再則他的肆情，指的是感官上的享受，他大體上不出郭象適性安命的理路，也主張順應性情的走向去生活，安於本然的性命。他的肆情，並非一昧的放縱情欲，極端地縱欲主義，而是在自己本然的性分之內去肆情享樂。其在〈黃帝〉注中云：

> 稟生之質謂之性，得性之極謂之和；故應理處順，則所適常通，任情背道，則遇物斯滯。

他說應理處順，則所適常通，任情背道，則遇物斯滯，是說明人要順從著自己本然的性分去生活。這個理，就是自然之理，是萬物生而如此的本然理路，若是順著本然的情性去生活，就可以無往而不適，無入而不自得，而若是過於縱放自己，背離了自然之理，就會有所滯礙。這裏說的任情背道是指過分地縱情，以致於超過了自己的本性，這個道，也是指自然之道而言，人的情性有一定的賦予與限制，人只要順從之，並明白自己情性的侷限，不去踰越它，就可以通達生命的道理並且所適皆宜，但若是過分肆情而有所踰越，便會對生命有所損傷。

達生是屬於精神方面的領悟，而肆情則是落在行為層面，士人在通達生命虛幻的道理之後，對於生死也就不那麼地執著，而能泰然處之。人生最大的關卡與憂慮就在死亡，若是連死亡都能看開，在這種泰然處之的心態下，也利於士人閒適心境的發展，對世事以一種超然的、超越的態度對待，故在生活中，能以悠閒的態度處之。

而這種悠閒的心境，與肆情的態度，事實上是不衝突的，肆情可以是對酒色的放縱，也可以是對遊山玩水的愛好，這端看個人情性之所趨，而張湛的融合崇有與貴無思想，調和兩者，也無形中替超越的、精神上的閒適心境

與情性上的縱放肆情找到了一個會通與共處的境地。

第五節　張湛思想所反映的東晉士人心態

　　張湛思想，作爲東晉玄學的一個重要環節，其必定也反映出東晉時期士人的心態與當時的思想環境，在羅宗強著《玄學與魏晉士人心態》中提到東晉士人的心態表現在：

> 「追求寧靜的精神天地」。……東晉中期以後，士人的最高精神境界，是瀟灑高逸。……他們所追求的，不是物質的滿足，而是精神的高雅。〔註23〕
>
> 「追求優雅從容的風度」。……江左名士的優雅從容，似爲一種氣質，一種風度，有著江左士文化發展起來之後的内涵。〔註24〕
>
> 「山水怡情與山水審美意識的發展」。……此時之士，遊覽山水成爲一種名士風流的標誌，與清談、服藥、書畫同屬一種表現出脱俗的、獨有的文化素養的方式。〔註25〕
>
> 「仙的境界和佛的境界」。……仙的境界和佛的境界，在東晉士人那裏，是人間寧靜境界的另一種形式。〔註26〕

東晉士人，在渡江之後，思想重心由關心現實中的一切轉向自我精神層面的提升，他們在生活上追求一種閒適優遊的生活態度，在精神上有著一種優雅從容的境界。可以說，眞正能表現出名士風流〔註27〕之姿的，是在東晉時期。之前的曹魏、西晉時期雖有如嵇、阮之風流名士，可是他們的風流，只表現於外在的行爲放曠之上，以縱酒放肆爲風流之姿，可是事實上他們的内心並不輕鬆，在内心深處有著沈痛的悲情。〔註28〕而西晉時的八達，被譏爲「無

〔註23〕羅宗強：《玄學與魏晉士人心態》，頁317～318。

〔註24〕羅宗強：《玄學與魏晉士人心態》，頁324～325。

〔註25〕羅宗強：《玄學與魏晉士人心態》，頁329～334。

〔註26〕羅宗強：《玄學與魏晉士人心態》，頁347～356。

〔註27〕馮友蘭於〈論風流〉一文中云：「風流是一種所謂人格美，凡美都涵有主觀的成分。這就是說，美涵有人的賞識，正如顏色涵有人的感覺。……」，收錄於氏著《三松堂全集》，（鄭州：河南人民出版，2000年12月），第五卷，頁309。

〔註28〕阮籍的悲苦，可以從他的八十二首詠懷詩中感受得到，他在詩中的表現方式爲「曲折隱蔽」，故《文心雕龍》稱之爲「阮旨遙深」，在《晉書・阮籍傳》中云其：「或閉戶視書，累月不出。」、「時率意獨駕，不由徑路，車跡所窮，

德折巾」，只學到了嵇、阮的皮毛，而無實質內在。無論是膚淺地求外在行爲的放縱，或是內心另有苦處，無處發洩，〔註29〕他們都無法如東晉時期的士人一般，有著眞正閒適自在的心境，優雅自如地生活。

　　換言之，他們只是學習外在，而不了解內在，如此會流於做作，所以在當時被稱爲「作達」。眞正風流的名士是不做作的，是由內心自然而然地流露眞性情，這種眞名士的行止，如王羲之的坦腹東床，其聞貴府擇婿，所有的兄弟都刻意打扮，言行謹愼，只有他神色自若地在東床上坦腹。而庾翼在群眾、妻及岳母面前，表演馬術墜馬，但他卻意色自若，絲毫不以爲意。

　　馮友蘭將眞風流的條件歸結爲四點：一、有玄心。二、有洞見。三、有妙賞。四、有深情。〔註30〕眞正風流的人，其放達是以玄心作爲基礎，其行爲雖不合乎常理，但因爲有玄心與修養，故其行爲是眞率而非做作的。所謂的有洞見，即是專憑直覺而得來的對於眞理的知識，馮友蘭指出：

> 所謂洞見，就是不借推理，專憑直覺，而得來底對于眞理底知識。
> 洞見亦簡稱爲「見」，「見」不是憑借推理得來底，所以表示「見」
> 的言語，亦不須長篇大論，只須幾句話或幾個字表示之。此幾句話
> 或幾個字即所謂名言雋語。名言雋語，是風流底人的言語。〔註31〕

當時人所注重的言語，並不須要長篇大論，只須幾句話，就可以表達己意的言語形式最讓當時人推崇，此即所謂的「言約旨達」、「詞約旨遠」，即是「不著一字，盡得風流」。

　　而第三點，眞風流的人須有妙賞，所謂妙賞就是對於美的深切感受。魏晉是個賞美、注重美，與嗜美的時代，無論在外表與個性上都注重個人的獨特風格。士人賞美的觀點，並非純以外表作爲賞鑑的重點，而是注重人的內在氣質與散發出來的獨特個性，如在《世說新語》中記載：

> 公孫度目邴原：「所謂雲中白鶴，非燕雀之網所能羅也。」
> 王戎云：「太尉神姿高徹，如瑤林瓊樹，自然是風塵外物。」

輒慟哭而返。」，其在〈詠懷詩〉中也提到：「楊朱泣歧路，墨子悲染絲。」，
顯示內心深沈的苦痛。
〔註29〕陳洪在《醒醉人生 —— 魏晉士風散論》一書中，以爲周顗、胡母輔之等人的
　　　　頹放，是偏安局勢之下一種無可奈何的情感發洩，頁181。
〔註30〕馮友蘭：〈論風流〉，收於《三松堂全集》，第五卷，頁311～314。
〔註31〕馮友蘭：〈論風流〉，收於《三松堂全集》，第五卷，頁312。

時人目王右軍：「飄如遊雲，矯若驚龍。」〔註32〕

魏晉士人對於人內在氣質的賞鑑，習於比附某物，尤其是在東晉時，喜用一些仙界之物，如龍、鳳、雲、鶴，比況出人的神姿、風骨高妙。士人不論在外在衣著或是內在氣質方面，都希冀能達到神仙般的境界，愈能去俗味的，愈是高妙，在《世說新語》中記載：

王長史爲中書郎，往敬和許。爾時積雪，長史從門外下車，步入尚書，著公服。敬和遙望，歎曰：「此不復似世中人！」

王右軍見杜弘治，歎曰：「面如凝脂，眼如點漆，此神仙中人。」

時人有稱王長史形者，蔡公曰：「恨諸人不見杜弘治耳！」〔註33〕

由當時士人對神態、舉止均似仙人之名士的欣賞，可知東晉時人所嚮往的境界是如仙人一般優遊山林，從容悠閒，如隱士般清高自得，不食人間煙火，偶爾閒時與相得之人談玄說理的生活，也就是嚮往「清」與「玄」的境界。

而第四點，是真風流的人須有深情，魏晉士人以重情著稱，當時士人如衛玠對渡江有很深的感慨，至於形神慘悴。而桓溫見所栽樹木，感嘆樹猶如此，人何以堪，士人往往對所見事物引發感觸，而生深情。他們的感受，是由於他們對生命有很深刻的體驗，且對生命有深情，因此表現在外在的行為上，就是對生命的強烈依戀與感嘆人生無常的情感。因此真風流的人，不是無情地只顧享受逸樂，而是對生命有一份深情。能夠體會人的真情，並且真實地發抒在外的，才是真風流的人。我們可以由《世說新語》中的〈傷逝〉篇中看出士人的深刻感情：

王仲宣好驢鳴。既葬，文帝臨其喪，顧語同遊曰：「王好驢鳴，可各作一聲以送之。」赴客皆一作驢鳴。

孫子荊以有才，少所推服，唯雅敬王武子。武子喪時，名士無不至者。子荊後來，臨屍慟哭，賓客莫不垂涕。哭畢，向靈床曰：「卿常好我作驢鳴，今我爲卿作。」體似真聲，賓客皆笑。孫舉頭曰：「使君輩存，令此人死！」

庾文康亡，何揚州臨葬云：「埋玉樹箸土中，使人情何能已已！」

〔註32〕余嘉錫：《世說新語箋疏》，〈賞譽4〉，頁418；〈賞譽16〉，頁428；〈容止30〉，頁623。

〔註33〕余嘉錫：《世說新語箋疏》，〈容止33〉，頁624；〈容止26〉，頁620。

> 王子猷、子敬俱病篤，而子敬先亡。子猷問左右：「何以都不聞消息？
> 此已喪矣！」語時了不悲。便索輿來奔喪，都不哭。子敬素好琴，
> 便徑入坐靈床上，取子敬琴彈，弦既不調，擲地云：「子敬！子敬！
> 人琴俱亡。」因慟絕良久，月餘亦卒。〔註34〕

在〈言語〉篇中記載：

> 支公好鶴，住剡東岬山，有人遺其雙鶴，少時翅長欲飛。支意惜之，
> 乃鎩其翮。鶴軒翥不復能飛，乃反顧翅，垂頭視之，如有懊喪意。
> 林曰：「既有凌霄之姿，何肯爲人作耳目近玩？」養令翮成置，使飛
> 去。〔註35〕

由此我們可以看到深情之人，不論是對人或對事物，均有著一份特殊的情感，其可以由一件事物引發自身的感觸，在這種感觸中，主觀感受與客觀事物融成一體，達致一高妙的境界。

因此東晉名士有著與前代士人不同的生活態度與名士風度，他們的優雅自在與風流自適，體現於日常的生活與言行舉止上，自然地表現出他們的眞性情，並且率性而爲，如在《世說新語》中記載：

> 王子猷居山陰，夜大雪，眠覺，開室，命酌酒，四望皎然，因起仿
> 偟，詠左思〈招隱詩〉。忽憶戴安道，時戴在剡，即便夜乘小船就之。
> 經宿方至，造門不前而返。人問其故，王曰：「吾本乘興而行，興盡
> 而返，何必見戴？」〔註36〕

> 王子猷嘗暫寄人空宅住，便令種竹。或問：「暫住何煩爾？」王嘯詠
> 良久，直指竹曰：「何可一日無此君？」〔註37〕

子猷的任性而行，冬夜訪友，乘興而來，興盡而返，屋前種竹，都是十分率性。但他的任情，不似西晉士人一般地縱欲，而是帶有一種高雅的風尚與閒適不拘的心境。另如風流宰相謝安的坦然自適，處於多變不安的政治環境中，卻仍然閒適以對，表現出一種高度的涵養。所以東晉士人所崇尚的名士，是帶有這種優雅閒適生活態度的士人，從容優雅的精神境界成爲東晉士人崇尚

〔註34〕余嘉錫：《世說新語箋疏》，〈傷逝1〉，頁636；〈傷逝3〉，頁637～638；〈傷逝9〉，頁641；〈傷逝16〉，頁645。

〔註35〕余嘉錫：《世說新語箋疏》，〈言語76〉，頁136。

〔註36〕余嘉錫：《世說新語箋疏》，〈任誕47〉，頁760。

〔註37〕余嘉錫：《世說新語箋疏》，〈任誕46〉，頁760。

的名士風尚。他們此時的賞玩山水，也與西晉士人的遊宴不同，而更能注意到自然的山水之美，將山水的賞玩，提升到一種回歸自然的、精神上的境界，並且在觀賞山水園林之美時，將外在景物與內在心境的體悟合一，如在《世說新語》中記載：

> 簡文入華林園，顧謂左右曰：「會心處，不必在遠。翳然林水，便自有濠濮間想也，覺鳥獸禽魚，自來親人。」〔註38〕

> 袁彥伯爲謝安南司馬，都下諸人送至瀨鄉。將別，既自悽惘，嘆曰：「江山遼落，居然有萬里之勢。」〔註39〕

東晉士人，將自然山水與自身感受合而爲一，在山水中體悟人生，寄託心靈。而因爲這種對精神上的提升與重視，使他們易於走向宗教的領域，於其中找尋心靈的寄託之處。東晉士人，與名僧的交往頻繁，名士們不但信奉宗教，也與僧人密切往來，談論義理，湯用彤先生云：

> 西晉末葉以後，佛學在中國風行。東晉的思想家，多屬僧人，主要原因，多半是由前期名士與名僧的發生交涉，常有往來。他們這種關係的成立，則雙方在生活行事上，彼此本有相投的地方，如隱居嘉遁，服用不同，不拘禮法的行經，乃至談吐的風流，在在都有可相同的互感。再則佛教跟玄學在理論上，實在也有不少可以牽強附會的地方。何況當時我國人士對於佛教尚無全面的認識，譯本又多失原義，一般人難免不望文生解。當時佛教的專術術語，大都襲取老莊等書上的名辭，所以佛教也不過是玄學的同調罷了。〔註40〕

東晉時佛學興盛，對於外來的佛教學說，名士或高僧們援引玄學來解釋佛教思想，使得兩者頗多相通之處，而名士與高僧的言談舉止，交流會通也很頻繁，在《世說新語》中記載名士與僧人之間的往來情形：

> 晉元、明二帝，遊心玄虛，託情道味，以賓友禮待法師，王公、庾公傾心側席，好同臭味也。〔註41〕

> 支道林、殷淵源俱在相王許。相王謂二人：「可試一交言。而才性殆

〔註38〕余嘉錫：《世說新語箋疏》，〈言語61〉，頁120～121。
〔註39〕余嘉錫：《世說新語箋疏》，〈言語83〉，頁140。
〔註40〕原見湯錫予《魏晉玄學論稿 —— 魏晉思想的發展》，頁134。
〔註41〕余嘉錫：《世說新語箋疏》，〈方正45〉注引《高逸沙門傳》，頁323。

是淵源崤、函之固，君其慎焉！」支初作，改轍遠之，數四交，不
覺入其玄中。相王撫肩笑曰：「此自是其勝場，安可爭鋒！」〔註42〕
王濛恆尋遁，遇祇洹寺中講，正在高坐上，每舉麈尾，常領數百言，
而情理俱暢。預坐百餘人，皆結舌注耳。濛云聽講眾僧：「向高坐者，
是缽釘後王、何人也。」〔註43〕

以上的記載中可以看到當時帝王、名士與僧人的往來，元帝、明帝愛好玄學，
用賓友之禮對待竺法深，在皇帝與法師的會面交談中，王導與庾亮等名士也
參與其中，並且「好同臭味」，可見其聲氣相投。而由皇帝的遊心玄虛，以禮
待法師，與支道林的言佛卻不知不覺入殷淵之玄中，可以見得在當時玄學與
佛學的幾無分別，名士可以參佛，而法師也以清談的方式言佛談玄。佛教在
當時的興盛，可以由後一則王濛條中看出，法師講法宣佛，常一坐百餘人，
而在寺中講佛之法師，也與當時名士一般，手持麈尾談論，佛教僧人感染名
士的氣息舉止，是以佛教的融合玄學，是十分明顯的。

　　另一方面，當時仙道思想亦十分興盛，士人們為了求超脫，往往希求成
仙，以脫離現實的惡劣環境。葛洪為當時的仙道思想家，在《晉書》本傳中
記載：「葛洪尤好神仙導養之法。」，其《抱朴子・內篇》一書反映出當時的
仙道思想，「言神仙方藥，鬼怪變化，養生延年，禳邪卻禍之事，屬道家。」。
事實上，它是偏向道教，以服食養生之法，求得道解脫。葛洪認為道教作為
一個宗教，是以求長生不死、成仙作為它的基本訴求，故他斥早期張角的道
教思想是「進不以延年益壽為務，退不以消災治病為業」，而是「招集奸黨，
稱合逆亂」的宗教。〔註44〕他認為道教若是不能解決人要求長生不死、求成
仙得道的問題，就失去了它存在的意義，可見得在魏晉時期，道教的屬性已
明顯地反映出當時士人的特殊要求，為了符合當時士人的心態與要求，道教
它的首要目標成了求成仙與長生，這是在魏晉特殊的時代背景之下所造成的
特殊宗教需求，在許抗生《三國兩晉玄佛道簡論》中云：

早期道教不重視長生不死術的研究，這就不適合於封建統治階級的
要求。這些封建貴族階級在享受人間樂趣之餘，又妄想長生不死，

〔註42〕余嘉錫：《世說新語箋疏》，〈文學51〉，頁234。
〔註43〕余嘉錫：《世說新語箋疏》，〈賞譽110〉注引《高逸沙門傳》，頁479。
〔註44〕參考自許抗生：《三國兩晉玄佛道簡論》，頁391～392。

永過神仙般的生活，以自欺欺人。所以要按照貴族階級的意志來改
造早期道教，就必須使道教著重去研究長生不死的神仙之術。〔註45〕

仙道思想的盛行，一方面突顯出魏晉士人對於世俗失意生活的求解脫，欲求
一個永生的仙境來脫離不滿意的現實環境；另一方面，貴族們享受各種特權，
在享盡人世間的榮華富貴之餘，希望藉由養生鍊丹以達長生不老。他們不忍
放棄人世間的享樂，於是當時士人，欲由求仙得到解脫，但他們所謂的達到
神仙境界，只是人世間享樂生活的延續，是將他們在人世間的一切享樂搬到
仙境中去享受，並且去掉人世間的一切不如意，過著神仙般的生活，因為在
仙境中沒有政治的鬥爭與冷酷的戰爭，也沒有死亡的陰影可以阻礙他們的適
意生活。所以此時仙道思想的盛行，一方面反映出士人在現實的不如意中尋
求解脫的心境，欲擺脫世俗的煩惱；一方面成仙得道又使得他們的理想生活
與享樂得以在仙境中實現。

佛教等宗教的興盛，表現出東晉士人在宗教上的需求日益提升，他們欲藉由
宗教來從世俗的生活中超脫，追求一種優雅飄逸而不食人間煙火的生活。東晉士
人的這種心態反映在佛教僧人的生活態度之上，他們在此時並非如苦行僧般地傳
播他們的救世思想，而是優雅地與名士們談論玄理，支遁還精於《老》、《莊》，
其講論《莊子》的〈逍遙遊〉，能「卓然標新理於二家之表，立異義於眾賢之外。」，
講論〈漁父〉篇，「作七百許語，敘致精麗，才藻奇拔。」，可見他對玄理的認識
很深。由宗教在此時的作用看來，道教講長生成仙，追求神仙一般脫離世俗的境
界，而佛教僧人與名士交流，也脫離了以往宗教苦修淡泊的理念，沾染名士風氣，
與名士一樣過著清談玄虛的生活，這種宗教內部理路與外在行徑的改變，在在都
顯示出東晉時期士人追求一種閒適優遊，脫離凡俗的仙境生活之需要，在人世間
也許無法達到他們的希求，而藉由宗教來滿足他們的心願。羅宗強在《玄學與魏
晉士人心態》中以東晉士人的人生境界是：

寧靜、高雅、飄逸，一種洋溢著這樣的意趣的人生境界。在這樣的
人生境界裏，他們從容地生活著。……他們擺脫壓迫感、緊張感，
也擺脫雄心壯志。……他們屬於風流文雅的一群。他們來到人世，
不是來承擔責任而是來享受人生的。〔註46〕

〔註45〕許抗生：《三國兩晉玄佛道簡論》，頁 392。
〔註46〕羅宗強：《玄學與魏晉士人心態》，頁 346～347。

東晉士人的心態如此，而張湛思想所反映的，正是這種超越於凡俗之上的思想態度。他順性而爲的思想，也反映出東晉士人欲從傳統價值觀對人自然情性的束縛中解放。傳統思想要求人壓抑自己的感情、情性，無法盡情地表達自己內在的情感，而須合乎中庸之道與禮教的要求，但魏晉時期個人的價值提升，開始重視個體的存在，無形中也重視個人情緒感受的抒發，這反映在魏晉士人的重情、深情，毫不隱諱地表達出內心感情的態度上。張湛他的思想，重視個人情性的抒發，認爲人應當順著自己的本性而行，盡情地活出自己的生命，正反映出東晉士人對於己身生命價值與情感的重視，不再用外在的規範來限制自己。而他的貴虛思想與對生命的反省，也反映出東晉士人在思想上的超越性與尋求精神層面的超脫。

第六節　虛實之間 —— 郭象的安任與張湛的超脫的比較

在湯一介先生的《郭象與魏晉玄學》一書中其云：

> 郭象的思想體系均圍繞著論證「上知造物無物，下知有物之自造」，即否定本體之「無」；而張湛的思想體系則在「明群有以至虛爲宗，萬品以終滅爲驗」，即肯定本體之「無」。然而他們的哲學都是在分析「有」和「無」的關係中建立的，並得出了不同的結論。〔註47〕

郭象的思想是承繼著裴頠的崇有論而發展出自生獨化說，他以有是自生的說法來否定無能生有的學說，其以爲物都是自生自化的，不須依賴任何事物。因此他的理論，是落在現實層面來講，在他的《莊子》注之中，他論証了超現實世界須要在現實世界中尋得，基本上，他無心去討論超現實的世界，他認爲「六合之外」、「玄冥之境」等都不是性分之內的事，根本不須去討論它，聖人不須去理會這些事物，只要在「八畛之內」自得，也就是在現實世界自得就夠了。

　　他不以爲塵垢之外或是玄冥之境是最高的境界，雖然他說聖人是「獨化於玄冥之境」的，但這只是他說明聖人的一種精神境界，聖人用「無心以順有」的精神去對待現實中的一切事物，並非他推崇玄冥之境才是最高的境界。

〔註47〕湯一介：《郭象與魏晉玄學》，頁324。

郭象的哲學，講「跡冥圓融」、「無心順有」，以調和有與無之間的差異。他的「無心順有」，只是為了調和自然（無）與名教（有）而提出的方便之法，他這種以無來順應有的方式，最後還是落入了有的現實層面。他為了論証有的合理性，而將無拉入到有之中，使得無包含在有之中，就這樣，超現實的境界（無）須要在現實的境界（有）中存在與實現，超現實世界包含在現實的世界之中，聖人只要有無為之心，即使是身在廟堂之上，而心也無異於山林之中，他可以享受一切物質生活，可以「戴黃屋、佩玉璽」，但卻「不纓紱其心」，「不憔悴其形」，只要他心中有「無」，他可以生活在「有」的現實世界中，而且可以得到精神上的絕對自由，所以他說：

> 然未知至遠之所順者更近，而至高之所會者反下也。若乃厲然以獨高為至而不夷乎俗累，斯山谷之士，非無待者也，奚足以語至極而遊無窮哉！〔註48〕

就是說明了真正的聖人，是能夠處廟堂無異於山林之中，能夠以無為之心存在於現實的環境之中，那些只以無為之士自居，以為自己超塵絕俗的人，他們沒有了解到，真正的「無」，是存在於「有」之中的，所以他說「玄冥者，所以名無而非無也。」，「所謂無為之業，非拱默而已；所謂塵垢之外，非伏於山林也。」，〔註49〕他以為真正的無為，並非是如隱者一般的拱默不語，不理世事，對一切都不去理會也無所作為，而所謂的塵垢之外，也並非是指隱居於山林之中，與世俗完全隔絕，這些都是不了解無與有之間的關係。所以郭象將無的玄冥境界放在有的現實境界中來說，以無心順有的方式，不但統合了有無，而且也將他理論的現實性完全突顯，可以見得其理論的重心，是落向現實層面的。

由於郭象與張湛關心的層面不同，而且欲解決的問題也不同，所以他們的思想體系與解決問題的角度也不相同。郭象與張湛都提到冥合內外的問題，郭象講「游外弘內」，張湛講「冥內游外」，其義理同中有異，郭象在他的〈大宗師〉注中云：

〔註48〕郭慶藩輯、王孝魚整理：《莊子集釋》，冊上，卷一上，〈逍遙遊第一〉，「堯治天下之民，……窅然喪其天下焉。」句郭象注，頁34。

〔註49〕郭慶藩輯、王孝魚整理：《莊子集釋》，冊上，卷三上，〈大宗師第六〉，「於謳聞之玄冥」句郭象注，頁257；「芒然彷徨乎塵垢之外，逍遙乎无為之業」句郭象注，頁270。

> 夫理有至極，外內相冥，未有極遊外之致而不冥於內者也，未有能
> 冥於內而不遊於外者也。故聖人常遊外以弘內，無心以順有。〔註50〕

張湛在〈天瑞〉注中則提到：

> 辛然聞林類之言，盛以爲己造極矣；而夫子方謂未盡。夫盡者，無
> 所不盡，亦無所盡，然後盡理都全耳。今方對無於有，去彼取此，
> 則不得不覺內外之異。然所不盡者，亦少許處耳。若夫萬變玄一，
> 彼我兩忘，即理自夷，而實無所遣。夫冥內遊外，同於人羣者，豈
> 有盡與不盡者乎？〔註51〕

張湛與郭象雖在這個問題上均欲同內外，將內外的差異彌合，但是郭象他主
要是要「無心順有」，他的內外相冥，重點落在「有」之上，主要還是要藉著
內外相冥的說法，來說明可以不廢名教而德合自然，來溝通自然與名教的差
異。而張湛的「遊外弘內」，以爲人之所以有執著之心，是因爲人對於事物有
主觀的看法與成見，並且以人的觀點來看，很多事情都是絕對，甚至是對立
的，例如生與死，很多人都以爲這是對立的，如果能取消這些執著與對立，
事實上萬事萬物都是相同而沒有分別的。張湛要人從一個「無」的觀點來看
世界，消解事物其中的差異，如此一來，即能「無所不盡，亦無所盡」，最後
「盡理都全」，這就跟老莊「無爲而無不爲」的思想是一致的。用「無」的思
想去把事物之間的對立取消之後，就能超脫一切的分別，那麼即使是生死，
也沒有什麼分別了。而對於人來說，生死是最大的分別，若能超越，便可以
得到解脫。所以張湛他要消解有無之間的差異，他不認爲有、無是相對立的，
因爲若是有、無相對，世界上有這種對立的情形發生，有內外的差異性存在，
那就會有差別性，人就會對其有所取捨或有所偏向，一旦對此有所取捨，就
不是「盡理都全」了。因此他說「彼我兩忘」，「冥內遊外」，就是要消解這種
事物與觀念上的差異性，忘卻事物之間的對立。郭象的「跡冥圓融」，是要融
合有與無，調和其中的差異，最後還是落實在現實的境界上，而張湛的「遊
外弘內」，是要消解有無之間的對立觀點，將一切對立取消，而最後落入無的
境界，他講的是聖人的解脫之道，是在超脫的層面講。

〔註50〕郭慶藩輯、王孝魚整理：《莊子集釋》，冊上，卷三上，〈大宗師第六〉，「孔子
曰：……遊方之內者也。」句郭象注，頁268。

〔註51〕楊伯峻撰：《列子集釋》，卷1，〈天瑞篇〉，「夫子曰：……然彼得之而不盡者
也。」句張湛注，頁25～26。

　　而在性分論上，郭象與張湛均以為「生各有性，性各有宜」（〈天瑞〉注），以為人生而承受了已定的性分，每個生物都有其命定的屬性與所適宜的範圍，只要不去強求性分之外的事物，都可以得到安適。郭象把人的本性，即自性，與外在的階級制度等同了，即將原本屬於個體的性分，與外在人為所制定的規範予以等同，故云：「凡得真性，用其自為者，雖復皁隸，猶不顧毀譽而自安其業。」，〔註52〕他認為人的性分中包含了階級制度等一切事物，不論是人的命運，窮達貴賤，或是外在的階級制度，甚至是動物被人所強加於上的一切事物，都是天命的一部分，這都是自然如此，且不可改易的，身為自然的一部份，只能去承受、接受而不能加以反駁，對自己已定的命運不滿，只是徒增痛苦，對於命運的改易也得少失多。郭象將人為的與自然的一切都加以等同，其於〈齊物論〉注中云：

> 夫時之所賢者為君，才不應世者為臣。若天之自高，地之自卑，首自在上，足自居下，豈有遞哉！雖無錯於當而必自當也。
>
> 臣妾之才，而不安臣妾之任，則失矣。故知君臣上下，手足內外，乃天理自然，豈真人之所為哉！〔註53〕

人要安於自己所承受的性分與自己的身份地位，若是過份地強求，郭象認為這是「私」，這不僅會破壞自然之理，而且也會「傷其自性」，所以郭象說：「任性自生，公也；心欲益之，私也。」（〈應帝王〉注），他以為只有順任本性才是所謂「公」的行為，若是背離本性而欲改變天理自然，那就偏於私心，對自然與自身都有所危害。在郭象來講，他為了要使現實的一切存在合理化，提出了這種順性為公、逆性為私的觀點，不但使現實的一切規範、制度、人的本性、社會環境都是生而如此，且又是不可改變的。他將所有社會與人原本存在的私，都轉化、納入到公的範圍中，將一切人為的都納入到自然的範疇中，溝通了內聖與外王。而在張湛來講，他與郭象一樣，主張性分是生而決定的，但他並不如郭象一般主張公是順性，私是逆性，基本上，他根本取消了公與私之間的差異，若是有公與私的相對性，那麼就會有所選擇與取捨。

〔註52〕郭慶藩輯、王孝魚整理：《莊子集釋》，冊上，卷一下，〈齊物論第二〉，「如求得其情與不得，無益損乎其真」句郭象注，頁59。

〔註53〕郭慶藩輯、王孝魚整理：《莊子集釋》，冊上，卷一下，〈齊物論第二〉，「其遞相為君臣乎？」句郭象注，頁58～59；「如是皆有為臣妾乎？」句郭象注，頁58。

張湛認為，公與私是人從一種相對的觀點來看才存在的，若是從一個絕對的觀點來看，根本沒有所謂公與私的分別，天地間都是無、至虛的狀態，從無的觀點來看，超越了一切的差別與差異性，不論是公與私、內與外，都不重要了。所以在吳慕雅的〈張湛《列子》注貴虛思想研究〉一書中云：

> 張湛在注解《列子》的時候所採用的邏輯辨證，往往通過以上種種
> 調和的思維方式，將一切對等、對立的概念消融之，其「貴虛」的
> 思維架構就是以對等取消的方式，將有無的矛盾，融攝於一更高的
> 概念「虛」下，並為其人生觀預設了一個本體的架構。〔註54〕

小　結

　　張湛的思想以「虛」為主，以「至虛」作為他玄學思想的本體，再擴而至政治論、人生觀上，在人生觀上他由萬物的虛無反覆，說明生命的無常，並且以「命非己制」的觀點，要世人看破生死，超脫它而不去執著它。在超脫之餘，張湛他看出生命是短暫無常的，故有肆縱情性，「且趨當生之樂」的理論提出。在生命的超脫至情性的肆縱之間，張湛試圖找出一個平衡點，在合於自身本然情性的基礎上盡情地發揮自己的生命，並且不執於形體的存在，因為形體最終都是虛無的。

　　在了解張湛的思想之後，文末對張湛與郭象的思想作一比較，張湛無疑的是站在一個超越的角度去立論，他的貴虛思想符合了東晉時士人追求精神上解脫的要求，而郭象，則是安於性命，任性而行，在人世間逍遙即是滿足，並不求一生命的最終反思與超脫。他們的差異，也代表了西、東晉士人心態上的轉易，真切地反映出時代思維。

〔註54〕見吳慕雅著《張湛列子注貴虛思想研究》，頁69。

第六章 結 論

　　魏晉時期思想的主流是儒道雙修，士人兼學儒、道，在整個魏晉時期，思想家們都致力於調和儒道，並且一再地加以修正。從曹魏的名法之治開始，其本欲糾浮華，矯正虛浮的風氣，但這種反浮華的名法之治最後流於苛察累細，所以有貴無玄學的出現。王弼、何晏主張「貴無」論，貴無派偏向道家，這種以道爲主、儒爲末的道本儒末的理論模式，最後又使士人流於放蕩，不遵禮法，社會風氣日益敗壞。裴頠提出「崇有」論，倡儒家名教之治，但裴頠崇有論的反對虛玄之說，又過於偏執於儒家名教，對習於道家思想的魏晉士人來說又顯得太落實，不高雅，是以有郭象的自然同於名教之說，以無心順有的說法，將自然與名教結合，不但在理論上統合了儒、道二者，更使士人在政治及生活中得以兼修儒、道，讓兩種思想有並存的空間，也使儒家與道家思想達到了一個統合的境界，在儒、道的初步統合之後，自然與名教的衝突算是化解了。而郭象是在現實面上統合儒道，時至東晉，士人關心的問題由現實或政治層面提升到超現實的層面，轉而關心個人的解脫與生死問題，張湛思想反映出東晉士人的這層需求，其以「至虛」的理論來解決生死解脫等當時士人關心的問題。因此雖然在魏晉時期都是儒道兼綜的思想，但在每個時期，都有不同的型態呈現，而這些不同的型態，也代表了當時士人的特殊狀況與心態，所以由這些差異中，可以明顯地見到魏晉時期士人思想與心態的轉變。

　　郭象落實於現實的思想與張湛超脫的思想，也帶出了西、東晉不同的人生態度與思考方式，西晉較爲落實，士人雖較前代注重自我，重視個人，但是其思想與作爲大致上還是較受政治或現實所牽制，士人重視名利，「士當身

名俱泰」是他們主要的心態與想法，他們追求的，是現實生活中一切欲望的滿足，不但要身體上的享樂與欲望的滿足，也要求高名厚利，能留高名於世。他們既不想為了留後世清名而放棄享樂，也不願為了享樂而失去名望，他們二者兼要，所以要求「身名俱泰」。他們此時的心態是：「嗜利如命」、「求自全」、「求縱情以自適和求名」，〔註1〕這些心態都是在現實層面滿足自我的需求，嗜利是貪財物，在金錢方面要求滿足，求自全是要生命的存續，要求基本生存權的滿足，求縱情是在生理欲望方面的滿足，而在人的基本生存欲望和情欲、貪欲的滿足之後，他們也要名的滿足，因此整個西晉時期，其實是十分落向現實層面的。

所以說，西晉時士人所要求的，是在現實生活中的享受與滿足，而在東晉時期，士人們經歷渡江之後的徬徨不安與寄人籬下的偏安心理，在政局穩定之後，他們的心態表現在：追求寧靜的精神天地、追求優雅從容的風度、對山水的怡情與山水審美意識的發展、追求仙的境界和佛的境界之上。〔註2〕東晉士人，不同於西晉，有著一種優雅而從容的風度舉止，無論在什麼情形下，他們都有著高雅、寧靜、飄逸的風姿，以一種輕鬆、從容的態度面對事物，而這種風流飄逸之姿，並非刻意做作，而是由內心的閒適心境所自然表現出來的，在《世說新語‧賞譽》篇中記載：「王子敬語謝公：『公故蕭灑。』謝曰：『身不蕭灑。君道身最得，身正自調暢。』」，〔註3〕這種東晉士人優遊自得的生活與心境，已成為生活的一部分，是一種精神上的滿足，而非只是一種生活方式的追求。因為若只是一種外在的生活方式，這種蕭灑風流是很快地便會消失的，隨著外在條件的改變，政治上的變動，這種外在的風流很容易改變。但若是內在精神上的提升，就可以融入一個人的內在之中，而不會輕易改變。謝安在與王胡之的詩中即提到這點：「鮮冰玉凝，遇陽則消，素雪珠麗，潔不崇朝，膏以朗煎，蘭由芳凋，哲人悟之，和任不摽，外不寄傲，內潤瓊瑤，如彼潛鴻，拂羽雪霄。」，〔註4〕所以東晉士人，追求的是一種優雅從容的風度，而這種風姿，須從真正閒適自得的心境來體現，東晉的名士，較西晉優遊之士少了憂國憂民的理想與壓抑的心境，如嵇康與阮籍，外在雖

〔註1〕 羅宗強：《玄學與魏晉士人心態》，頁228～249。
〔註2〕 羅宗強：《玄學與魏晉士人心態》，頁317～347。
〔註3〕 余嘉錫：《世說新語箋疏》，〈賞譽148〉，頁494。
〔註4〕 逯欽立輯校：《先秦漢魏晉南北朝詩》，冊中，〈晉詩卷十三〉，〈謝安‧與王胡之詩〉，頁905。

故作瀟灑風流，內在卻隱藏了扭曲與痛苦壓抑的人格，東晉的謝安、王導、王羲之等名士，較之他們，在心境上是較為坦然與自適的。所以東晉士人的崇尚風雅，講求高遠情韻的雅趣，比起之前士人的放曠，裸祖箕踞、對弄婢妾而言，精神上有很大的提升，並且在修養上，也有很大的改變。在羅宗強的《玄學與魏晉士人心態》一書中云：

> 其時的士人，既然把優雅從容看作是一種名士風度的標誌，處處表現出從容優雅便成為修身之一內容，看似風度，其實是一種精神境界。〔註5〕

這種西、東晉之間思想上的差異，也可以由記載當時士人言行風姿的《世說新語》中看出，在《世說新語》的章目中，各篇章都記載且詳實地反映出當時士人的思想行止，而在這些篇章中，〈雅量〉、〈賞譽〉、〈品藻〉、〈容止〉等篇，描寫名士們的風姿行止。魏晉士人在欣賞名士的風姿形態時，多以一精神上的品鑑，欣賞其風姿形貌，屬於一種無法用確切詞語表達的精神層次的賞析，而以一超越的風姿去形容當時名士。在這些篇章中，〈雅量〉篇記載的西晉事蹟有 9 條，東晉 30 條，〈賞譽〉西晉 30 條，東晉 121 條，〈品藻〉西晉 6 條，東晉 74 條，〈容止〉西晉 10 條，東晉 25 條。〔註6〕雖說《世說新語》大多記載東晉事蹟，記載的條數以東晉較多，但在〈汰侈〉、〈惑溺〉篇等較重視物質、肉體享受的篇章中，西晉的記載，明顯比東晉為多，這在記載篇章多以東晉事蹟為重，且東晉篇幅明顯比西晉為多的《世說新語》中，〔註7〕是值得注意的。〈汰侈〉篇記載西晉事為 11 條，東晉事 1 條，〈惑溺〉篇記載西晉事 5 條，東晉 1 條。可以見得，西晉士人較偏向於現實世界，注重物質上的滿足與享受。

　　而東晉士人，較不關心現實上的政治，他們的注意力轉到自己身上，對於政治的改革與否，國家的北伐復興，都不再重視了。他們寧可偏安江南，在江南的美妙風光中怡情養性，賞玩山水，找尋他們生命的出處，而他們這種擺脫世俗的態度，也使得他們往宗教與遊仙的方面去發展，他們嚮往一種

〔註5〕羅宗強：《玄學與魏晉士人心態》，頁 327。
〔註6〕世說新語中朝代與條數的計算歸納，參考自朴美鈴：《世說新語中所反映的思想》（臺北：文津，1993 年 12 月），《〈世說新語〉各條所屬朝代分佈表》，頁 5～7。
〔註7〕根據朴美鈴著的《世說新語中所反映的思想》中對《世說新語》中各條目所屬朝代的分佈表中的歸納，《世說新語》中記載西晉時事的條數為 191 條，東晉為 812 條，頁 5～7。

脫俗超凡的境界，這一時期有許多士人寫作的題材都與仙境有關，[註8]可見得東晉士人，關心的層面已由現實世界的享樂轉而至超現實境界的層面。他們所嚮往的，是如仙人般地棄除塵累的生活與心境，在言行舉止上也表現出優雅從容的風姿。所以我們可以說，由西晉到東晉，士人們的心態是由假放肆到真逍遙。而在思想方面，他們由重視個人轉而關心生死的解脫，對於宗教救贖與死亡的超脫方面特別重視，因此總的來講，東晉士人是偏向精神層面的追求與提升。

於是我們可以發現，由西晉到東晉，在士人關心的層面來看，是由西晉的關心政治，以國家政治前提為考量，努力調和個人與大環境之間的關係，並力圖作到一種協調，到東晉轉而為關心個人的生命歸宿，思考死亡與生命的意義。較之西晉，東晉士人更為重視自我與生命，他們關心的，不再是家國大事，而是個人生命問題。這可以由名教重心的轉變，來看出西、東晉士人思想重心的轉易，由西晉到東晉，名教的重心是由重視君臣轉而至重視父子人倫，以往名教的重點是在維繫國家體制的不墜，君臣之禮被視為是最重要的。到了東晉，家族倫理被視為是君臣之禮的基礎，在地位上超越君臣，而成為名教所關懷的重心，這也可以由當時廣被討論的喪服禮中看出人倫之禮的地位。所以西晉時期由重視政治，國家大我的運作，君臣之禮的維持，到東晉重視自我，探討生命的消息與意義，重視人倫，回歸到家族親情之中，是有著很大的轉變的。

可見西晉時期是重在現實層面的探討，關心一切現實層面的事物，重視「有」，而東晉時期向精神層面提升，以「虛」的思想，來解釋宇宙與生命的本質，由西晉到東晉，是由落實走向超越。

在人生觀方面，郭象思想提出「適性安命」的理論，認為只要隨順性情

〔註8〕庾闡〈採藥詩〉：「採藥靈山嶺，結駕登九嶷。懸巖溜石髓，芳谷挺丹芝。泠泠雲珠落，濋濋石蜜滋。鮮景染冰顏，妙氣翼冥期。霞光煥蘿靡，虹景照參差。椿壽自有極，槿花用何疑。」；湛方生的〈廬山神仙〉詩序：「尋陽有廬山者，盤基彭蠡之西。其崇標峻極，辰光隔輝，幽澗澄深，積清百仞。若乃絕阻重險，非人跡之所遊；窈窕沖深，常含霞而貯氣，真可謂神明之區域，列真之苑圃矣。太元十一年，有樵採其陽者，于時鮮霞褰林，傾暉映岫，見一沙門，披法服獨在巖中，俄頃振裳揮錫，凌崖直上，排丹霄而輕舉，起九折而一指，既白雲之可乘，何帝鄉之足遠哉！窮目蒼蒼，翳然滅跡。」逯欽立輯校：《先秦漢魏晉南北朝詩》，冊中，〈晉詩卷十二〉，〈庾闡・採藥詩〉，頁874～875；〈晉詩卷十五〉，〈湛方生・廬山神仙詩〉，頁943。

去發展，就能得到逍遙，他主張安於性命，不企不求。而到了張湛，他在提出命定的說法之外，他還主張肆情，在隨順性分之外，他認爲應當趨當生之樂，因爲人生苦短，在世時須及時行樂。由郭象的安命思想到張湛的達生肆情，代表了晉代士人思想的進一步解放，在以往受到禮教束縛的時代，一切以禮法爲依歸，名教爲本，不能有所踰越。到了郭象，他提出隨順性分的說法，已經初步拋開了禮教的束縛，但他仍認爲名教有一定的作用，他只是要人隨順性分，安於命運，而在他的適性安命論中，將名教或社會階級等加入自然之中，所以一切的命運、階級、人爲制度，都是自然已定且不可踰越的。所以郭象的安命思想，是在安於現實世界已定的一切事物中去實行，在已定的範圍中去逍遙，而這已定的範圍，事實上有著名教的侷限與規範，所以郭象的思想，仍是在考量國家的大體利益下去實行，對國家政府是採取保護的態度，雖崇尚自然，實維護禮教。但是到了張湛，他主張肆情說，在理論上提倡放縱情性，依性而行，不論西東晉士人如何看待或是否有曲解他們的理論，但就二人的思想來看，東晉士人較西晉士人在思想觀念上進一步解放，重心也轉至個人，重視個體生命的探討與安頓，而非只以國家爲重，是很明顯的。

參考書目

一

1. 鄭玄注，禮記注疏，臺灣商務出版社，1967 年。
2. 皇侃疏，論語集解義疏，廣文出版社，1991 年。
3. 朱熹集注，論語，金楓出版社，1997 年。
4. 王聘珍撰，大戴禮記解詁，漢京文化公司，1987 年 10 月。

二

1. 東漢班固，漢書，鼎文書局，1995 年 6 月。
2. 劉宋范曄，後漢書，鼎文書局，1995 年 6 月。
3. 裴松之，三國志，宏業書局，1985 年 8 月。
4. 楊家駱編，新校本晉書并附編六種，鼎文書局，1987 年 1 月 5 版。
5. 嚴一萍輯，晉紀輯本，藝文印書館百部叢書集成。
6. 趙翼，二十二史箚記，台灣商務印書館，1968 年。
7. 馬端臨，文獻通考，新興書局，1963 年。

三

1. 樓宇烈，王弼集校釋，華正書局，1983 年。
2. 郭慶藩，莊子集釋，群玉堂出版，1991 年。
3. 張湛，列子注，世界書局四部刊要本。
4. 葛洪，抱朴子，台灣商務印書館，1965 年。
5. 楊明照，抱朴子外篇校箋，中華書局，1997 年 10 月。
6. 郭象，莊子注，中華書局，1973 年 2 月臺 2 版。

7. 徐震堮，世說新語校箋，文史哲出版社，1989 年再版。

8. 余嘉錫，世說新語箋疏，華正書局，1993 年 10 月。

9. 王利器，顏氏家訓集解，明文書局，1990 年 3 月。

四

1. 嚴可均輯，全上古三代秦漢三國六朝文，北京中華書局。

2. 張溥輯，漢魏六朝百三家集，新興書局，1976 年 8 月。

3. 殷孟倫，漢魏六朝百三家集辭注，台北木鐸出版社，1982 年。

4. 劉勰撰，文心雕龍，臺灣商務出版社，1979 年。

5. 程榮纂輯，漢魏叢書，吉林大學出版社，1992 年。

6. 歐陽詢，藝文類聚，台北中文出版社，1980 年。

7. 蕭統編，昭明文選，文化圖書出版社，1975 年。

五

1. 林聰舜，向郭莊學之研究，文史哲出版社，1981 年。

2. 莊耀郎，郭象玄學，里仁出版社，1998 年 3 月。

3. 湯一介，郭象與魏晉玄學，谷風出版社，1987 年 3 月。

4. 湯一介，郭象，東大出版社，1999 年。

5. 盧國龍，郭象評傳——理性的薔薇，廣西教育出版社，1996 年 8 月。

6. 莊萬壽，列子研究，出版時地不詳。

7. 蕭登福，列子探微，文津出版社，1990 年 3 月。

8. 馬良懷，張湛評傳——兼容三教，建立二元，廣西教育出版社，1997 年 7 月。

9. 藍秀隆，抱朴子研究，文津出版社，1989 年 1 月再版。

10. 高晨陽，阮籍評傳，南京大學出版社，1991 年。

11. 王煜，老莊思想論集，聯經出版社，1993 年 10 月 4 刷。

12. 丘為君，自然與名教——漢晉思想的轉折，木鐸出版社，1981 年 8 月。

13. 牟宗三，才性與玄理，學生書局，1993 年 2 月。

14. 朴美鈴，世說新語中所反映的思想，文津出版社，1993 年 12 月 2 刷。

15. 湯用彤，理學·佛學·玄學，北京大學出版社，1992 年 10 月 2 刷。

16. 那薇，道家的直覺與現代精神，中國社會科學出版社，1994 年 1 月。

17. 何啟民，魏晉思想與談風，學生書局，1990 年 6 月 4 刷。

18. 周紹賢，魏晉哲學，五南圖書出版社，1996 年 7 月。

19. 孫述圻，六朝思想史，南京出版社，1992 年 12 月。

20. 許杭生，魏晉玄學史，陝西師範大學出版社，1989 年 7 月。

23. 許抗生，魏晉思想史，桂冠圖書，1992 年 12 月。

24. 劉大杰，魏晉思想論，臺灣中華書局，1993 年 2 月 8 版。

25. 許抗生，三國兩晉玄佛道簡論，齊魯書社，1991 年 12 月。

26. 陶建國，兩漢魏晉之道家思想，文津出版社，1990 年 3 月。

27. 高華平，玄學趣味，湖北教育出版社，1997 年 5 月。

28. 張海明，玄妙之境，東北師範大學出版社，1997 年 5 月。

29. 張仁青，魏晉南北朝文學思想史，文史哲出版社，1978 年 12 月。

30. 魯迅等，魏晉思想甲乙編，里仁書局，1995 年 8 月。

31. 盧建榮，魏晉自然思想，聯鳴文化出版社，1981 年 3 月再版。

32. 羅宏曾，中國魏晉南北朝思想史，人民出版社，1994 年 4 月。

33. 李澤厚，中國古代思想史論，人民出版社，1994 年 4 月 4 刷。

34. 侯外廬，中國思想通史——魏晉南北朝思想，人民出版社，1957 年 5 月。

35. 錢穆，中國學術思想史論叢，東大圖書出版社，1977 年。

36. 唐君毅，中國哲學原論，學生書局，1984 年 5 版。

37. 何兆武，中國思想發展史，明文書局，1993 年 1 月。

38. 林啓彥，中國學術思想史，書林出版社，1994 年 1 月。

39. 江建俊，漢末人倫鑑識之總理則，文史哲出版社，1983 年 3 月。

40. 王曉毅，放達不羈的士族，文津出版社，1990 年 7 月。

41. 卞敏，六朝人生哲學，南京出版社，1992 年 11 月。

42. 孔繁，魏晉玄談，遼寧教育出版社，1995 年 6 月。

43. 甯稼雨，魏晉風度，東方出版社，1992 年 9 月。

44. 朴美鈴，世說新語中所反映的思想，文津出版社，1993 年 12 月 2 刷。

45. 蕭艾，世說探幽，湖南出版社，1992 年 11 月 1 版。

46. 袁濟喜，人海孤舟——漢魏六朝士的孤獨意識，河南人民出版社，1995
年 4 月。

47. 錢鍾書，管錐篇，台北書林書店，1990 年 8 月。

48. 朱義雲，魏晉風氣與六朝文學，文史哲出版社，1980 年 8 月。

49. 林童照，六朝人才觀念與文學，文津出版社，1995 年 5 月。

50. 林登順，魏晉南北朝儒學流變之省察，文津出版社，1996 年 4 月。

51. 馬良懷，崩潰與重建中的困惑——魏晉風度研究，中國社科院出版社，
1993 年 4 月。

52. 容肇祖，魏晉的自然主義，東方出版社，1996 年 3 月。

53. 陳洪，醒醉人生 —— 魏晉士風散論，東方出版社，1996 年 12 月。

54. 趙輝，六朝社會文化心態，文津出版社，1996 年元月。

55. 蔡振豐，魏晉名士與玄學清談，黎明文化出版社，1997 年 8 月。

56. 羅宗強，玄學與魏晉士人心態，文史哲出版社，1992 年 11 月。

57. 盧建榮，魏晉自然思想，聯鳴文化出版社，1981 年 3 月再版。

58. 周紹賢，魏晉清談述論，台灣商務出版社，1983 年 2 月。

59. 田曼詩，士人與社會，天津人民出版社，1992 年 8 月。

60. 任繼愈，中國哲學發展史 —— 魏晉南北朝，北京人民出版社，1988 年 4 月。

61. 任繼愈，中國哲學史，北京人民出版社，1994 年 4 月。

62. 牟宗三，中國哲學十九講，臺灣學生，1993 年 8 月 5 刷。

63. 張岱年，中國哲學大綱，藍燈文化出版社，1992 年 4 月。

64. 孫叔平，中國哲學史稿，上海人民出版社，1990 年 9 月 6 刷。

65. 葛榮晉，中國哲學範疇導論，三民書局，1993 年 4 月。

66. 楊憲邦，中國哲學通史，中國人民出版社，1990 年 9 月。

67. 馮契，中國古代哲學的邏輯發展，上海人民出版社，1984 年 10 月 2 刷。

68. 劉澤華，中國政治思想史 —— 秦漢魏晉南北朝卷，浙江人民出版社，1996 年 11 月。

69. 羅光，中國哲學思想史，學生書局，1985 年 8 月再版。

70. 韋政通，中國哲學辭典大全，水牛出版社，1991 年 9 月 3 刷。

71. 陳順智，魏晉玄學與六朝文學，武漢大學出版社，1993 年 7 月。

72. 袁峰，魏晉六朝文學與玄學思想，三秦出版社，1995 年 12 月。

73. 萬繩楠，魏晉南北朝文化史，黃山書社，1989 年 12 月。

74. 袁行霈，中國文學史綱要，曉園出版社，1991 年 7 月。

75. 張光福，中國美術史，華正書局，1986 年 5 月。

76. 黃苗子，古美術論集，龍泉書屋，1987 年。

77. 黃新普，中國魏晉南北朝藝術史，北京人民出版社，1994 年 1 月。

78. 大村西崖，中國美術史，臺灣商務出版社，1987 年 11 月 10 版。

79. 徐林祥，中國美育史導論，廣西教育出版社，1992 年 6 月。

80. 王德昭譯，中國美術史導論，正中書局，1985 年 9 月 6 刷。

81. 郭繼生，藝術史與藝術批評，書林出版社，1991 年 9 月 2 刷。

82. 李霖燦，中國美術史稿，雄獅美術出版社，1992 年 3 月 2 版 3 刷。

83. 葉慶炳，中國文學史，學生書局，1992 年 9 月 3 刷。

84. 王金凌，中國文學理論史，華正書局，1988 年 4 月。

六

1. 喬治忠，眾家編年體晉史，天津古籍出版社，1989 年 8 月。

2. 陳健夫，東西晉新紀上・下，新儒家出版社，1983 年 9 月。

3. 王文清，兩晉史話，北京出版社，1992 年 8 月 2 刷。

4. 方北辰，魏晉南朝江東世家大族述論，文津出版社，1991 年 1 月。

5. 唐長孺，魏晉南北朝史論叢，出版地不詳，1985 年。

6. 唐長孺，魏晉南北朝史論拾遺，出版地不詳，1982 年。

7. 唐長孺，魏晉南北朝史論叢續編，出版地不詳，1985 年。

8. 唐長孺，魏晉南北朝隨唐史三論，武漢大學出版社，1992 年。

9. 章義和，六朝史稿，華東師範大學出版社，1994 年 6 月。

10. 陳長琦，兩晉南朝政治史稿，河南大學出版社，1992 年 1 月。

11. 江蘇省六朝史研究會編，六朝史論集，黃山書社出版，1993 年 9 月。

12. 趙吉惠等，中國儒學史，中州古籍出版社，1993 年再版。

13. 陳琳國，魏晉南北朝政治制度研究，文津出版社，1994 年 3 月。

14. 郭建，滄桑分合—魏晉南北朝興衰啓示錄，年輪文化事業公司，1998 年 5 月。

15. 萬繩楠，陳寅恪魏晉南北朝史講演錄，雲龍出版社，1995 年 2 月。

16. 萬繩楠，魏晉南北朝史論稿，雲龍出版社，1994 年 12 月。

17. 余英時，中國知識階層史論〈古代篇〉，聯經書局，1993 年 5 月。

18. 何德章，中國魏晉南北朝政治史，人民出版社，1994 年 1 月。

19. 王仲犖，魏晉南北朝史，谷風出版，1987 年 9 月。

20. 蘇紹興，兩晉南朝的士族，聯經出版，1993 年 11 月 2 刷。

七

1. 林麗眞，魏晉清談主題之研究，國立台灣大學中文研究所博士論文，1978 年 6 月。

2. 江建俊，魏晉玄理與玄風之研究，文化大學中文研究所博士論文，1987 年。

3. 吳冠宏，魏晉玄論與士風新探——以情爲綰合及詮釋進路，國立臺灣大學中研所博士論文，1997 年 5 月。

4. 蔡忠道，魏晉儒道互補思想之研究，國立高雄師範大學國文系博士論文，1998 年 6 月。

5. 江淑君，魏晉論語學之玄學化研究，臺灣師範大學中研所博士論文，1998

年。

6. 陳美朱，西晉之理想士人論，國立成功大學中國文學研究所碩士論文，1995年6月。

7. 吳慕雅，張湛《列子》注貴虛思想研究，政治大學中研所碩士論文。

8. 王秀如，從綜核名實到崇本息末 ── 漢魏思想之轉折與重構，成功大學中文研究所碩士論文，1991年。

9. 顏國明，魏晉儒道會通思想之研究，臺灣師範大學國文研究所集刊，第32期，1988年6月，頁319～406。

10. 李玲珠，魏晉「自生」概念研究，臺灣師範大學國文研究所集刊，第37期，1993年5月，頁335～431。

11. 周大興，魏晉玄學中自然與名教關係問題研究，文化大學哲學研究所碩士論文，1990年。

12. 林敬姬，魏晉儒道之爭，政治大學中文研究所博士論文，1988年。

八

1. 江師建俊，郭象之形上思想，中華文化復興月刊，第18卷第11期，1985年11月，頁41～44。

2. 江師建俊，裴頠崇有論探微，中華文化復興月刊，第21卷第1期。

3. 吳玉如，郭象的命論，中國學術年刊，第15期，1994年3月，頁93～110。

4. 樓宇烈，郭象哲學思想剖析，中國哲學，第1輯，頁175～198。

5. 封思毅，從莊子到郭象《莊子注》，中國國學，第22期，1994年10月。

6. 封思毅，莊子郭象注纂要，中國國學，第22期，1994年10月，頁27～40。

7. 陳來，不可知論與魏晉哲學的中間路線 ── 郭象哲學思想述評，中國哲學，第11輯，頁98～117。

8. 戴璉璋，郭象的自生說與玄冥論，中國文哲研究集刊，第7期，1995年9月，頁39～77。

9. 胡森永，郭象論自然與名教，靜宜人文學報，第7期，1995年6月，頁11～21。

10. 廖明活，莊子、郭象與支遁之逍遙觀試析，鵝湖月刊，第9卷第5期，1983年11月，頁8～13。

11. 李美燕，郭象注莊子逍遙遊的詭辭辯證，屏東師院學報，第8期，1995年6月，頁277～300。

12. 楊秀蘭，郭象的政治思想，中原文獻，第12卷第8期，1980年8月，頁11～16。

13. 余敦康，郭象時代與玄學主題，孔子研究，1988 年第 3 期。

14. 余敦康，從《莊子》到郭象《莊子》注，哲學與文化，第 21 卷第 8 期，1994 年 8 月，頁 712～732。

15. 王新春，郭象的獨化論——一個在玄學氛圍下被掏空了其真精神的儒學變種，孔孟學報，第 70 期，1995 年 9 月，頁 195～229。

16. 戴景賢，莊子郭象注參用儒義之分析，國立中山大學學報，第 2 期，1985 年 6 月，頁 19～29。

17. 謝大寧，論郭象與支遁之逍遙義及支遁義之淵源，中國學術年刊，第 9 期，頁 97～109。

18. 馬良懷，論張湛道儒互補的政治思想，江漢論壇，1996 年第 4 期。

19. 封思毅，列子張湛注纂要，中國國學，第 23 期，1995 年 11 月，頁 41～49。

20. 錢耕森等，論列子「貴虛」的人生哲學，孔孟月刊，第 33 卷第 7 期，1995 年 3 月，頁 40～46。

21. 鄭基良，列子生死學研究，空大人文學報，第 4 期，1995 年 1 月，頁 139～147。

22. 辛冠潔，列子評述，中國哲學史研究，1986 年第 3 期，頁 38～47。

23. 趙雅博，列子的思想，華學月刊，第 140 期，1983 年 8 月，頁 3～12。

24. 蕭登福，列子天道觀：兼論魏晉之「自生」說，中華文化復興月刊，第 15 卷第 7 期，1982 年 7 月，頁 54～61。

25. 嚴靈峰，「列子書」大歸同於老莊，東方雜誌，第 16 卷第 9、10 期，1983 年 3、4 月，頁 31～36、37～41。

26. 李季林，論「列子」的有無、名教自然觀，孔孟月刊，第 35 卷第 10 期，1997 年 6 月，頁 36～37。

27. 李增，「列子、天瑞、楊朱篇」人生哲學比較研究，國立政治大學哲學學報，第 1 期，1994 年 5 月，頁 101～119。

28. 李增，列子天瑞、楊朱篇生死觀比較研究，哲學年刊，第 10 期，1994 年 6 月，頁 113～132。

29. 陳宗賢，列子思想概述，高雄工商專校學報，第 23 期，1993 年 12 月，頁 567～583。

30. 蔡維民，「列子・楊朱」思想結構初探，哲學與文化，第 19 卷第 12 期，1992 年 12 月，頁 1116～1138。

31. 陳戰國，略論張湛的哲學思想，中國哲學史研究，1983 年第四期，頁 23～26。

32. 湯一介，從張湛《列子注》和郭象《莊子注》的比較看魏晉玄學的發展，

中國哲學史研究，1981 年第一期，頁 60～72。

33. 王宗昱，評葛洪論儒道關係，孔孟月刊，第 31 卷第 5 期，1993 年 1 月，頁 35～41。

34. 王萍，葛洪的儒道思想，科學史通訊，第 3 期，1984 年 12 月，頁 23～24。

35. 尤信雄，葛洪的儒家思想，鵝湖，第 2 卷第 11 期，1977 年 5 月，頁 18～20。

36. 盧建榮，葛洪──山林中的社會批評者，食貨月刊，第 9 卷第 9 期，1979 年 12 月，頁 339～364。

37. 周大興，孫盛的玄學及其對老子的批判，鵝湖學誌，第 14 期，1995 年 6 月，頁 41～57。

38. 陳慧玲，孫盛思想析論，東南學報，第 20 期，1997 年 12 月。

39. 周大興，樂廣名教中自有樂地的玄學意義，哲學與文化，第 21 卷第 7 期，1994 年 7 月，頁 635～644。

40. 余敦康，裴頠的玄學思想，中國哲學史研究，1987 年第 2 期。

41. 陳寅恪，述東晉王導之功業，歷史教學，第 1 卷第 4 期，1989 年 1 月，頁 111～119。

42. 金發根，王導：一個與東晉立國關係極鉅之政治家，東方文化，第 14 卷第 1 期，1976 年 1 月，頁 45～64。

43. 陶希聖，諸葛亮、王導、謝安，食貨月刊，第 3 卷第 7 期，1973 年 10 月，頁 343～345。

44. 田餘慶，釋王與馬共天下，中國史研究，1979 年第 3 期。

45. 莊耀郎，王弼儒道會通理論的省察，國文學報，第 23 期，1994 年 6 月，頁 41～62。

46. 余敦康，魏晉玄學與儒道會通，宗教哲學季刊，第 1 卷第 1 期，1995 年 1 月，頁 99～111。

47. 曾昭旭，論儒道兩家之互為體用義，鵝湖月刊，第 21 卷第 4 期，1995 年 10 月，頁 6～11。

48. 曾春海，魏晉自然與名教之爭探義，國立政治大學學報，第 61 期，1990 年 6 月，頁 45～74。

49. 王曉毅，漢魏之際儒道關係與士人心態，漢學研究，第 15 卷第 1 期，1997 年 6 月，頁 45～71，443～444。

50. 景蜀慧，西晉名教之治與放達之風，中國文化月刊，頁 16～28。

51. 龐朴，名教與自然之辯的辯証進展，中國哲學，第 1 輯，頁 97～120。

52. 周大興，越名教而任自然──嵇康釋私論的道德超越論，鵝湖月刊，1991 年 11 月，頁 29～35。

53. 張海燕，論魏晉玄學的名教思想，孔子研究，第 4 期，1988 年。

54. 傅偉勳，儒道二家的生死觀，哲學雜誌，第 4 期，1993 年 4 月，頁 110～122。

55. 方立天，儒道的人格價值及其會通，宗教哲學，第 1 卷第 1 期，1995 年 1 月，頁 23～30。

56. 許抗生，簡論中國傳統文化的儒道思想互補，宗教哲學，第 1 卷第 1 期，1995 年 1 月，頁 11～21。

57. 陳亞軍，儒道探源，宗教哲學，第 1 卷第 1 期，1995 年 1 月，頁 34～43。

58. 周紹賢，魏晉玄學風盛是否對儒學有影響，哲學與文化，第 12 卷第 10 期，1985 年 10 月，頁 42～46。

59. 謝月玲，對經學玄學化一詞與其現象背後意義之重審，人文學報，第 21 期，1997 年 8 月，頁 67～79。

60. 趙飛鵬，從玄學到佛學，崇右學報，第 4 期，1993 年 12 月，頁 229～244。

61. 石峻，魏晉玄學與佛教，哲學與文化，第 21 卷第 1 期，1994 年 1 月，頁 84～87。

62. 莊耀郎，魏晉玄學家的聖人觀，國文學報，第 22 期，1993 年 6 月，頁 105～134。

63. 洪修平，略論玄學與禪學的相異互補與相通相攝，中國文化月刊，第 161 期，1993 年 3 月，頁 40～60。

64. 高大威，根源追求在魏晉以前之發展——兼論魏晉玄學形成的內緣導向，銘傳學刊，第 3 期，1992 年 7 月，頁 189～217。

65. 楊政河，魏晉南北朝佛學思想玄學化之研究，華岡佛學學報，第 5 期，1981 年 12 月，頁 211～248。

66. 侯慧，皇侃論語義疏中玄學思想之評論，孔孟月刊，第 25 卷第 4 期，1986 年 12 月，頁 18～28。

67. 浦忠成，魏晉時期經學之轉化，鵝湖，第 16 卷第 5 期，1990 年 11 月，頁 37～41。

68. 程林輝，魏晉的人生哲學，孔孟月刊，第 32 卷第 12 期，1994 年 8 月，頁 24～31。

69. 楊國榮，自由及其限制——魏晉玄學與人的自由，中國文化月刊，第 177 期，1994 年 7 月，頁 33～45。

70. 栗子菁，魏晉任誕士風的表現風貌，中正嶺學術研究集刊，第 12 期，1993 年 6 月，頁 27～53。

71. 張玲，從世說新語看魏晉士風的轉變，史學會刊，第 15 期，1988 年 6 月，頁 39～49。

72. 何啓民，魏晉思想與士族心態，國立政治大學歷史學報，第 1 期，1983 年 3 月，頁 19～43。

73. 吳天任，魏晉士大夫的生活藝術，中國文選，第 71 卷，1973 年 3 月，頁 157～167。

74. 鄺利安，試論魏晉士風不競之成因，幼獅學誌，第 8 卷第 2 期，1969 年 7 月，頁 1～24。

75. 鄺利安，魏晉門第勢力轉移與治亂之關係，史學彙刊，第 8 期，1977 年 8 月，頁 37～66。

76. 田曼詩，中國畫論之形成，文藝復興月刊，第 109 期，1980 年 1 月，頁 33～41。